MINERVA
保育士等キャリアアップ
研修テキスト

今井和子・近藤幹生 監修

マネジメント

鈴木健史

編著

ミネルヴァ書房

監修者のことば

　このMINERVA 保育士等キャリアアップ研修テキストは、「乳児保育」「幼児教育」「障害児保育」「食育・アレルギー対応」「保健衛生・安全対策」「保護者支援・子育て支援」「マネジメント」の全7巻で構成されています。いずれも、保育士養成校等で教育・研究に尽力されている専門分野の先生方、そして経験豊富な保育実践者の方々により、執筆していただきました。

　これらのテキストの執筆をお願いした専門分野の先生方は、常に現場の職員と一緒に研究活動に取り組み、保育の質の向上を支えてこられ、現場に精通されています。そして、現職の園長先生や主任保育士、保育者にあえてこのテキストの執筆を依頼したのは、今日的な保育課題に主体的に取り組み、活力のある保育・教育を創造していくのに、現場の実践力こそが不可欠ではないかと考えたからです。

　2017年4月、厚生労働省は通知「保育士等キャリアアップ研修の実施について」を発出しました。この通知を受けた研修の一番のねらいは、保育実践現場において、すでに一定の経験をもっている保育者が学びを深めること、保育の質的向上、職員の資質向上を目指すことです。研修の受講者自身が、各園においてミドルリーダーあるいはリーダーとなることを目的としています。保育に関わる基本的知識はもちろんですが、専門的知識・技術を土台にして、最近の保育の動向についても理解し、さらに深めてもらえる内容になっています。

　各巻では、レッスンのはじめにポイントを箇条書きにしてあります。そして、保育実践現場の具体的事例や写真、図表類などを盛り込むようにしました。また講義形式での講座を受講しながら、必要な事項をメモできるように本文欄外にスペースを設けました。さらに、各レッスンでは、演習形式でのグループ討議の際、考え合ってほしい課題を盛り込みました。職場以外の同じ立場の者同士が多様な保育課題について語り合い、専門性の向上に努めるまたとない機会として活用していただければと思います。さらに、学びを深めたい方々のために、巻末に参考文献リストや資料を掲載しています。

　このキャリアアップ研修テキスト（全7巻）により学びを進め、各園における課題を見いだし、あるいはこれまでの保育内容を再考する契機となることを願っています。キャリアアップ研修の参加者自身が、保育の質的向上、職員の資質向上を目指すために奮闘してほしいと願っています。保育者たちは、日常業務の忙しさのなかにあり、学ぶ時間をつくりだすこと自体が困難となっています。もちろん、こうした保育実践現場の課題は、実践現場の方々の努力だけで解決できうることではありません。しかし、「学ぶことは変わること」(林竹二)です。このキャリアアップ研修においてかなりの長い時間をかけて学ばれる以上は、学びの達成感やリーダーとしての力量、すなわち「園の組織を学び合う実践共同体へと変えていく力」を修得していただければ、という願いをもってつくりました。それによって、保育者としての生きがいを追求する姿を確かめ合っていけるのではないでしょうか。

　皆さんの、学びへの積極的意欲を励ますとともに、全7巻の執筆者のご協力に感謝し、監修者のことばとします。

2020年11月

近藤幹生

今井和子

はじめに

　子どもや子育てを取り巻く環境の変化から、保育現場に求められる役割が多様化・複雑化し、さまざまな課題やニーズに「組織的に対応」することが求められるようになりました。2017年改定の「保育所保育指針」には、保育の質の向上や、それを担う人材の育成について、さらには、アレルギー対応や、事故防止及び安全対策についても「組織的に対応する」ことの重要性が示されています。「組織的に対応する」とは、保育所全体で計画的に対応するということであり、そのためには保育士、看護師、調理員、栄養士等、職員一人ひとりの専門性や強みを生かし、協働することが求められます。

　たとえば、「子どもを中心に保育の実践を考える——保育所保育指針に基づく保育の質向上に向けた実践事例集」（厚生労働省、2019年）には、次のような事例が紹介されています。

　職員同士が肯定的に関わりあう職場環境を築いていくと、保育士は、子どもにも同じような関わり方をし、子どもとの対話を大切にするようになっていきます。職員それぞれの良さが引き出される環境であれば、子どもの良さも引き出されるなど、職場環境が保育にもよい影響を与えていました。

　これは、より良い組織へと変革することが、保育の質の向上につながるという可能性を示しています。しかし、組織の課題に「組織的に対応」し、より良い組織に変えていくためには、組織内に「マネジメント」を理解し、実践することができる人材がいなければなりません。

　おそらく本書を手にとった方のほとんどは、保育現場の「マネジメント」についてはじめて学ばれるのではないかと思います。本書は、「講義」と「実践事例」、そして個人や少人数で取り組む「ワーク」で構成しました。「マネジメント」の基礎となる理論を「講義」で学び、「実践事例」で具体的な実践のイメージをもち、そして、「ワーク」を通して学んだことを応用することで理解が深まり、現場での実践につながることを期待しています。本書がさらなる保育の質の向上を目指し、「組織的に対応」することのできる組織へと変革していくための一助となれば幸いです。

　2020年11月

鈴木健史

はじめに

■ 第 1 章 ■ 保育所におけるマネジメント

レッスン 1 │ 保育の質を高めるためのマネジメント　2

1　保育の質の向上に向けた組織的な取り組み ……………………………… 2
2　組織のハードな側面とソフトな側面 ……………………………………… 4
3　メンター制度とリーダーの支援のあり方 ……………………………… 7

レッスン 2 │ 保育所におけるマネジメントの現状と課題　10

1　保育者の悩み（揺らぎ）を乗り越える …………………………………… 10
2　組織は生き物 …………………………………………………………………… 14

レッスン 3 │ マネジメントに関わる法令・制度と保育所保育指針　17

1　「保育所保育指針」の改定について ……………………………………… 17
2　「保育所保育指針」改定から見るマネジメント ……………………… 18

レッスン 4 │ 専門機関と連携・協働する　27

1　多様な専門機関との連携 …………………………………………………… 27
2　多職種連携の注意点 ………………………………………………………… 33

■ 第 2 章 ■ ミドルリーダーのリーダーシップ

レッスン 5 │ 保育所におけるリーダーシップの理解　36

1　分散型・協働的リーダーシップ …………………………………………… 36
2　理想的な職員集団となるために …………………………………………… 38
3　効果的なリーダーシップの特性 …………………………………………… 41

レッスン 6 │ ファシリテーターとしてのあり方　43

1　保育のリーダーはファシリテーター …………………………………… 43
2　ファシリテーターとしての役割 …………………………………………… 45
3　成長のためのフィードバック ……………………………………………… 49

| レッスン 7 | 保育所内外のチームワーク | 52 |

1 組織の成長発達段階 …………………………………………………… 52
2 チーム内に起こっていることを捉える視点 ……………………… 54

■ 第 3 章 ■ 方針・目標を共有する

| レッスン 8 | 保育方針と目標の共有 | 64 |

1 目標の設定と共有はなぜ必要か …………………………………… 64
2 価値観は一人ひとりちがう ………………………………………… 65
3 目標設定から保育実践へ …………………………………………… 67

| レッスン 9 | 課題の発見と解決策の検討 | 74 |

1 問題解決アプローチの欠点 ………………………………………… 74
2 多面的な理解と解決策の検討 ……………………………………… 79
3 どの機会で何を目指すのか ………………………………………… 81

| レッスン10 | 目標共有と支援 | 84 |

1 幼児期の終わりまでに育ってほしい姿 …………………………… 84
2 納得と共感を得るために …………………………………………… 87
3 PDCAサイクルの支援 ……………………………………………… 90

■ 第 4 章 ■ 人が育ち合う風土をつくる

| レッスン11 | 職員の資質向上 | 96 |

1 リーダーの人間観 …………………………………………………… 96
2 わたしたちの保育をつくる ………………………………………… 100
3 関係の質は学びの質 ………………………………………………… 101

| レッスン12 | 園内研修の考え方と実践 | 108 |

1 園内研修・会議におけるコミュニケーション ………………… 108
2 研修計画を立てる …………………………………………………… 111
3 研修の類型 …………………………………………………………… 113

レッスン**13**	保育実習への対応	116
1	保育実習の目的と課題	116
2	個に応じた支援や指導	118
3	実習マネジメント	119

■ 第 **5** 章 ■ 働きやすい環境づくり

レッスン**14**	保育の質の向上を目指した業務改善	126
1	雇用管理とは	126
2	ICT の活用	128
3	ICT 化における留意事項	132

レッスン**15**	職員のメンタルヘルス対策	136
1	保育者の疲労	136
2	組織としてのレジリエンス	138

引用文献・参考文献	146
レッスン 6　ワークの解答例	148
資料編	149
索引	182

本テキストの構成について

本テキストは、レッスン 1 ～ 15 まですべての理論（講義）部分を編者が担当し、事例や資料については、複数の現職の園長が担当している。各担当者の詳細については、巻末の執筆者紹介を参照いただきたい。

本シリーズは、厚生労働省「保育士のキャリアパスに係る研修体系等の構築について」に準拠したうえで、ミドルリーダーとして知っておきたい保育内容を充実させ、学んだ知識を保育現場で活用できるような構成になっている。したがってキャリアアップ研修のみならず、園内研修用のテキストとしても使用可能である。

第 1 章

保育所における
マネジメント

「保育士等キャリアアップ研修」において、専門分野別研修（1 乳児保育、2 幼児教育、3 障害児保育、4 食育・アレルギー対応、5 保健衛生・安全対策、6 保護者支援・子育て支援）とともに、主任保育士のもとでミドルリーダーの役割を担う保育者を対象に、「マネジメント」研修が実施されるようになりました。マネジメントが必要な理由は、子どもや子育てを取り巻く環境の変化から、保育所に求められる役割が多様化・複雑化し、さまざまな課題やニーズに「組織的に対応する」ことが求められるようになったためです。

第 1 章では、まず保育現場におけるマネジメントの重要性について考えます。

レッスン 1

保育の質を高めるためのマネジメント

レッスン 2

保育所におけるマネジメントの現状と課題

レッスン 3

マネジメントに関わる法令・制度と保育所保育指針

レッスン 4

専門機関と連携・協働する

保育の質を高めるための
マネジメント

絵の具遊びに興味
しんしんの1歳児
2人。「楽しいね」

写真提供：南つくし野保育園

ポイント

1 保育の質の向上のための組織マネジメントの方向性について理解する。
2 組織のハードな側面とソフトな側面について理解する。
3 組織マネジメントにおけるリーダーの支援の方向性について理解する。

1 ｜ 保育の質の向上に向けた
組織的な取り組み

1 組織的な取り組みの必要性

　待機児童解消のため、保育所の量的な拡大がなされてきましたが、子どもの豊かで健やかな育ちを支え促す保育を保障するためには、保育の質を確保・向上させていくことが重要です。厚生労働省「**保育所等における保育の質の確保・向上に関する検討会**」においても、保育の質についての議論がなされてきました。その議論のなかでは、保育の質を検討する際には、子どもの思いや願いを受けとめるなど、子どもを中心に考えることを前提として、保育現場の職員全員の参画のもと、保育実践の充実が求められる

 保育所等における保育の質の確保・向上に関する検討会
2018年5月18日より厚生労働省子ども家庭局において検討会が定期的に行われており、保育所等における保育の質の確保・向上について議論されている（2020年6月時点で10回開催）。「中間的な論点の整理」において示された検討事項に関連づけて、集約・整理した事例集「子どもを中心に保育の実践を考える――保育所保育指針に基づく保育の質向上に向けた実践事例集」が2019年6月に出された。

としています。

　また、保育所の職員だけではなく、保護者や地域住民、自治体や地域の関係機関を含めた、多様な関係者の参画や連携・協働、保育に関する理解の共有が必要であるといわれています。「保育所保育指針」では、保育の質の向上は保育者一人の努力で目指せるものではなく、「組織的に対応する」ことが求められると示されています[*1]。

> 　保育所においては、保育の内容等に関する自己評価等を通じて把握した、保育の質の向上に向けた課題に組織的に対応するため、保育内容の改善や保育士等の役割分担の見直し等に取り組むとともに、それぞれの職位や職務内容等に応じて、各職員が必要な知識及び技能を身につけられるよう努めなければならない。

　ただし、人が集まるだけでは、チームや組織として機能しません。目的を共有し、一人ひとりが自分に与えられた役割に応じて動くためには、マネジメントが必要です。

　保育という仕事は、命を預かる責任ある仕事です。しかし、社会的地位の低さや待遇の悪さ、職場の人間関係などを理由に離職者も多く、そのために保育現場では保育者不足に陥っています。保育所の数が増えても、保育者が働き続けることができなければ、専門性の向上や保育の質の向上は期待できません。安心して働き続けることのできる職場環境にするためにも、マネジメントが求められているのです。

2　保育所におけるマネジメントとは

　マネジメントという言葉の日本語訳は「指導、監督、管理」になります。しかし、マネジメントを発明したといわれているP. F. ドラッカー（ドラッカー、2001）が考えるマネジメントの役割は、次の3つです。
①自らの組織に特有の使命を果たす
②仕事を通じて働く人たちを生かす
③自らが社会に与える影響を処理するとともに、社会の問題について貢献する

　これら3つの役割を保育所に当てはめて考えてみましょう。まず、保育所におけるマネジメントは、組織の使命である子どもの保育という目的を果たすために存在するということです。このテキストの第5章では、働きやすい環境づくりがマネジメントの重要な一側面であることを取り上げますが、忘れてはならないことは、保育所や保育所の職員が存在している理由は、子どもの保育をするためであるということです。大人の居心地のよさばかりが追求されるような組織では、子どもを中心に考えることができていないということになり、本末転倒です。

 参照　＊1　「保育所保育指針」第5章1（2）「保育の質の向上に向けた組織的な取組」

また、マネジメントは、園長や主任、ミドルリーダーなどの管理者が、働いている職員を自分の意のままにコントロールするために存在するのではなく、職員が仕事を通じて人や社会とつながり、自分らしい人生を送るために存在するということです。現代社会において、生計を立てるために、多くの場合、人は会社などどこかの組織に所属しなければなりません。働く人が組織のなかで生きることを目指すのがマネジメントの役割です。

　また、保育現場であれば、子どもには大人と同じく、自分らしく生きる権利があるということや、子どもの最善の利益を考慮するという価値観が共有されていますが、社会においてはそうとは限りません。たとえば、社会においては効率性が重視されます。しかし、子どもの学び方や育ちは効率的ではありません。行きつ戻りつしながら、少しずつ成長していきます。大人の価値観で判断すると「つまらない」「意味がない」と感じる試行錯誤の過程にこそ、子どもの学びや育ちが生まれています。このような、保育において大切にしている価値を伝えていくことで、子どもだけではなく大人の生き方が変わり、多様な生き方が肯定される社会へと変化していく可能性があります。つまり、マネジメントには、社会の問題の解決に貢献するという役割があります。

2 ｜ 組織のハードな側面とソフトな側面

1 保育現場におけるハードな側面とソフトな側面

　マネジメントは、組織のどの側面にアプローチするのでしょうか。組織開発では、組織をハードな側面と、ソフトな側面で捉えます（図 1 - 1）。

　ハードな側面とは、働きやすさを支える「仕組み」です。具体的には、①目的・戦略、②構造、③業務の手順・技術、④制度（施策）です。保育現場に当てはめて考えてみると、表 1 - 1 のようになります。

図 1 - 1　組織のハードな側面とソフトな側面

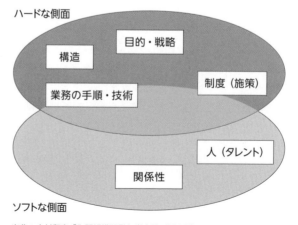

出典：中村和彦『入門組織開発』光文社、2015年

表 1-1　働きやすさを支える「仕組み」

ハードな側面	保育の現場の場合
①目的・戦略	保育理念や保育目標などで、園として、どのような保育をし、その結果どのような子どもたちに育ってほしいと考えているのか、ということを言語化したもの。また、地域において「子育て支援」や「地域交流の場の提供」といった、園が保育以外に社会に提供する価値も当てはまる
②構造	園が担う具体的な機能や役割について、役職や役割に応じて業務内容を決定し、人員配置をすること
③業務の手順・技術	年間・月週日案等の計画、保育日誌などの記録様式と活用方法、日々の情報共有のしかたや、事故やけが、クレームが起こったときの対応方法など
④制度（施策）	職員一人ひとりが仕事への意欲をもち、主体的に取り組むための仕組みや制度のこと。専門性を高めるためのキャリアパス制度や、育児休業制度や時短勤務制度等がこれに当たる

　一方、ソフトな側面とは、「人」と「関係性」です。「人」とは、職員一人ひとりの専門性、仕事に対するモチベーションや姿勢、満足度などを指します。「関係性」とは、人と人との関係性のあり方やコミュニケーションのあり方です。「仕組み」は文章化することができ、形を整えればマニュアルや規則にすることができます。そのため「仕組み」については、職員全員で共通理解をもつことが可能です。

2　共通理解とコミュニケーションの必要性

　ここで重要なのは、職員各々が自分なりの理解をするということではなく、できるだけ共通認識をもつようにするということです。安心して働くための基盤としての「仕組み」について、新人職員にしっかりと伝えるということはもちろん大切ですが、組織内に誤解を生じさせないように、年に一度は全職員で自分たちが働く組織の「仕組み」について共通理解をもつための時間を設定したほうがよいでしょう。なぜなら人は理解できないことは、少ない情報から想像で補おうとするからです。「〇〇先生はこう言っていたよ」「確か以前は〇〇だった」というそれぞれがもつ断片的な情報から、全体を推測することで誤解や混乱が生じます。

　たとえば、「群盲象を評す」というインドの有名な寓話では、数人の男たちが暗闇のなかで象の一部だけを触って感想を語り合います。ある人は象のしっぽを触って「これは綱だ」と言います。またある人は象のザラザラの肌にふれて「これは壁だ」と判断します。自分たちのふれているものが、象であるということを理解するためには、部分から全体を推測するのではなく、全員が全体を見ることが必要です。

　部分から全体を想像することで生じる可能性のある誤解や混乱は、1年に1回、1時間程度コミュニケーションの時間をもつことで未然に防ぐことができます。

　さて、ソフトな側面である「人」「関係性」は人間的な側面であるため、とても複雑で捉えるのが難しく形が定まらないものです。しかし、どれだ

けハードな側面である「仕組み」が整っていても、「関係性」がよくないと働きやすい環境とはなりません。

　先ほど、人は理解できないことは、少ない情報から想像で全体を推測しようとする例をあげましたが、コミュニケーションにおいても同じことが起こります。人と人がコミュニケーションをとる目的とは何でしょうか。それは、自分を伝えること、そして相手を知るという相互理解です。そのため、相手について十分に理解していると思ったときに、人は他者とコミュニケーションをとらなくなります。たとえば、「あの人って○○な人だよね」というレッテルはりがそれです。

　もちろん、直接言葉で伝えなくても「察する」ことのできる文化が日本にはあります。しかし、「察する」ことができるのは、相手のことをある程度理解しているときに限って可能となるのではないでしょうか。たとえば時代劇などに登場する長屋を想像してみてください。関わりたくなくても薄い壁の向こうの部屋の様子が伝わってくる。洗濯一つするにも、井戸の周りに集まってさまざまな話をする。そのような、伝えようとしなくても自然と伝わっていく環境のなかで、相互理解ができているからこそ、「察する」ことができたのではないでしょうか。

　忙しい保育現場では、保育者同士が会話どころか顔を合わすことさえ難しい状況もあります。普段からコミュニケーションがとれていない者同士では、「察する」のではなく、現実とはかけ離れた憶測、あるいは妄想になってしまいます。そして、憶測や妄想は悪いほうに向かう傾向があります。そのため、次の事例のようにコミュニケーションを通して、相互理解を深めていき、共通理解をもてるようにすることが重要なのです。

事例　月案会議（Class Share：CS）を活用

　保育の質を高めるには、まず職員全員が同じ方向を見て、目の前の子どもたちのためにどんなことに取り組むべきかを整える時間をもつことが大切です。保育の質を高める取り組みを紹介します。

　園では、月に1回、各クラスから1名代表が出て、今の自分のクラスの現状を伝え、他クラスの保育者は、質問やさらに活動が発展するようなアドバイスなどを行っています。伝える内容は、前月に問題提起したことがどのように展開されたのかの報告や、その後の活動の変化、現在子どもたちの興味が広がっていることなどです。会議で話された内容は議事録に残し、全職員が見られるようにします（議事録の見本はレッスン末に掲載）。

　このように、担当クラスだけではなく園内の子どもたちの状況を定期的に把握できるようにすると、園内の子どもたちが今どんなことに興味をもち、また1か月後どのように展開されたのかを知ることで、担当のクラス以外を把握でき、園全体の保育を高めることにもなります。

　こうした職員会議や、園内研修などでディスカッションすることもよいのですが、毎日のなかで、「今日はクラスの○○ちゃんがこんな姿を見せたんですよ」「うちのクラスは今日、こんなことしてみたら反応がよかったのよ」など、保育者同士が自然な形で会話することでも、お互いを知り、刺

激を受けることにつながります。難しく考えず、まずは園のなかでの「対話」から始めてみるのもよいと思います。

3 ┃ メンター制度とリーダーの支援のあり方

1 リーダーが支援すべきこと

　新任保育者の悩みについて、ある研究では、「自分の保育に共感し、認めてくれる人がいるかどうかという不安」と、「何か問題があったときに相談する人や解決してくれる人がいるかという不安」を感じているということが示されています（石川・小原、2015）。そのため、園によっては、メンター制度を取り入れているところもあります。

　メンター制度とは、「豊富な知識と職業経験を有した社内の先輩社員（メンター）が、後輩社員（メンティ）に対して行う個別支援活動で、キャリア形成上の課題解決を援助して個人の成長を支えるとともに、職場内での悩みや問題解決をサポートする」制度です（図1-2）。1～2か月に1回、30分～1時間程度話を「聴く」時間を定期的に設けます。まだ経験の浅い保育者は覚えるべきことがたくさんあります。そのため、先輩保育者から仕事について「伝える」ことは意識して取り組まれていると思います。しかし、意識して「聴く」ことがどれほどできているでしょうか。「伝える」ことと同じくらい、「聴く」時間がしっかりと確保されることによって、不安を軽減することができます。

　同期がいることで精神的に支えられたという経験をもつ方も多いのではないでしょうか。職場内での悩みや問題は、同じ職場内でしか共感し合うことが難しいケースもあります。そのように考えると、新人に限らず全職員が、同じ園のなかで、自分の話を聞いてくれる人を必要としているのではないでしょうか。組織を俯瞰して見て、組織としてお互いにサポートし合える関係性を築いていくためのチームづくり、組織づくりについて、考えていく必要があります。

図1-2　メンター・メンティの関係イメージ

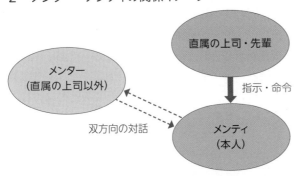

出典：ポジティブ・アクション展開事業研究会「女性社員の活躍を推進するためのメンター制度導入・ロールモデル普及マニュアル」2012年

図1-3 課題達成（タスク）と関係性（メインテナンス）

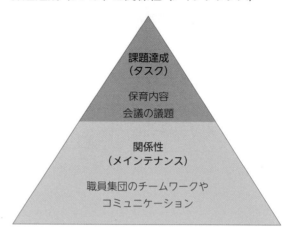

チームや組織のパフォーマンスを上げるためには、課題達成（タスク）と関係性（メインテナンス）の両方をリーダーが支援することが必要です。リーダーシップについては、第2章でくわしく述べますが、リーダーシップ機能は大きく分けるとタスク機能とメインテナンス機能の2つがあります（図1-3）。タスク機能というのは、保育現場においては保育の質を向上させるために集団を支援する機能です。メインテナンス機能とは、職員の関係性向上の支援を行う機能です。課題達成と関係性は、車の両輪にたとえられます。つまり、どちらの支援が欠けても前に進むことができないということです。両方の支援をリーダーがバランスよく行うことで、チームや組織のパフォーマンスが向上します。

2 組織のあり方

ドラッカーが示すマネジメントの役割は、職員の自己実現と社会への貢献が一体となった組織のあり方です。つまり、保育者の主体性を引き出すマネジメントでは、一度「管理」することや、「コントロール」することをある程度手放す必要があるのだろうと思います。職員一人ひとりにできるだけ「委ねる」「任せる」ことができなければ、保育者に主体性は生まれません。たとえば保育において、保育者主導の保育が行われることで、子どもは遊びや生活に対して受身的になっていきます。子ども主体の保育を目指すのであれば、子どもを信頼し「委ねる」ことや「任せる」ことのできる保育者の姿勢が求められます。

人は何事も思い通りに事が運ぶことを望み、コントロール下に置くことを求めます。たとえば、ベテランの保育者であっても、時には日々の保育が計画通りに進まないことや、子どもの予想もしない行動にイライラすることがあるかもしれません。しかし、人が生きる過程では、予想もしないことが起こります。コントロールしようとすることを手放したり、思い通りにならない「今、このとき」を楽しむことができるのは、子ども主体の生活において、保育者の姿勢として大事なことといえます。

マネジメントについても同じことがいえるのではないでしょうか。人は強制されれば抵抗し、反発します。まっすぐ立っている他者を動かそうとして、片方の肩を押すと、どうなるでしょうか。押された人は足で踏んばり、動かされることを拒んだり、元のバランスを取り戻そうとします。のどの乾いた馬を水辺に連れて行くことはできても、水を飲むかどうかは馬に委ねるしかありません。相手の主体性を引き出すためには、相手を自分の思い通りに動かそうとするのではなく、相手が自分で主体性を見出そうとするのを、そっと後押しすることしかできません。職員同士が支え合い、専門性を育み合う関係性を築くことができれば、これから起きてくる組織の課題に、「組織的に対応する」ことができるようになるでしょう。

【資料】議事録の見本（南つくし野保育園）

平成30年度 8 月期　CS会議　議事録

【日　時】平成30年8月24日（金）14時〜
【参加者】○○、△△、□□
【司　会】○△　　　　【議事録】□△
【内　容】
●前月の姿からのその後

| （0歳児クラス　のその後…）
☆食事について
　除去担当の座る場所を工夫したり、Hの除去テーブルを準備したことで流れが少しスムーズになる。
　1歳児クラスへの移行はまだ行っていないが、子どもたちの様子を見ながら少しずつ進めていきたいと考えている。 | （1歳児クラス　のその後…）
☆つむちゃん（かたつむり）飼育について
　虫かごを大きくして、障害物を入れ、観察しやすくなる。
　週末はM先生が持ち帰っていたが、今回持ち帰れないことがあり、Rちゃん宅で見てもらうことになる。連絡帳から、家でもそのことに関してやりとりがあり、興味の広がりが感じられる。

☆ゴミ収集車
　涼しくなったら、見に行く。 |

●今月の様子①（2歳児・　　　　グループ）

子どもたちの興味あるもの	【質疑応答】
☆虫 … もともと興味があったが、今でもセミの鳴き声が聞こえると、話題になる。 ☆体を動かすこと（サーキット）…プールに入らず、室内にいる子どもたちがトランポリン・トンネル・マットなどを行っている。 ☆海の生き物 … 移動水族館から興味をもっている。 ☆乗り物…ゴミ収集車・救急車など →つくしんピック（運動会）につなげられるとすると… 「虫」「海の生き物」「乗り物」…変身して、サーキットなどを考えている。	☆子どもたちの興味・つくしんピック後、どのように広げていこうと考えているか？ →・乗り物・生き物 　＝見に行ってみたら？ ・虫 　＝季節によって違うので、育ててみたりしてみては？ ・室内に変身スペースを作ってあげたり、グッズの種類を増やしてみては？ ☆9月になり、プール後、テラスの活動はどのように考えていけるとよいか？ →トランポリンや軽く走ったりして体を動かしてみては？ 室内ではできない大きい制作？ シートを広げてお弁当を食べてみたりするのもよいかも？

●今月の様子②（幼児・レインボーグループ）

| ☆畑で取れた野菜のクッキングが多かった。
・ピーマン→肉詰め・ピザなど、また、切り方にも興味を示す。
・にんにく（調味料に入れたものに興味を示している）
→日ごろのチューブのものの印象が強いのか、本物のにんにくを見てみようと計画している。
☆楽器にも興味を示している。
「ギター」「シンバル」「ドラム」など…
歌手の真似をしたり、アイドルになりきる姿がある。
☆つくしんピック（運動会）に向けては
　さくら→よさこい
　ひまわり→組体操
　さつき→バルーン　を考えている。 | 【質疑応答】
☆クッキングを行っているが、いつもつくるだけで満足している部分もあるので、その先をどのように広げていけるとよいか相談したい。
・調味料…とうがらし・醤油など
・匂い…ハーブなど
→素材だけではなく、味付けに目を向けてみると面白いのでは。 |

●今月の様子③（幼児・スマイルグループ）

| ☆先月までクラスで飼っていたくわがた虫が、頭と体がパラパラになっていたことをきっかけに原因を考え、この一件を皆に伝えようということから、ニュースのように撮影してみる機会をつくってみた。

　↓これらをきっかけに…

テレビのような撮影に興味をもつ。
強風の日には、天気をテレビの天気予報のようにやってみようと考えている。
☆『このほんをなめちゃダメ！』の絵本をきっかけに顕微鏡を用いて、いろいろなものを見ることに興味を示す。 | 【質疑応答】
☆この興味をどのように広げていけるとよいのか？
→テレビ局に見学に行ってみると、また違った角度から興味を示す部分があるのではないか。
また、自分たちで番組をつくってみては？
保護者にインタビューをしてみては？ |

●まとめ。次回内容の確認。

2 保育所におけるマネジメントの現状と課題

鬼につかまる悔しさを知る。「大変なことはあるけれど前を向いて俺はがんばる！」

写真撮影：三澤武彦

写真提供：寺子屋大の木

ポイント

1 保育所におけるマネジメントの現状と課題について理解する。
2 課題に対する組織的な対応方法について考える。
3 マネジメントにおける下意上達の重要性について理解する。

1 | 保育者の悩み（揺らぎ）を乗り越える

1 職員の合意を得る

　保育者のキャリアパスの各段階において、さまざまな悩み（アイデンティティの揺らぎ）が生じることがわかっています（表2-1）。保育現場に出て1、2年は、自分の理想とする保育や保育者像と、現実とのギャップにとまどいます。また、組織のハードな側面をある程度理解し、職場に順応することも求められます。そのため、入職前後には、園の①目的・戦略、②構造、③業務の手順・技術、④制度（施策）、の4つについてしっかり説明をし、心理的な合意を得ることが重要です（表2-2）。

　医療であれば、患者に状況を十分説明し、治療の合意を得ることをインフォームドコンセントとよんでいます。医者が患者に対して、診断内容や治療方法、その副作用や代替治療などについて説明をし、患者はそれを理解し合意しなければ治療はスタートしません。心理治療でも同じように合意を得るための初回の面接があり、インテーク面接とよばれています。インテーク面接の目的は、クライアント（治療対象者）が抱えている悩みや

表2-1　各段階における保育者の悩み（揺らぎ）

段階	状態	悩みの内容
養成校期	保育者としての専門性を学ぶ	自分がこれまで描いてきた保育者のイメージ（保育者は子どもと遊ぶことが中心の楽しい仕事である）と実際の学び（保育職の責任の重さや専門的知識の多さを感じる）のギャップを体験する。
新人期	1年目であることから、先が見えないなかで行う保育	①新しい職場に順応できるかどうかというとまどい。 ②何が正しいのか理解できないなかでの保育実践。 ③養成校等で培った自分なりの保育や保育者像と実際の保育とのイメージの異なり。 ④先輩保育者等からの期待に応えられるかという不安。
初任期	もう新人ではないというプレッシャーのなかで行う保育	①自分の保育に共感し、認めてくれる人がいるかどうかという不安。 ②何か問題があったときに相談する人や解決してくれる人がいるかという不安。
中堅期	人生の岐路：中堅としての仕事増・結婚や出産の時期との重なり	①業務の多忙さ。 ②プライベートとの両立の難しさ（家事・妊娠・育児・子育て・介護等）。 ③自分の理想とする保育と社会が求める保育との異なり。 ④身体的・肉体的・精神的な辛さ。 ⑤職場の人間関係のとまどい（中堅としての立場の難しさ）。 ⑥保育職の社会的地位の低さの認知（重要な役割を担っているという意識とそれに比例しない待遇）。
熟練期	時代の移り変わりを体感	①自分がこれまで培ってきた保育観と実際の保護者の考え、あるいは社会的に求められる要求との異なり。 ②新人・新任保育者との保育観や価値観の異なり。 ③身体的・肉体的な衰えを実感し、十分に子どもと関われない辛さ。
熟達期	管理的業務が中心となり、子どもとの直接的な関わりが減少	①実際に子どもに関われないという寂しさ。 ②事務的作業や管理能力等、これまで必須とされなかった職務遂行へのとまどい。 ③事務的作業や管理能力に対しての高度な技術の要求とそれに応じることができるかという不安。

出典：石川昭義・小原敏郎編著『保育者のためのキャリア形成論』建帛社、2015年、115頁

表2-2　入職時に共有すべき事項の例

ハードな側面	具体的な共有内容
①目的・戦略	保育理念、保育目標、保育内容、子ども像、園の地域に提供する価値　など
②構造	園の担うべき機能や役割、業務分担、人員配置、役割、行事担当者、ローテーション勤務のあり方　など
③業務の手順・技術	仕事のしかたや手順化、年間計画・月案・週案・日案等の計画、保育日誌などの記録様式と活用方法、情報共有の仕方、事故やけがが起こったときの対応方法　など
④制度（施策）	園規則、就業規則、給与規定、休暇、キャリアパスの仕組み、メンター制度、育児休業制度、時短勤務制度　など

問題を探り、有効だと考えられる援助方法について方針を立てることですが、面接はクライアントと治療者が出会い、信頼関係を築いていく場でもあります。つまり、ともに治療というプロセスを歩んでいくための協働関係をつくる最初の一歩となっているのです。

　日本の社会では、これまで終身雇用が前提としてあり、企業において従業員が雇用される場合、契約内容は書面ではなく暗黙の了解において結ば

れていました。これを心理的契約といいます。いわば会社と従業員の信頼関係のうえに成り立っていた仕組みだといえるでしょう。しかし、現代では転職や派遣、短時間勤務などが当たり前となり、働き方や労働条件・業務内容が、一生のうちでも状況に応じて多様に変化するようになりました。そのため、明文化された契約書を通じて、働く条件について双方が合意をすることが重要視されるようになりました。保育所という組織においても、マネジメントのハードな側面については可能な限り明文化し、職員間で共有していく必要があります。

▊2▊ 人間関係の構築

また、キャリアパスの各段階において揺らぎを乗り越え、保育者として新しいアイデンティティを獲得していくためには、一人で抱え込まずサポートし合える関係性を築いていくなど、組織のソフトな側面についても改善していくことが求められます。さらに、ハードな側面とソフトな側面が互いに影響を及ぼし合っている場合もあります。たとえば、有給休暇の取得に関して、勤務年数が長い職員が優先されるという暗黙のルールがあると、新人職員は自分の希望を主張することもできず、不満を抱えてしまうことがあります。保育者の離職については多くの研究がなされていますが、要因の一つとして職場内の人間関係が上位にあげられます。離職防止のために困ったことをいつでも相談できる体制づくりや、関係性の構築が求められます。

「保育所保育指針の改訂に関する議論の取りまとめ」においても、職員の資質・専門性の向上のために、「キャリアパスの明確化とそれに合わせた研修体系の構築」の必要性が指摘されています。その理由は、「保育所としての組織的な対応や、様々な課題に応じた専門性の向上が求められる中で、それぞれの保育士が、自らの職位や職務内容等に応じて、組織の中でどのような役割が求められているかを理解し、必要な力を身につけることができるようにするため[*1]」です。保育士の専門性の向上は、保育の質の向上にとって必要不可欠であり、結果として保育士が職場に定着しやすい環境整備となります。そのためにも、保育所における組織目標の設定と共有、人材育成の仕組みの確立、働きやすい職場にするための人間関係の支援など、組織マネジメントに取り組む必要があります。

> **事例 1　合意を得るための安全をどう確保するのか？**
>
> 　7 年前にマネジメントの基本となる意見を集めようと思ったときに、まず考えたことは、「自分の話を聞いてもらえる。それが現実に反映されるということを感じてもらいたい」「話したことで、嫌な思いをすることがないようにしたい」という 2 つのことでした。そこで、初回のヒアリングは外部の守秘義務のある中立のファシリテーターに入ってもらうことにし、何のために外部の人に入ってもらうのかも説明をしてから、ヒアリングを行

 参照　＊1　厚生労働省「保育所保育指針の改定に関する中間とりまとめ」2016年

いました。その結果、「もっと自分たちで保育の運営に関わってもよい」「リーダーをしたいと思っている」という発言が出てきて、一歩を踏み出すことができました。

リーダー制を実行するにあたり、伝達のルートは一本化するけれども、人と人の関係性はそれぞれに違うということを踏まえ、相談は多くの人にできるようにしたいと考え、園長・主任だけでなく、そのほかの人にも相談してもよいことを明確にするとともに、すべてのスタッフがそれぞれに直接話す機会をつくりました。園長・主任それぞれとの関係をつくることで誰かと意見が相違したときにも相談する場ができ、ほかの意見を聞いたうえで自分が判断してよいのだという風土をつくりたかったためです。

また、その相談を受けた際も、園長や主任が直接介入し解決するのではなく、話を聞くなかで本人の気持ちや意向を明確にすることで、自ら解決のための行動を起こせるようになっていったと感じています。

事例 2　入職時の説明について

園では、4月入職の職員には説明の時間を設けています。時間をとって保育理念や、保育目標、保育方法、就業規則などを中心に伝えています。人数の多いときには事前に担当する項目を決めて資料を渡し、わからないことを職員に聞いて理解を深めてから、研修を行い、職員同士のコミュニケーションもはかりながら基本的な想いや条件を理解したうえで仕事をスタートできるよう心がけています。

役割分担やシフトごとの動き方（たとえば早番のときの準備など）については、チームのリーダーから説明を受けます。担当の行事や、どんな役割を担当したいかについては、その人の好きなことを生かしつつ、今の担当とのバランスなども考えながら相談して決めています。月案・週案などは順番で担当するため、流れがわかってきたころに現在の担当者と一緒に会議に出席することから始めていきます。

また、園では「さくらんぼ会議」というメンター制度をとっており、クラスの違う職員とペアを結成し、話を聞いてもらうという時間をつくっています。これは、一緒に働く人が忙しそうで聞きづらいことなどを、気兼ねなく聞けるようにというねらいで行っています。メンターは、聞いてわからないことはメンティーの担当職員に聞いて答えてもいいですし、直接聞いても大丈夫だ、ということを伝えることもあります。

一方で、4月以外の入職のスタッフについてどれくらい説明できているかというと、そのときの状況に応じて、説明にとれる時間が短くなったり、OJT的な割合が多くなってしまうこともあります。特に現場リーダーがこまめに時間をつくり対応することになるため、いつ入職しても同じように対応できるようにしていくのが、今後の課題だと感じています。

用語 OJT

On-the-Job Trainingの頭文字をとったもの。先輩が仕事を通じて後輩を指導・育成する方法である。なお、OFF-JTは、仕事を離れた時間と場で、研修やトレーニングを受ける方法。保育所では、園内研修と園外研修がこれに当てはまる。

2 組織は生き物

1 組織は生命体

　組織とは、以前は「機械」であると考えられてきました。「機械」は、所有者の利益を生み出すという目的のために存在します。そして、従業員はその「機械」の部品の一つであり、壊れたら補えばよいという考え方がされていました。しかし、組織は人で成り立っています。「機械」ではなく、そのものが命を宿した「生命体」であると捉えられるようになりました（表2-3）。「生命体」である組織は、所有者のために存在するのではありません。その組織を構成している従業員（メンバー）自身が所有者となり、自分たちの目的のために自律的に行動するのです。

　それでは、そのようななかでは上意下達（トップダウン）は行ってはいけないのでしょうか。実はそうではありません。トップダウンで指示・命令を出していくほうが、組織を動かすときには効率的で即効性があります。しかし、保育現場においてトップダウンばかりだと、保育の質の向上に主体的に取り組み、自律的な判断ができる組織へと育っていくことは期待できません。そのときに、下意上達（ボトムアップ）の組織づくりが求められるのです。小集団での話し合いや、組織の意思決定への参加などの組織的な活動が必要とされるのです。誰かに指示・命令されて保育をするのではなく、自分たちで考え、試行錯誤しながら自分たちの保育の価値や最適解を見いだしていくという時間を確保していくことが、長期的な視点では、組織的に対応する力をつけていくことになります。以上をまとめると、図

表2-3　組織の捉え方の比較

	機械としてみると	生命体としてみると
所有者	誰かに所有されている	自分自身が所有者である
目的	機械をつくった人が考える目的のために存在する（所有者のために最大限の利益を生みだすため）	自分自身の内在的な目的を持っている
誰がつくるのか	外部の人がつくる	自分自身の内的プロセスによって自らをつくる
行動	マネジメントによって与えられる目標や意思決定に対する反応として行動がとられる	自らの目的を達成するために自律的に行動する
メンバーの性格	メンバーは従業員、「人的資源」であり使われる存在である	メンバーはhuman work communityである
誰が変化させるか	静的で固定的である。誰かが変えることによって変わる	自然に進化する

出典：香取一昭・大川恒『決めない会議』ビジネス社、2009年、127頁

用語 human work community
組織のメンバー一人ひとりによって、仕事をするためのコミュニティが構成されているということ。つまり、「使う─使われる」ではなく、対等な関係性のなかで一人ひとりが主体的に動いているという状態と考えている。

図 2-1　トップダウンとボトムアップ

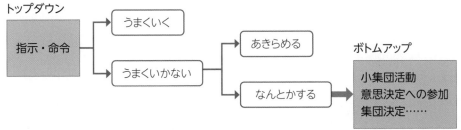

出典：吉田道雄『人間理解のグループ・ダイナミックス』ナカニシヤ出版、2001年、89頁

2-1 のようになります。

2　組織の成長や変化をおそれない

　また、生命体は恒常性を保つ機能（ホメオスタシス）をもっています。これは、状態を一定に保とうとする機能のことです。たとえば、運動により体温が上がると、身体は汗を出して体温を下げようとします。生命体はいつも、バランスを保とうとします。恒常性を保つことはよいことですが、同時に変化への抑止力にもなります。

　組織にも人にも「慣性の法則」が働きます。「慣性の法則」とは、静止、あるいは一様な直線運動をする物体は、他から力が作用しない限り、その状態を持続するという法則です。電車に乗っていて急停車すると、乗客の身体がそのまま電車の動いていた方向に動こうとする現象のことです。園組織において、「当たり前」であること、「このままでいい」と感じていること、あるいは「変わりたくない」という変化への抑止力が働き、成長・変化しなくなるという状態に陥ることがあります。これまでトップダウンでリーダーが指示・命令を行っていた組織の場合、自分たちで考えることや判断をすることを委ねると、職員がおそれを抱くことがあります。また、以前のように指示・命令をしてくれるように懇願される場合もあります。しかし、自律的な職員集団に育っていくためには、その壁を超えていく必要があります。リーダーがいつも最終的な判断をしていたり、保育において足りないところを補っていたりする状態が続けば、リーダーに依存する職員集団が維持され続けます。

　現状維持であれば、新たに考えることや、苦労することを避けることができます。しかし、現状維持という「楽」ではなく、子どもの最善の利益を目指し、自分たちの保育実践にやりがいと自信をもって取り組むことのできる「快」の状態を目指すべきです。

　組織全体を一つの「生命体」として捉えることで、組織の現状をつかみ、課題に対して組織的に対応するという視点をもち、リーダー一人ががんばるのではなく、チームや組織として対処することができます。

　次のワークを通して自園の課題を振り返り、働きやすい環境づくりや人間関係の向上のため、リーダーとして、組織に対してどのようなアプローチができるのか考えてみてください。このようなワークでは、「自分の理

解を、自分の言葉で語る」という活動が入ってきます。その際、正確に理解しているかどうかということは求めていません。それよりも、グループのメンバーそれぞれが自分の理解を伝え合うことによって、個々の理解が深まるということを目指してください。これが、組織的に対応するという組織のあり方を体験する一歩となることと思います。

ワーク

「これまでとこれから（As is／To be）」

【ねらい】
自園の課題を振り返り、働きやすい環境づくりや人間関係の向上のため、ミドルリーダーとして、組織に対してどのようなアプローチができるのか考える。

【準備物】
模造紙、色マジックセット、付箋紙（7.5cm×7.5cm程度の大きさ）

【ワークの流れ】
① 5～6名のグループになります。
②これまで学んださまざまなマネジメントの視点から、働きやすさにおける自園の現状の課題を付箋紙に書き、読み上げながら模造紙に貼っていきます。
③「課題」のうち近いものをひとくくりにし、分類します（Ⓐ）。
④「課題」の分類一つひとつについて、理想の姿（目標）を模造紙に書きます（Ⓑ）。
⑤「課題」を「理想」に近づけていくために、「解決策（ミドルリーダーとして自分たちができること）」をグループで考え、模造紙に書きます。具体的な取り組みのアイデア出しなので、できるだけ多く出してください（Ⓒ）。
⑥グループごとに発表をします（発表時間 5 分程度）。

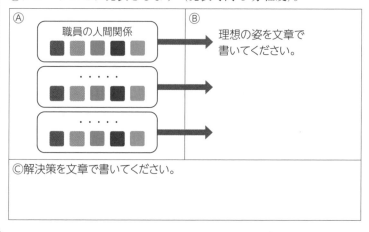

マネジメントに関わる法令・制度と保育所保育指針

気分のよい天候の日は、筆運びもおおらかで力強い。いろいろな色やモチーフがキャンバスに描かれてゆく。

写真提供：うらら保育園

ポイント

1 マネジメントに関わる法令・制度について理解を深める。
2 保育所保育指針の改定の方向性について理解を深める。
3 改定の5つの方向性についてマネジメントとの関連を理解する。

1 │ 「保育所保育指針」の改定について

　2018年に改定「保育所保育指針」が施行されました（改定は2017年）。「保育所保育指針」は、厚生労働大臣告示として定められたものであり、規範性を有する基準としての性格をもちます。「保育所保育指針」に規定されている事項は、その内容によって、①遵守しなければならないもの、②努力義務が課されるもの、③基本原則にとどめ、各保育所の創意や裁量を許容するもの、または各保育所での取り組みが奨励されることや保育の実施上の配慮にとどまるものなどに区別されます。各保育所は、これらを踏まえ、それぞれの実情に応じて創意工夫を図り、保育を行うとともに、保育所の機能及び質の向上に努めなければならないとされています。

　今回の改定では、「乳児・1歳以上3歳未満児の保育に関する記載の充実」「保育所保育における幼児教育の積極的な位置づけ」「子どもの育ちをめぐる環境の変化を踏まえた健康及び安全の記載の見直し」「保護者・家庭及び地域と連携した子育て支援の必要性」「職員の資質・専門性の向上」という5点が、基本的方向性として改定されました。ここでは、それぞ

れについて、マネジメントとの関連から指針を読み解いていきます。

2 「保育所保育指針」改定から見る マネジメント

1 乳児・1歳以上3歳未満児の保育に関する記載の充実

　乳児から2歳児までは、心身の発達の基盤が形成されるうえで極めて重要な時期であることを踏まえ、記載の充実を図っています。特に乳児期は、発達の諸側面が未分化であるため、これまでの5領域から、「健やかに伸び伸びと育つ」「身近な人と気持ちが通じ合う」「身近なものと関わり感性が育つ」の3つの視点から保育内容が整理されています。乳児保育に関わるねらい及び内容の基本的事項として、「保育所保育指針*1」では、次のように書かれています。

> 　乳児期の発達については、視覚、聴覚などの感覚や、座る、はう、歩くなどの運動機能が著しく発達し、特定の大人との応答的な関わりを通じて、情緒的な絆が形成されるといった特徴がある。これらの発達の特徴を踏まえて、乳児保育は、愛情豊かに、応答的に行われることが特に必要である。

　また、1歳以上3歳未満児の保育に関わるねらい及び内容については、基本的事項*2として、次のように書かれています。

> 　この時期においては、歩き始めから、歩く、走る、跳ぶなどへと、基本的な運動機能が次第に発達し、排泄の自立のための身体的機能も整うようになる。つまむ、めくるなどの指先の機能も発達し、食事、衣類の着脱なども、保育士等の援助の下で自分で行うようになる。発声も明瞭になり、語彙も増加し、自分の意思や欲求を言葉で表出できるようになる。このように自分でできることが増えてくる時期であることから、保育士等は、子どもの生活の安定を図りながら、自分でしようとする気持ちを尊重し、温かく見守るとともに、愛情豊かに、応答的に関わることが必要である。

　この時期には、子どもの生活の安定を図りながら、自分でしようとする気持ちを尊重し、温かく見守るとともに、受容的、応答的に関わることの重要性が示されています。乳児・1歳以上3歳未満児の子どもは、生

 5領域
「健康」「人間関係」「環境」「言葉」「表現」のことで、保育における子どもの育ちの領域。

 ＊1　「保育所保育指針」第2章1（1）「基本的事項」ア
＊2　「保育所保育指針」第2章2（1）「基本的事項」ア

涯の学びの出発点である「学びの芽生え」の姿がみられることから、生活や遊びのさまざまな場面で主体的に周囲の人やものに興味をもち、直接関わっていこうとする姿と捉え、育ちに寄り添っていく姿勢が求められます。

　子どもは守られる、保護される、育てられるという「受動的権利」を有しています。それと同時に、一人の人間として「能動的権利」も有する存在です。「能動的権利」とは、「こんな生活がしたい」「こんな人間になりたい」というような自由な思いや願いについて、主張をし、意見を述べ行使する権利です。そのような子ども観を保育者間で共有しなければ、「保育所保育指針」に示されているような保育はできません。子どもにとっての最善を考え続けることのできる保育者集団を、マネジメントによってつくっていかなければなりません。

2　保育所保育における幼児教育の積極的な位置づけ

①育みたい子どもたちの資質と能力

　保育所保育においては、子どもが現在を最もよく生き、望ましい未来をつくり出す力の基礎を培うために、環境を通して養護及び教育を一体的に行っています。幼保連携型認定こども園や幼稚園と同様、幼児教育の一翼を担う施設として、教育に関わる側面のねらい及び内容に関して、「幼保連携型認定こども園教育・保育要領」及び「幼稚園教育要領」とのさらなる整合性が図られました。

　また、幼児教育において育みたい子どもたちの資質・能力として、「知識及び技能の基礎」「思考力、判断力、表現力等の基礎」「学びに向かう力、人間性等」が示されています[*3]。さらに、これらの資質・能力が、5領域における「ねらい及び内容」に基づいて展開される保育活動全体を通じて育まれていったとき、幼児期の終わりごろには具体的にどのような姿として現れるかを、「幼児期の終わりまでに育ってほしい姿[*4]」として示しています。

　保育に当たってはこれらを考慮しながら、子どもの実態に即して計画を作成し、実践することが求められます。さらに、計画とそれに基づく実践を振り返って評価し、その結果を踏まえた改善を次の計画へと反映させていきます。これは、「保育所保育指針」には登場しない言葉ですが、「カリキュラム・マネジメント」とよばれるもので、保育の質をより高めていくうえで重要です。

②子どもの実態に即した計画と改善

　保育の計画は、子どもの実態に即して、子どもを中心とした計画を立案します。子どもの実態に即してということは、まずは子ども理解から始めるということです。計画に子どもを合わせるのではなく、時間をかけて目の前の子どもの姿から、計画をていねいにつくりあげていく必要があります。子どもを理解するために、協働し視点を出し合うことのできる保育者

　＊3　「保育所保育指針」第1章4（1）「育みたい資質・能力」ア、イ
　＊4　「保育所保育指針」第1章4（2）「幼児期の終わりまでに育ってほしい姿」

図3-1　OECDにおける「キー・コンピテンシー」について

テクノロジーが急速かつ継続的に変化しており、これを使いこなすためには、一回習得すれば終わりというものではなく、変化への適応力が必要に	社会・文化的、技術的ツールを相互作用的に活用する能力（個人と社会との相互関係）
社会は個人間の相互依存を深めつつ、より複雑化・個別化していることから、自らとは異なる文化等をもった他者との接触が増大	多様な社会グループにおける人間関係形成能力（自己と他者との相互関係）
グローバリズムは新しい形の相互依存を創出。人間の行動は、個人の属する地域や国をはるかに超える、例えば経済競争や環境問題に左右される	自律的に行動する能力（個人の自律性と主体性）

出典：旺文社教育情報センター「教育における"コンピテンシー"について　OECD『PISA調査』の基本概念」2005年をもとに作成

集団から、子どもを中心とした計画は生まれます。

　子どもたちが生きる未来の社会は、予測困難だといわれています。未来社会はさまざまに変化し続け、個人間の相互依存を深めつつ、より複雑化していくと考えられています。そのような世界へ対応するために、OECD（Organisation for Economic Co-operation and Development：経済協力開発機構）は、3つのキー・コンピテンシー（主要能力）を示しています。この3つのキー・コンピテンシーの枠組みの中心にあるのは、個人が深く考え、行動することです（図3-1）。そして、深く考えることには、目前の状況に対して特定の定式や方法を反復継続的に当てはめることができる力だけではなく、変化に対応する力、経験から学ぶ力、批判的な立場で考え、行動する力が含まれます。乳幼児期の教育において、非認知的能力の育ちが注目されるようになりましたが、自分たちの保育において、どのような子どもの育ちを目指すのかということを、保育者一人ひとりが語ることのできる集団づくりが求められています。

　そのほか、幼保小連携という視点から、「学校教育法」や「小学校学習指導要領」についても概要を理解しておくことが大切です。たとえば、「小学校学習指導要領解説」の「学校段階等間の接続[5]」において、次のように幼児教育との接続が示されています。

　教育課程の編成に当たっては、次の事項に配慮しながら、学校段階等間の接続を図るものとする。
（1）幼児期の終わりまでに育ってほしい姿を踏まえた指導を工夫す

 参照　＊5　「小学校学習指導要領解説」第3章第2節4「学校段階等間の接続」

20

ることにより、幼稚園教育要領等に基づく幼児期の教育を通して育まれた資質・能力を踏まえて教育活動を実施し、児童が主体的に自己を発揮しながら学びに向かうことが可能となるようにすること。

また、低学年における教育全体において、例えば生活科において育成する自立し生活を豊かにしていくための資質・能力が、他教科等の学習においても生かされるようにするなど、教科等間の関連を積極的に図り、幼児期の教育及び中学年以降の教育との円滑な接続が図られるよう工夫すること。特に、小学校入学当初においては、幼児期において自発的な活動としての遊びを通して育まれてきたことが、各教科等における学習に円滑に接続されるよう、生活科を中心に、合科的・関連的な指導や弾力的な時間割の設定など、指導の工夫や指導計画の作成を行うこと。

幼保小連携においては、幼稚園・保育所・認定こども園あるいは小学校のどちらか一方が努力するのではなく、人的交流、情報の共有を通して、教育内容・方法の連続性を考慮し、お互いに歩み寄るような工夫が求められます。

❸ 子どもの育ちをめぐる環境の変化を踏まえた健康及び安全の記載の見直し

社会状況のさまざまな変化に伴い、家庭や地域における子どもの生活環境や生活経験も変化・多様化しており、保育所においては、乳幼児一人ひとりの健康状態や発育の状態に応じて、子どもの健康支援や食育の推進に取り組むことが求められます。「保育所保育指針解説」には、「発達過程」という言葉が使われています。その理由については、次のように説明されています[6]。

子どもは、それまでの体験を基にして、環境に働きかけ、様々な環境との相互作用により発達していく。保育所保育指針においては、子どもの発達を、環境との相互作用を通して資質・能力が育まれていく過程として捉えている。すなわち、ある時点で何かが「できる、できない」といったことで発達を見ようとする画一的な捉え方ではなく、それぞれの子どもの育ちゆく過程の全体を大切にしようとする考え方である。そのため、「発達過程」という語を用いている。

また、発達の違いについても述べられています[7]。

それぞれの個性や生活における経験などの違いによって、同じ月齢・年齢の子どもであっても、環境の受け止め方や環境への関わり方、

参照　＊6　「保育所保育指針解説」第1章総則1（1）「保育所の役割」
　　　　＊7　「保育所保育指針解説」第1章総則1（3）「保育の方法」ウ

（縦書き右側）
レッスン **3**
マネジメントに関わる法令・制度と保育所保育指針

興味や関心の対象は異なる。言葉の習得は比較的早いが運動面の発達
はゆっくりしているといったように、発達の側面によって一人の子ど
もの内にも違いがある。

　一人ひとりの子どもの育ちゆく「過程」を大切にする姿勢が保育者には
求められます。
　たとえば、保育者が子どもを集団として管理しやすい、統制しやすい、
大人の都合優先の環境づくりをしてしまうことがあります。しかし、一人
ひとりの子どもに応じた環境づくりをするためには、子どもの目線に立ち、
子どもが安心・安全で主体的に活動し挑戦できる環境づくり、つまり、安
全安心とワクワク・ドキドキが共存する環境づくりが必要です。高山は、
子どもの姿から環境を構成するために、次のようなステップを考えていま
す（高山、2014）。

①子どもの姿から必要な経験をとらえる。
②必要な経験ができる環境を考える。
③発達に合わせた環境をつくる。
④子どもの姿を見て環境を随時修正する。

　「保育所保育指針解説」では、「保育所では、保育時間の異なる子どもが
共に過ごすことから、一人一人の生活を見通した上で、子どもの活動と休
息、緊張感と解放感等の調和を図っていく必要がある。その際、子どもが
共に過ごす集団の規模や関わる保育士等も時間帯によって変わることを踏
まえ、子どもの安心と安定が図られるような環境づくりが必要である＊8」
と述べられています。同じ室温でも「暑い」と感じる人と、「寒い」と感
じる人がいるように、同じ環境下でも子ども一人ひとりが感じる心地よさ
はちがいます。
　たとえば、午睡について「保育所保育指針」では、「午睡は生活のリズ
ムを構成する重要な要素であり、安心して眠ることのできる安全な睡眠環
境を確保するとともに、在園時間が異なることや、睡眠時間は子どもの発
達の状況や個人によって差があることから、一律とならないよう配慮する
こと＊9」と書かれています。保育は子どもを理解することから始まります。
そして、唯一無二の正解があるものではありません。子どもたち一人ひと
りの育ちゆく過程に寄り添い、よりよい保育環境を考え続けていくことが
重要である、という共通理解をもつ保育者集団をつくっていかなければな
りません。
　また、食物アレルギーをはじめとする、重篤なアレルギー疾患をもつ
子どもも安心して生活できるように、「保育所における食育に関する指針」
「保育所におけるアレルギー対応ガイドライン」「保育所における食事の提

 参照　＊8　「保育所保育指針解説」第1章3（2）「指導計画の作成」エ
　　　　＊9　「保育所保育指針」第1章3（2）「指導計画の作成」オ

供ガイドライン」などをもとに、必要な対策を行います*10。食育に関しては、「保育所保育指針」でも、全体的な計画のなかに食育計画が位置づけられ、第3章2（1）「保育所の特性を生かした食育」として、健康な生活の基本としての「食を営む力」の育成について述べられています。さらに、「食育基本法」の前文には、「子どもたちが豊かな人間性をはぐくみ、生きる力を身に付けていくためには、何よりも『食』が重要です。今、改めて、食育を、生きる上での基本であって、知育、徳育及び体育の基礎となるべきものと位置付けるとともに、様々な経験を通じて『食』に関する知識と『食』を選択する力を習得し、健全な食生活を実践することができる人間を育てる食育を推進することが求められている」と、子どもの食育に関する基本理念が示されています。食育も保育の一部であると認識し、全体的な計画に位置づけていきます。

　保育中の事故防止に関しては、保育所内における体制構築や環境面での配慮及び関係機関との連携などにより、危険の回避に努めなければなりません。2011年に発生した東日本大震災では、多くの尊い命が失われました。私たちはいつどこで、災害に遭うかわかりません。もちろん保育中も災害に見舞われる可能性があります。災害発生後には、保育所が避難所となり、地域住民の生活の維持や再建を支える場となることもあります。「教育・保育施設等における事故防止及び事故発生時の対応のためのガイドライン」「保育所における感染症対策ガイドライン」などをもとに、平時からの備えや危機管理体制づくりなどを、行政機関や地域の関係機関と連携しながら進めることが求められます。

4 ▶ 保護者・家庭及び地域と連携した子育て支援の必要性

　2016年に「児童福祉法」が改正され、「児童の福祉を保障するための原理の明確化」がなされました。第1条においては、「全て児童は、児童の権利に関する条約の精神にのっとり、適切に養育されること、その生活を保障されること、愛され、保護されること、その心身の健やかな成長及び発達並びにその自立が図られることその他の福祉を等しく保障される権利を有する」ことが明記され、第2条においては、「全て国民は、児童が良好な環境において生まれ、かつ、社会のあらゆる分野において、児童の年齢及び発達の程度に応じて、その意見が尊重され、その最善の利益が優先して考慮され、心身ともに健やかに育成されるよう努めなければならない」と、すべての国民が、子どもの意思の尊重と最善の利益に基づいた育ちに努めることが示されています。

　さらに、「児童福祉法」第3条の2では、「国及び地方公共団体は、児童が家庭において心身ともに健やかに養育されるよう、児童の保護者を支援しなければならない」としています。「保育所保育指針」においても、

---

*10 「保育所における食育に関する指針」「保育所におけるアレルギー対応ガイドライン」「保育所における食事の提供ガイドライン」の詳細は、本シリーズ第4巻『食育・アレルギー対応』を参照

「入所する子どもの保護者に対する支援及び地域の子育て家庭に対する支援等を行う役割を担う*11」とあります。子どもが育つ場としての家庭の支援をしていくことは、保育所の重要な役割の一つです。保育所は、子どもの健全な成長のために、家族という集団が子どもを育てるという機能をまっとうできるように支援をし、ともに子どもを育てる関係を築いていくことが求められます。

　保育所に子どもを預けている保護者に対する支援とともに、地域の保護者等に対する子育て支援についても、保育所の役割として求められています。多様化する保育ニーズに応じた保育や、特別なニーズを有する家庭への支援、児童虐待の発生予防及び発生時の迅速かつ的確な対応のために、「配偶者からの暴力の防止及び被害者の保護等に関する法律（DV防止法）」「要支援児童等（特定妊婦を含む）の情報提供に係る保健・医療・福祉・教育等の連携の一層の推進について」「生活保護法」「母子保健法」「母子及び寡婦福祉法」なども支援の際に根拠法や、支援の方向性を示すものであり、十分に理解を共有しておかなければなりません。

　また、「保育所保育指針解説」に「子どもに障害や発達上の課題が見られる場合には、市町村や関係機関と連携及び協力を図りつつ、保護者に対する個別の支援を行うよう努めること*12」とあるように、保護者と協働しつつ、必要に応じて、専門機関と連携しながらよりよい支援のあり方を模索する必要があります。障害のある子どもへの支援については、特に「障害者の権利に関する条約」において、障害者の地域社会への参加・包容（インクルージョン）の促進を定めています。さらに「障害を理由とする差別の解消の推進に関する法律」や「発達障害者支援法」についても理解することで、支援の幅を広げることができます。

5 職員の資質・専門性の向上

　保育所に求められる機能や役割が多様化し、保育をめぐる課題も複雑化しています。こうしたなか、保育所が組織として保育の質の向上に取り組むとともに、一人ひとりの職員が、主体的・協働的にその資質・専門性を向上させていくことが求められています。全国保育士会の「全国保育士会倫理綱領」では、保育者の行動規範を明らかにし、専門職として社会に果たすべき役割が示されています。

　各保育所では、保育において特に中核的な役割を担う保育士をはじめ、職員の研修機会の確保と充実を図ることが重要な課題となります。そのため、一人ひとりの職員が、自らの職位や職務内容に応じて、組織のなかでどのような役割や専門性が求められているかを理解し、必要な力を身につけていくことができるよう、キャリアパスを明確にし、それを見すえた体系的な研修計画を作成することが必要です。こうした状況を背景に、2017年4月には、保育現場におけるリーダー的職員等に対する研修内容

参照　*11　「保育所保育指針」第1章1（1）「保育所の役割」ウ
　　　*12　「保育所保育指針解説」第4章2（2）「保護者の状況に配慮した個別の支援」イ

や研修の実施方法について、「保育士等キャリアアップ研修ガイドライン」が定められました（平成29年4月1日付雇児保発0401第1号厚生労働省雇用均等・児童家庭局保育課長通知）。

　子どもの最善の利益のために、保育の質の向上は必須です。そして、繰り返しになりますが、保育の質の向上のためには、職員の資質向上に取り組まなければなりません。また、園の保育について適切に情報提供し、保護者や地域とともに、保育の質の向上を目指していく体制づくりが求められています。

　「保育所保育指針」第5章「職員の資質向上」では、「保育所は、質の高い保育を展開するため、絶えず、一人一人の職員についての資質向上及び職員全体の専門性の向上を図るよう努めなければならない」とあり、さらに保育所職員に求められる専門性として、「子どもの最善の利益を考慮し、人権に配慮した保育を行うためには、職員一人一人の倫理観、人間性並びに保育所職員としての職務及び責任の理解と自覚が基盤となる。各職員は、自己評価に基づく課題等を踏まえ、保育所内外の研修等を通じて、保育士・看護師・調理員・栄養士等、それぞれの職務内容に応じた専門性を高めるため、必要な知識及び技術の修得、維持及び向上に努めなければならない＊13」と各職員の努力を求めています。

　さらに続いて「保育所においては、保育の内容等に関する自己評価等を通じて把握した、保育の質の向上に向けた課題に組織的に対応するため、保育内容の改善や保育士等の役割分担の見直し等に取り組むとともに、それぞれの職位や職務内容等に応じて、各職員が必要な知識及び技能を身につけられるよう努めなければならない＊14」と、保育所における組織的な専門性向上への取り組みついて示されています。

　職場内外の研修機会の確保に当たっては、施設長（園長）など管理的立場にある者による取り組みのもとでの組織的な対応が不可欠です。具体的には、施設長の役割及び研修の実施体制を中心に、保育所において体系的・組織的に職員の資質・向上を図っていくための方向性や方法等を明確化しなければなりません。

　2017年に「育児休業、介護休業等育児又は家族介護を行う労働者の福祉に関する法律」の改正法がスタートし、保育所に入所できない場合、2歳まで育児休業がとれるようになりました。保育現場の職員の職業継続にとっても育児、介護という課題は重要です。そして、職業継続によって専門性の向上が期待できます。このような制度の仕組みについて、共通理解をもつことができるような体制や機会の確保が必要です。

 参照　＊13　「保育所保育指針」第5章1（1）「保育所職員に求められる専門性」
　　　＊14　「保育所保育指針」第5章1（2）「保育の質の向上に向けた組織的な取組」

①園においてどの程度、保育所保育指針の理解を職員間で共有できていますか。番号に○をつけてください。

1 ── 2 ── 3 ── 4 ── 5

できていない　　　　　　　　　　　　十分できている

②上記の番号に○をつけた理由は何ですか。

③職員が理解をよりよく共有するために（例：2 → 3 にするために）どのような取り組みができますか。

ワークシート 「理想の園の姿」

①あなたが考える、「目指したい子どもの姿」「目指したい職員集団のあり方」について、それぞれ理想の姿を下記に書いてください。

目指したい子どもの姿	目指したい職員集団のあり方
例：友だちとのつながりのなかで主体的に遊びこむ	例：保育への想いを聴き合い、協働する

②上記で描いた園に近づくために、どのような仕組みや取り組みが考えられますか。

専門機関と連携・協働する

写真提供：うらら保育園

「ほら、見て！　あそこ！」「なに？　どこどこ？」視線の先に何を捉えているのだろう？

ポイント

1 専門機関と連携・協働しさまざまなニーズに対応する視点について学ぶ。
2 保育所と連携・協働する多様な専門機関について理解を深める。
3 関係機関との連携・協働の具体例を確認して理解を深める。

1 | 多様な専門機関との連携

　貧困家庭、不適切な養育等が疑われる家庭、ひとり親家庭、疾病や障害のある子どもの家庭、外国籍家庭、災害に見舞われた家庭など、特別なニーズをもち、支援が必要な家庭も多く存在します。しかし、「保育所保育指針解説」において、「保育所や保育士等による対応では不十分、あるいは限界があると判断される場合には、関係機関との密接な連携がより強く求められる[*1]」と述べられているように、保育所だけでこれらの複雑な問題に対処しようとすることが、余計に問題を悪化させてしまうこともあります。そのため、多様な関係機関との連携、協働が求められます。

　保育所が連携や協働を必要とする地域の関係機関としては、市町村（保健センター等の母子保健部門・子育て支援部門など）や福祉事務所（家庭児童相談室）、民生委員、地域型保育（家庭的保育、小規模保育、居宅訪

 ＊1　「保育所保育指針解説」第4章2（3）「不適切な養育等が疑われる家庭への支援」イ

問型保育、事業所内保育）、関連NPO法人など数多くあります。そのほか、代表的な専門機関の機能の概要について、表4-1に示します。

　当然、それぞれの機関に応じて機能や役割は異なります。普段からネットワークを構築し、担当者間の顔が見える体制を整えておくことで、何か問題が起きたときにそのネットワークを生かして問題を解決することができます。

表4-1　保育所と連携・協働する機関と業務内容

機関	業務内容
要保護児童対策地域協議会	虐待を受けた児童などに対する市町村の体制強化を固めるため、関係機関が連携を図り児童虐待等への対応を行う。対象児童は、虐待を受けた子どもに限らず、非行児童なども含まれる。
児童委員	地域の子どもたちが元気に安心して暮らせるように、子どもたちを見守り、子育ての不安や妊娠中の心配ごとなどの相談・支援等を行う。
教育委員会	都道府県及び市区町村に設置されている行政委員会。教育、文化、スポーツ等に関する事務を行う。また、教育に関する事務の適正な処理について必要な指導・助言・援助を行う。
地域子育て支援拠点	地域の子育て中の親子の交流促進や育児相談等を実施し、子育ての孤立感、負担感の解消を図り、すべての子育て家庭を地域で支える利用者支援機能と、親子の育ちを支援する世代間交流やボランティア等との支援・協力等を行う地域支援機能をもつ。
子ども家庭総合支援拠点	すべての子どもとその家庭及び妊産婦等を対象として、その福祉に関し必要な支援に係る業務全般を行う。また、子どもの自立を保障する観点から、妊娠期（胎児期）から子どもの社会的自立に至るまでの包括的・継続的な支援に努める。さらに要支援児童もしくは要保護児童およびその家庭または特定妊婦等を対象とした支援を行う。
子育て世代包括支援センター	主に妊産婦及び乳幼児の実情を把握し、妊娠・出産・子育てに関する各種の相談に応じる。必要に応じて支援プランの策定や、地域の保健医療または福祉に関する機関との連絡調整を行い、母子保健施策と子育て支援施策との一体的な提供を通じて、妊産婦及び乳幼児の健康の保持及び増進に関する包括的な支援を行う。
ファミリー・サポート・センター	子どもの送迎や預かりなど、子育ての「援助を受けたい人（依頼会員）」と「援助を行いたい人（提供会員）」が、地域で相互援助を行う仕組み。センターは会員同士のマッチングや提供会員に対する研修などを行う。
母子生活支援施設	配偶者のない女子またはこれに準ずる事情のある女子及びその者の監護すべき児童を入所させて、これらの者を保護するとともに、これらの者の自立の促進のためにその生活を支援し、あわせて退所した者について相談その他の援助を行う。
児童相談所	主な業務として、①子どもに関する家庭からの相談の内、専門的な知識・技術を必要とするものに応じる。②必要な調査ならびに医学的・心理学的、教育学的、社会学的、精神保健上の判定（診断）を行う。③調査、判定に基づく指導、④児童の一時保護、⑤施設入所等の措置、⑥市町村相互間の連絡調整、情報提供。その他必要な援助を行う。
児童発達支援センター	障害児を日々保護者のもとから通わせて、日常生活における基本的動作の指導、独立自活に必要な知識技能の付与または集団生活への適応のための訓練を行う。医療型では、治療も行う。
障害児入所施設	障害児を入所させて、日常生活の指導及び独立自活に必要な知識技能の付与を行う。医療型では、治療も行う。
児童家庭支援センター	地域の児童の福祉に関する各般の問題につき、児童に関する家庭その他からの相談のうち、専門的な知識及び技術を必要とするものに応じ、必要な助言を行うとともに、市町村の求めに応じ、技術的助言その他必要な援助等を行う。
乳児院	乳児（保健上、安定した生活環境の確保その他の理由により特に必要のある場合には、幼児を含む）を入院させて、これを養育し、あわせて退院した者について相談その他の援助を行う。
児童養護施設	保護者のない児童（乳児を除く。ただし、安定した生活環境の確保その他の理由により特に必要のある場合には、乳児を含む）、虐待されている児童その他環境上養護を要する児童を入所させて、これを養護し、あわせて退所した者に対する相談その他の自立のための援助を行う。

　保育所が得意とするのは、問題が起きないように支援する予防的支援です。たとえば、児童相談所などの専門的な支援を行う機関は、毎日通う場所ではありませんが、保育所は基本的には毎日子どもと保護者が通園してきます。そのため、保育者はいつもとは違う小さな変化に気づくことができます。そして、相手が必要としている支援を見極め、個別・専門的支援の必要性があると判断した場合は、ニーズや状況をほかの専門機関に伝え、より個別的な支援へとつなげていくことができるのです。

　「保育所保育指針解説」では、保育所の社会的責任について、次のように述べています。「保育所は、地域に開かれた社会資源として、地域の様々な人や場、機関などと連携していくことが求められている。また、次世代育成支援や世代間交流の観点から、小・中学校などの生徒の体験学習や実習を受け入れたり、高齢者との交流を行ったりするなど、地域の実情に応じた様々な事業を展開することが期待されている＊2」。

　保育所は社会資源の一つとして、関係機関や地域のほかの社会資源とつながり一体となることで、地域の実情に応じて求められる役割を担うことができます。さらに地域と一体となることで、地域や社会のつながりを再生し、子どもが育つ場としての力を引き出していくことにもつながります。関係機関との連携・協働の具体例については、「保育所保育指針解説」から抜粋した事項を次の表に示しました（表 4 - 2）。ここでは、8 つの要点を説明しますが、あくまでも例として考えてください。子どもの最善の利益の保障のためには、唯一の正解を探すのではなく、最適解を考え続ける姿勢が求められます。

表 4 - 2　関係機関との連携・協働の具体例

	主な関連機関	連携・協働の具体例
食育の推進＊3	市町村、小中学校等の教育関係者、農林漁業者、食品関連事業者、ボランティア等	●**体調不良の子どもへの対応** 子どもの体調不良時や回復期等には、一人ひとりの子どもの心身の状態と保育所の提供体制に応じて食材を選択し、調理形態を工夫して食事を提供するなど、必要に応じて嘱託医やかかりつけ医の指導、指示に基づいて、適切に対応する。 ●**食物アレルギーのある子どもへの対応** 保育所における食物アレルギー対応は、医師の診断及び指示に基づいて組織的に行う。また、医師との連携、協力に当たっては、生活管理指導表を用いる。 ●**障害のある子どもへの対応** 障害のある子どもの食事の摂取に際して介助の必要な場合には、児童発達支援センター等や医療機関の専門職による指導、指示を受けて、一人ひとりの子どもの心身の状態、特に、咀嚼や嚥下の摂食機能、手指の運動機能等の状態に応じた配慮が必要である。

参照　＊2　「保育所保育指針解説」第 1 章 1（5）「保育所の社会的責任」イ
　　＊3　「保育所保育指針解説」第 3 章 2（2）「食育の環境の整備等」ウ
　　＊4　「保育者保育指針解説」第 3 章 4（3）「地域の関係機関等との連携」ア，イ
　　＊5　「保育所保育指針解説」第 1 章 3（2）「指導計画の作成」キ
　　＊6　「保育所保育指針解説」第 3 章 1（1）「子どもの健康状態並びに発育及び発達状態の把握」ウ
　　＊7　「保育所保育指針解説」第 3 章 1（2）「健康増進」イ
　　＊8　「保育所保育指針解説」第 3 章 1（3）「疾病等への対応」

災害への備え*4	消防、警察、医療機関、自治会、近隣の商店街や企業、集合住宅管理者等	**●災害時の協力体制** 地域の関係機関及び関係者との連携については、市町村の支援のもと、連絡体制の整備をはじめ、地域の防災計画に関連した協力体制を構築する。限られた数の職員で子どもたち全員の安全を確保するために、近隣の企業や住民と日頃から地域のなかでさまざまな機関や人々との関係を築いておく。大規模な災害が発生した際には、市町村や地域の関係機関等による支援を得ながら、施設、職員、子ども、保護者、地域の状況等に関する情報の収集及び伝達や、保育の早期再開に向けた対応などに当たる。 **●避難訓練** 地域の関係機関等とは、定期的に行う避難訓練への協力が得られるようにしておく。また、関連機関の協力を得ながら、地域の実情に応じた訓練を行うことが望ましい。
障害のある子どもの保育*5	児童発達支援センター、児童発達支援事業所、児童発達支援を行う医療機関等	**●障害のある子どもの保育** 専門的な知識や経験を有する地域の関係機関と連携し、互いの専門性を生かしながら、子どもの発達に資するように取り組んでいく。保育所と児童発達支援センター等の関係機関が定期的に、または必要に応じて話し合う機会をもち、子どもへの理解を深め、保育の取り組みの方向性について確認し合う。具体的には、支援の計画の内容を保育所における指導計画にも反映させることや、保育所等訪問支援や巡回支援専門員などの活用を通じ、保育を見直すことなどである。 **●就学以降の支援の継続** 保護者や関係する児童発達支援センター等の関係機関が、子どもの発達について、それまでの経過やその後の見通しについて協議を行い、障害の特性だけではなく、その子どもが抱える生活のしづらさや人との関わりの難しさなどに応じた、環境面での工夫や援助の配慮など支援のあり方を振り返り、明確化する。これらを踏まえて、就学に向けた支援の資料を作成するなど、支援が就学以降も継続していくように留意する。
虐待対策*6	福祉事務所、児童相談所、児童委員等	**●養育困難家庭の支援** 保育所では、保護者が何らかの困難を抱え、そのために養育を特に支援する必要があると思われる場合に、速やかに市町村等の関係機関と連携を図る。 **●児童虐待の通告** 保護者による児童虐待のケースについては、まずは児童相談所及び市町村へ通告することが重要である。その後、支援の方針や具体的な支援の内容などを協議し、関係機関と連携する。
健康増進*7	市町村、保健及び医療機関、児童発達支援センター等	**●健康診断の活用** 嘱託医等と相談しながら適切な援助が受けられるよう、保育士等は、健康診断に際し、一人ひとりの子どもの発育及び発達の状態と健康状態とともに、保護者の疑問や不安などを嘱託医等に伝え、適切な助言を受けることが大切である。受診や治療が必要な場合には、嘱託医等と連携しながら、保護者にていねいに説明する。
疾病等への対応*8	嘱託医、かかりつけ医、医療機関、児童発達支援を行う医療機関、児童発達支援センター	**●保育中に体調不良や傷害が発生した場合** 保護者に子どもの状況等を連絡するとともに、適宜、嘱託医やかかりつけ医と相談するなどの対応が必要である。特に、高熱、脱水症、呼吸困難、痙攣といった子どもの症状の急変や、事故など救急対応が必要な場合には、嘱託医やかかりつけ医または適切な医療機関に指示を求めたり、受診したりする。また、必要な場合は救急車の出動を要請するなど、状況に応じて迅速に対応する。 **●アレルギー疾患への対応** 保育所におけるアレルギー対応は、組織的に行う必要がある。また、管理者は、地域医療機関や嘱託医、所在地域内の消防機関、市町村との連携を深め、対応の充実を図ることが重要である。アレルギー疾患をもつ子どもについては、医師の診断及び指示に基づいて、適切に対応する。 **●個別的な配慮を必要とする子どもへの対応** 【慢性疾患児への対応】 慢性疾患を有する子どもの保育に当たっては、かかりつけ医及び保護者との連絡を密にし、予想しうる病状の変化や必要とされる保育の制限等について、全職員が共通理解をもち、その子どもに合わせた保育を計画する。 【児童発達支援の必要な子ども】 児童発達支援が求められる子どもに対しては、保護者及び児童発達支援を行う医療機関や児童発達支援センター等と密接に連携し、支援及び配慮の内容や子どもの状況等について情報を共有することなどを通じて、保育所においても児童発達支援の課題に留意した保育を行う。 【その他の医療的ケアを必要とする子どもへの対応】 保育所の体制等を十分検討したうえで医療的ケアを必要とする子どもを受け入れる場合には、主治医や嘱託医、看護師等と十分に協議するとともに、救急対応が可能である協力医療機関とも密接な連携を図る。また、市町村から看護師等の専門職による支援を受けるなどの体制を整える。

小学校との連携*9	小学校、学童	●保育所と小学校の接続 保育所に入所しているすべての子どもについて、保育所から就学先となる小学校へ、子どもの育ちを支える資料を「保育所児童保育要録」として送付する。また、保育所では保育の内容や方法を工夫するとともに、小学校への訪問や教師との話し合いなど顔の見える連携を図りながら、子どもの日々の保育を充実させ、就学への意欲を育てていく。
地域の保護者等に対する子育て支援*10	自治体、小学校、中学校、高等学校、地域子育て支援拠点	●地域に応じた子育て支援 自治体と連携し、地域の実情を踏まえて、また関係機関、関係者の状況などを視野に入れて、地域に応じた子育て支援を実施する。 ●子どもの健全育成 小学校、中学校、高等学校が実施する乳幼児とのふれあい交流や保育体験に保育所が協力するなど、次世代育成支援の観点から、将来に向けて地域の子育て力の向上につながるような支援を展開していく。 ●地域社会の活性化 保育所の地域における子育て支援に関わる活動が、関係機関との連携や協働、子育て支援に関する地域のさまざまな人材の積極的な活用のもとで展開されることで、子どもの健全育成や子育て家庭の養育力の向上、親子をはじめとするさまざまな人間関係づくりに寄与し、地域社会の活性化へとつながっていく。保護者や地域の人々と子育ての喜びを分かち合い、子育てなどに関する知恵や知識を交換し、子育ての文化や子どもを大切にする価値観等をともに紡ぎ出していく。

出典：「保育所保育指針解説」をもとに作成

（縦書き）レッスン4　専門機関と連携・協働する

事例　関係機関と連携をとる

　5歳のたけしくんのお母さんは、発達障害と精神疾患があり、あるとき急な入院が決まりました。特別支援学校に通う姉と、小学校の特別支援学級と学童保育クラブに在籍する姉もおり、たけしくんの生活や保育所の送迎など、お父さん1人で担うには難しいため、困って保育所に相談に来ました。保育所では、すぐに市区町村の児童家庭支援センターに連絡して、児童家庭支援センターの地域担当者に「コーディネーター役」を依頼しました。児童家庭支援センターの召集で、たけしくんの家庭に関わる小学校の校長、学級担任、学童保育クラブ施設長、保育所の園長が集まり、現状の確認と今後の支援のあり方について話し合い、関係機関の把握や相互の連絡方法、役割分担について確認をしました。

　一連の流れを受けて保育所では、園長と主任保育士がたけしくんとお父さんの支援をするとともに、保育所内での職員の役割分担を再検討し、職員に周知しました（図4-1）。そのときに、虐待防止マニュアル（図4-2）、個人情報保護規定など、関連が想定されるマニュアルや規定、法規も職員全体で確認しました。

図 4 - 1　関係機関との連携図

父
母
入院病院
主治医
児童相談所
児童発達支援センター
児童家庭支援センター
特別支援学校
姉
小学校　特別支援学級
学童保育クラブ
姉
保育所
たけしくん

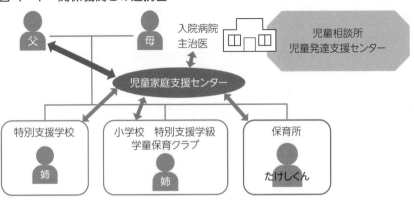

図 4 - 2　虐待防止マニュアル（うらら保育園）

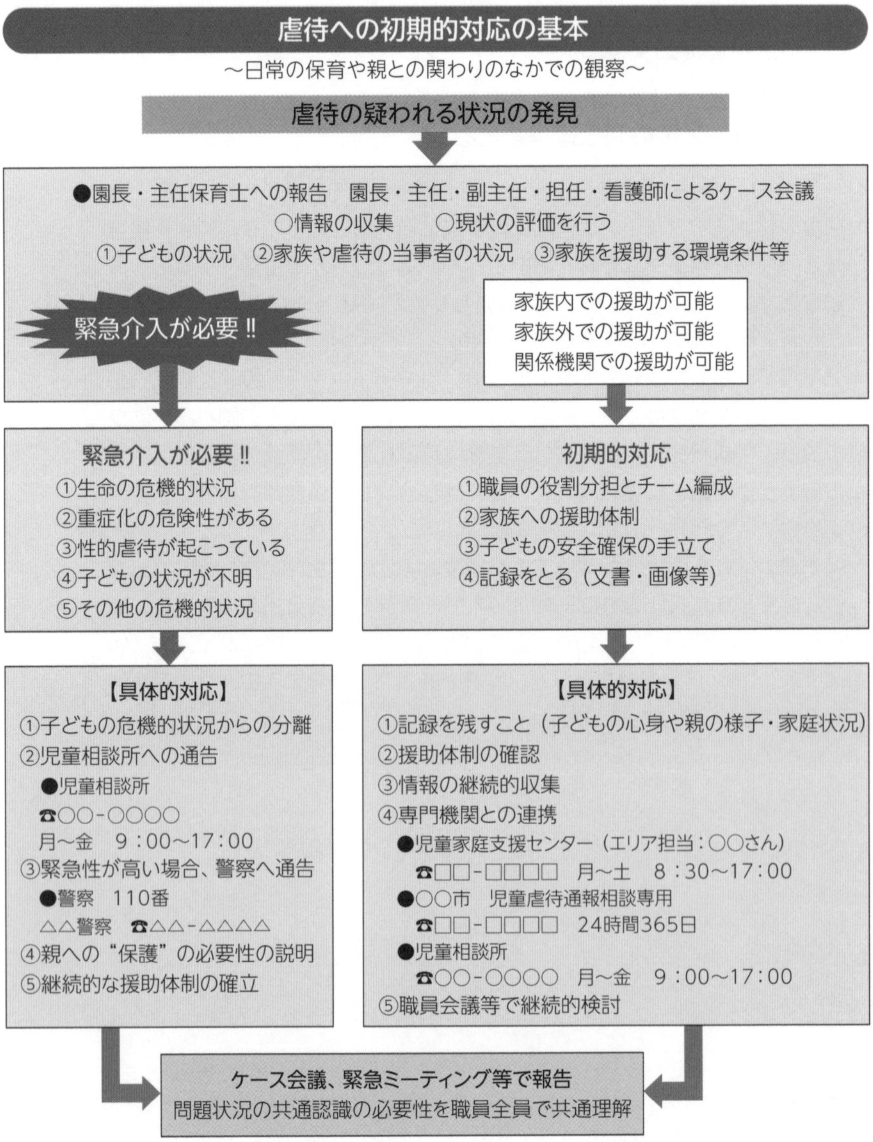

虐待への初期的対応の基本
～日常の保育や親との関わりのなかでの観察～
虐待の疑われる状況の発見
●園長・主任保育士への報告　園長・主任・副主任・担任・看護師によるケース会議
○情報の収集　○現状の評価を行う
①子どもの状況　②家族や虐待の当事者の状況　③家族を援助する環境条件等
緊急介入が必要!!
家族内での援助が可能
家族外での援助が可能
関係機関での援助が可能
緊急介入が必要!!
①生命の危機的状況
②重症化の危険性がある
③性的虐待が起こっている
④子どもの状況が不明
⑤その他の危機的状況
初期的対応
①職員の役割分担とチーム編成
②家族への援助体制
③子どもの安全確保の手立て
④記録をとる（文書・画像等）
【具体的対応】
①子どもの危機的状況からの分離
②児童相談所への通告
●児童相談所
☎○○-○○○○
月～金　9：00～17：00
③緊急性が高い場合、警察へ通告
●警察　110番
△△警察　☎△△-△△△△
④親への“保護”の必要性の説明
⑤継続的な援助体制の確立
【具体的対応】
①記録を残すこと（子どもの心身や親の様子・家庭状況）
②援助体制の確認
③情報の継続的収集
④専門機関との連携
●児童家庭支援センター（エリア担当：○○さん）
☎□□-□□□□　月～土　8：30～17：00
●○○市　児童虐待通報相談専用
☎□□-□□□□　24時間365日
●児童相談所
☎○○-○○○○　月～金　9：00～17：00
⑤職員会議等で継続的検討
ケース会議、緊急ミーティング等で報告
問題状況の共通認識の必要性を職員全員で共通理解

2 ｜ 多職種連携の注意点

　他の専門機関との連携・協働に関しては、子どもや保護者のプライバシーを保護し、知り得た事柄の秘密を保持しなければなりません。「児童福祉施設の設備及び運営に関する基準」第14条の2は、「児童福祉施設の職員は、正当な理由がなく、その業務上知り得た利用者又はその家族の秘密を漏らしてはならない」「児童福祉施設は、職員であつた者が、正当な理由がなく、その業務上知り得た利用者又はその家族の秘密を漏らすことがないよう、必要な措置を講じなければならない」と定めています。特に保育士については、「児童福祉法」第18条の22において「保育士は、正当な理由がなく、その業務に関して知り得た人の秘密を漏らしてはならない。保育士でなくなつた後においても、同様とする」とされ、同法第61条の2で、違反した場合の罰則も定められています。ただし、子どもが虐待を受けている状況など、秘密を保持することが子どもの福祉を侵害するような場合は、同法第25条及び「児童虐待防止法」第6条において通告の義務が明示されている通り、守秘義務違反には当たりません。

　多職種が集まり連携・協働を行う場合、それぞれの専門家は互いに自分の専門領域の言葉で語り、支援方針を決めていくので、翻訳者や通訳者が必要となります。どのように連携や協働を生み出していくかということは、ソーシャルワークの基本的な姿勢や知識、技術とともに、後述するファシリテーターとしての役割についても理解を深めることが求められます。

　保育所へのニーズが多様化し、求められる役割に対応するため、また保育の質を高めていくためにも、保育者一人ひとりの専門性を高めていくことは必要不可欠です。しかし、たとえば新人保育者は、保育者としての自己の特性や、専門職として「できること」と「できないこと」を把握できず、一人で背負い過ぎてしまうこともあります。しかし、保育所においては、子どもの健全な心身の発達を図るために、各々の職種における専門性を認識しつつ、保育士、看護師、調理員、栄養士など、それぞれの有する専門性を発揮しながら保育に当たらなければなりません。

　ミドルリーダーは、経験と保育現場における組織マネジメントの役割や機能を理解し、それぞれの専門職が組織やチームとして対応するための支援を行うという視点をもつことが重要です。組織を俯瞰して、組織のどこに課題があるのかを見極め、改善するためにリーダーシップを発揮していくのです。

　　ワーク

「マネジメントの目標設定」

【ねらい】
　自園の「保育」「組織のハードな側面」「組織のソフトな側面」「保

護者との連携・協働」「専門機関との連携・協働」の理想を描くことで、今後のアプローチを検討する。

【準備物】

模造紙、色マジックセット、ワークシート

【ワークの流れ】

①ワークシートのA、B、Cをそれぞれ記入する。

②5～6名のグループ*になる。

③模造紙に色マジックで、演習シートと同じ表を描く。

④ワークシートに書いた内容をグループで共有し、その後話し合い、模造紙の表をうめていく。

⑤グループごとに模造紙の内容を発表する。

*自園でワークを行う場合は、園長・主任・ミドルリーダーなど、できるだけ多くのリーダー層でグループをつくり演習をすると、共通理解ができる。

ワークシート「3年後に目指す理想の姿」

　自園の「保育」「組織のハードな側面」「組織のソフトな側面」「保護者との連携・協働」「専門機関との連携・協働」のそれぞれについて、3年後に目指す理想の姿をAの列に記入してください。

　Aに記入した3年後の理想の姿から逆算して、1年後に達成したい現実的な目標をBの列に記入してください。

　Bに記入した1年後の目標に対して、リーダーとして自分ができる取り組みをCに記入してください。

	C そのために私は、今何ができる？	B 1年後（現実的）	A 3年後（理想）
保育			
組織のハードな側面			
組織のソフトな側面			
保護者との連携・協働			
専門機関との連携・協働			

第2章

ミドルリーダーの
リーダーシップ

　保育所において、職員同士が互いにケアし育み合う文化を築くことを支援することが、保育の質の向上につながることが指摘されています。そのため、リーダーには、職員一人ひとりの力を引き出す（エンパワメントする）ためのコーチングや、カウンセリングなどの対人支援のための知識や技術を身につけることが求められます。また保育所において、さまざまな立場の職員が協働するためのチームづくりの方法や、協働を生み出す方法（ファシリテーション等）について理解しておくことは、保育所でリーダーシップを発揮する際に役立ちます。

レッスン 5

保育所における
リーダーシップの理解

レッスン 6

ファシリテーターとしてのあり方

レッスン 7

保育所内外のチームワーク

保育所における
リーダーシップの理解

かけっこが一番だったらリーダーになれるのかな？
写真撮影：三澤武彦

写真提供：寺子屋大の木

1 分散型・協働的リーダーシップのあり方について理解する。
2 理想的な職員集団に変えていくための目標設定について理解する。
3 保育現場における効果的なリーダーシップの特性について理解する。

1 | 分散型・協働的リーダーシップ

1 保育所におけるリーダーシップの理解

　保育所におけるリーダーといえば園長・主任を連想させますが、厚生労働省が「保育士のキャリアアップの仕組みの構築と処遇改善について」を発表した際、それぞれの専門・分野のリーダーとして勤続7年以上の保育者を対象とする中堅職員（ミドルリーダー）が、マネジメントを学び職員の育成や組織開発に関わりをもてるようになるなどと関心が寄せられるようになりました。つまり、この時代、何もリーダーシップをとるのは園長・主任だけではないということです。今までは園長・主任がリーダー的役割を担ってきましたが、これからはミドルリーダーもリーダーシップを担う役割を得たということです。しかし、今まで保育現場に関わってきた職員が突然リーダーとして任命され、何をすればよいのかわからないという園内でのとまどいもあるのではないでしょうか。まずは、リーダーシップとはどういったことかを理解することが大事です。

2　保育所で求められるリーダー像

　リーダーシップという言葉を聞くと、私たちが思い描くのは、大抵強くてカリスマ性のあるリーダー像です。つまり、一人の強いリーダーがリーダーシップを発揮し、組織を引っぱっていくというイメージをもっているのではないでしょうか。しかし、保育現場におけるリーダーシップとは、カリスマ性や権威のあるリーダーがトップダウンで決定を伝え、ほかの組織のメンバーが従って動くという「階層的リーダーシップモデル」（図5-1）よりも、「分散型・協働的リーダーシップモデル」（シラージ、ハレット、2017）のほうが適切だと考えられています。

　分散型・協働的リーダーシップの組織のあり方とは、園長や主任、ミドルリーダーだけではなく、さまざまな職員がリーダーシップを発揮することのできる組織です。職員の誰かがリーダーシップを発揮しているときには、ほかの職員はリーダーをフォローします。つまり、リーダーシップを発揮する人が固定ではなく、流動的にリーダーとフォローをする人が、そのときそのときで入れ替わります。組織のどこにでもリーダーシップが存在するという考え方です。言い換えると、すべての職員のよさや持ち味が生かされ、支え合うことができる民主的な組織のあり方です（図5-2）。

図 5 - 1　階層的リーダーシップモデル　図 5 - 2　　分散型・協働的リーダーシップモデル

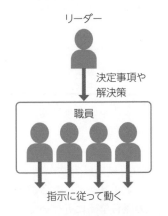

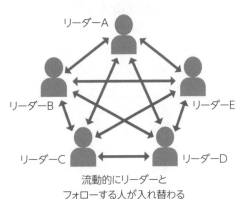

3　分散型・協働的リーダーシップの必要性

　それでは、なぜ保育現場において、分散型・協働的リーダーシップの組織のあり方が求められるのでしょうか。階層的リーダーシップの組織のあり方では、職員はリーダーにすべての判断を任せているので、予期しない事態に遭遇した場合、自分たちで判断や決定をすることができません。保育所の多様な業務や、日々起こってくる問題をトップである園長がすべて解決したり、保育や支援の方向を決めたりすることになります。すると、職員の自主性や自立性が育たず、園長に強く依存する状態になってしまいます。しかし、現在、園に求められるニーズは多様化し、園長など一部の組織のトップだけで対処しきれないため、現実的には階層的リーダーシップでは、保育所という組織が機能しなくなってしまいます。また、保育と

いうのは、目の前の子どもの姿に応答的に柔軟に関わっていくことが求められる営みです。園長や主任の指示を待っていたのでは、次々と変化し続ける「今ここ」での子どもの発見や興味・関心が損なわれてしまいます。つまり、そもそも自立的に判断ができる職員集団でなければ、保育は成り立たないということになります。

　また、保育者には保育についての説明責任があります。リーダーだけが保育を熱く語ることができるのではなく、自分たちがどのような子どもの育ちを目指して、そのためにどのような保育を行っているのか、一人ひとりの保育者がしっかりと自分の言葉で説明できるようになることが求められます。そのため、分散型・協働的リーダーシップにより、職員一人ひとりが自分で考え行動し、主体的に問題を解決していくことができる組織へと変えていく必要があるのです。

2 ┃ 理想的な職員集団となるために

1 理想像を描き変化を自覚して関わる

　理想的な職員集団に変えていくためには、まずは自分たちの目指す理想の職員集団像を具体的に描くことから始めます。ここでは「対話」が非常に重要になります。「こうでなくてはならない」ではなく、「こうありたい」という理想について、一人ひとりが思いを語り合うことで、納得と共感に支えられた理想像、つまり目標ができあがります。そして、園長や主任、ミドルリーダーなどがその目標とする職員集団に近づくために、それぞれ職員集団に対してどのようなアプローチをするのかを考え、行動計画を立てます。

　目標と行動計画を立てるとそれだけで安心してしまうことが多いのですが、PDCAサイクルを回していくことを忘れてはいけません。一定期間、行動計画を実行したあとは、園長や主任、ミドルリーダーなど、アプローチをした全員で振り返りを行います。理想の職員集団に近づいているかどうかを評価し、自分たちのアプローチを見直していくという循環を繰り返していきます。循環を繰り返すことで、変化を継続していくことができます。大切なのは、一人ひとりがリーダーシップを発揮し、チームや組織として保育に取り組むことのできる自立的な集団形成のために、自分たちのアプローチ方法を自覚して選択するということです。これは保育においても同様です。

　保育者主導型の保育を行っていると、子どもはいつも保育者（大人）の指示待ちで、園生活に受け身的であり、判断・決定を他者に委ねます。ま

 PDCAサイクル
「Plan」（計画）、「Do」（実行）、「Check」（評価）、「Action」（改善）を繰り返して、業務を改善していく手法のこと（→レッスン9参照）。

図5-3　目指したい子どもの育ちの姿と保育

保育者主導の保育	子どもが主体となる保育
子どもは ・大人の指示待ち ・受け身的 ・他者へ判断・決定を委ねる ・大人への依存・従順 ・自己を抑圧する	子どもは ・自分で考え行動する ・積極的・主体的 ・自己決定・選択する ・自律・自立している ・自他尊重の自己表現ができる

た、大人へ強く依存し、従順です。しかし、私たちが願っているのは、人の顔色をうかがい、自己を抑圧し表現できないような子どもの姿ではありません。私たちが目指しているのは、自分で考え行動することができ、生活や遊びに積極的・主体的に関わっていくことができる子どもの姿です。そして、自分で選択、自己決定し、自律・自立していて、自他尊重の自己表現ができる、そんな子どもの育ちへの期待をもっているからこそ、子どもが主体となる保育を実践しているのです（図5-3）。

　職員集団も同様です。リーダー一人が判断し、決定を上意下達で伝えていくようなリーダーシップを発揮していると、職員集団はリーダーの指示待ちで、仕事に対して受け身的であり、判断・決定をリーダーに委ねます。また、リーダーに強く依存します。私たちが目指しているのが、職員一人ひとりが自分で考え行動することができる集団であるならば、そのような変化を目指したアプローチを選択しなければなりません。つまり、理想像を描き変化を自覚して関わることがリーダーには求められます。

2　リーダーのあり方とは

　さて、リーダーのあり方については、「コントロール」と「ファシリテート」という2つの相反する方向性として説明することができます。「コントロール」するリーダーとは、自ら意思決定をし、決定をメンバーに伝え、指示や命令等権威を使って物事を成し遂げようとするタイプです。一方、聞くことや質問を通して、目標設定や意思決定を分かち合い、物事を成し遂げるためにメンバーに権限を委譲するタイプは、「ファシリテート」するリーダーです。「ファシリテート」とは促進するという意味です。「分散型・協働的リーダーシップ」という組織のあり方は、「ファシリテート」するリーダーによってつくられます。

　リーダーの行動は組織やチームに大きな影響を与えます。先ほど述べましたが、どのような職員集団を目指しているのかを明らかにし、そのような職員集団に変えていくために、リーダーはどのようにアプローチを選択するのかということを意識化し、自覚して組織やチームとの関係性をつくっていくことが大切です。

事例1 見えない力関係を意識する

　3年前、階層的リーダーシップモデルから、分散型・協働的リーダーシップモデルに変更したいと考えたときに、挑戦したのは無意識の力関係を改善することでした。

　今まで指示を仰いできた上司に対して、リーダーとして現場の意見を集約して伝えることもその一つでした。最初はかなり抵抗があったようです。はじめリーダーは、それが建設的な話であったとしても、上司が怒った様子でなかったとしても、受け入れてもらえるだろうか、いやな思いをさせるのではないかと、とても不安になっていました。

　また、上司の側にも自分の行いを正されるような怖さがあり、感情がもつれることなどもありました。しかしそのたびに、双方が意見を伝え合うことはよりよい道をつくる方法であることを再確認しながら、意見を言える場をつくり続けました。そうして回数を重ねることで、意見を伝えやすい雰囲気をつくっていきました。

　リーダーが「一人ひとりの想いを保育や園運営に反映させたい」という強い想いで挑戦し、それが受け入れられ反映されたことを現場のチームにフィードバックしていくなかで、必要なことを伝えられることへの安心感や伝える技術も少しずつ育っていきました。

　また、反映したいことを仲間と相談するなかで、自分たちの意見を共有しチーム内で気持ちのやりとりをする頻度が高くなり、気持ちや状況の確認を重ねることでお互いの理解が増したように感じています。

　そのような経験を重ねて、想いの強い保育者がそれぞれの想いで周囲を巻き込み、リーダーとして動いていける土壌が少しずつできてきているように感じています。

事例2 助けてもらうリーダーの誕生

　園では、以前はリーダーになるということに対して「人を引っ張ることができる完璧な人にならないといけない。チームのメンバーに指摘したり全体を見渡したりする立場になるので、一緒にいる仲間としての居場所を失うのでは」というイメージをもっている保育者も多く、リーダーになるということ自体に不安を感じる保育者も少なくありませんでした。

　そのため、分散型・協働的リーダーシップに変えたいと思ったときに「リーダー像をどう変えたいか」を個別でも研修でも伝えることを、何年もかけて少しずつイメージを変えていくことができました。今はリーダーになるときに、「何をやるリーダーになりたいのか」を考えます。そして、たとえば、「一人ひとりが安心して気持ちを伝えられるチームにしたい」という目標がある場合には、そのための活動を軸において、ほかのことについては皆とともにやろうという認識をもつようにしています。

　またそのことをチームにも開示し、リーダーが「私だけではできないから助けてね」と伝えることで、リーダーの言うことに従うというのではな

く「リーダーが描いたような、お互いが安心して気持ちを伝えられるチームになれたら」という共通の想いをもち、どうしたらそれが実現できるか、チーム内で自分に何ができるかということを自然と考える空気ができました。リーダーも、皆が助けてくれるからリーダーとしての仕事ができるという感謝と、仲間との気持ちのつながりを感じることができるようになりました。さらに、一人ひとりがチームの一員として仕事をしているという気持ちがあるので、誰かができていないことを見つけたときにも、一人ひとりがそれをどのように手伝えるかを考えるようになりました。

　それぞれにできることを試行錯誤していくなかで、お互いのできることに対して感謝の気持ちで仕事ができるようになったように思います。

3 ｜ 効果的なリーダーシップの特性

　保育現場における効果的なリーダーシップの特性として、表 5 - 1 に示すような 4 つが指摘されています（シラージ、ハレット、2017）。

　リーダーは、これら 4 つのリーダーシップを役割として認識し、職員一人ひとりが主体的に業務を遂行し、互いにケアし育み合えるような組織への変化を目指していきます。

　4 つのリーダーシップのうち、得意とするリーダーシップは一人ひとりのパーソナリティや経験によって異なります。日常の自分のあり方を振り返り、同僚からの指摘（フィードバック）をもらうことで、すでに発揮しているリーダーシップの特性に気づくことができます。また、自分が苦

表 5 - 1　効果的なリーダーシップとその特性

①方向づけの　リーダーシップ	園の共通のビジョンをつくり出し、共有することを通して、応答的で柔軟な保育を行うことを目指したリーダーシップ。共通のビジョンをつくる際には、リーダーだけではなく職員や保護者、保育所に関わる関係者等と話し合うことで、一人ひとりが主体性をもち一貫性のある保育を実践することができる。また、方向づけのために、リーダーはアクティブ・リスニング（積極的傾聴）など、関係者へ影響を与える効果的なコミュニケーションを実践していく。
②協働的な　リーダーシップ	園の職員がチームワークを発揮し、よりよく機能するように、メンバー同士の関係性を支援するリーダーシップ。相互信頼に支えられたコミュニケーションと、保育実践を振り返り、高め合うことができるように、協働的な風土をリードしていく。また、園の職員だけではなく、保護者の協働を促し、子どもをともに育てるパートナーシップを築いていく。
③他者を力づける　（エンパワメントする）　リーダーシップ	園という組織が変化・成長する力を引き出すリーダーシップ。変化を実行に移すために、メンバーをサポートする。具体的には、リーダーは組織に変化を起こすために、メンバーに必要な情報や知識を与え、さらに自ら行動し続けることで変化をリードする。
④教育の　リーダーシップ	園の教育と学びの質を向上させるために、組織を学びの実践共同体へと変えていくリーダーシップ。保育所の実践は、地域に根ざしたものであり、地域とつながるだけではなく、すべての関係者を学び手として、対話を通して継続的に高め合っていく。また、園のなかにリーダーの人材を育成することも、教育のリーダーシップの役割の一つである。

手とするリーダーシップは、意識して取り組み続けることで、少しずつ身につけていくことができます。

　しかし、ミドルリーダー一人がすべてのリーダーシップの特性を発揮しようとする必要はありません。役割が固定化されてしまうと、組織としての柔軟性が失われます。そのため、分散型・協働的リーダーシップでは、園という組織を構成する職員一人ひとりがリーダーシップを発揮することを目指します。組織として、4つのリーダーシップの特性を身につけるという目的を共有し、お互いのよさや強みを見出し、認め合うという取り組みを通して、さまざまな立場の職員がリーダーシップを発揮できる風土ができてきます。

ワークシート「どのような保育や職員集団を目指すのか」

　「理想の保育」と「目指したい職員集団像」に近づくために、園長・主任・ミドルリーダーがそれぞれどのようなアプローチをするのか、考えて記入してください。

理想 ➡	どうアプローチするか
理想の保育	園長 主任 ミドルリーダー
目指したい職員集団像	園長 主任 ミドルリーダー

ファシリテーターとしてのあり方

真剣に話し合うけれど、笑顔が出るような話し合いの場を目指している。

写真提供：寺子屋大の木

1 | 保育のリーダーはファシリテーター

　保育現場におけるリーダーは、ファシリテーターとしてのあり方が求められます。ファシリテーターとはレッスン5で述べたファシリテートする人、つまり、「プロセスに働きかける（介入する）ことを通して、グループの目標をメンバーの相互作用により共有し、その目標を達成することとメンバー間の信頼感や一体化を促進する働き（ファシリテーション）をする人」（津村、2012）です。

　一般的な学校の教師は、一斉指導などの指示・伝達型の手法を使い、成果・結果を重視します。一方、ファシリテーターは参加・対話型の手法を使います。参加・対話型の手法として、代表的なものに体験学習や協同学習とよばれるアクティブラーニングの手法があります。また、本書で紹介しているようなグループワークや、話し合いのための技術を活用します。そして、成果・結果だけではなく、参加者同士の関係性や感情も重視します。しかし、実はファシリテーターとして「何をするか（doing）」よりも、「どうあるか（being）」という姿勢のほうが重要です。ファシリテーター

自身も職員集団を構成する一員です。特に園長や主任、ミドルリーダーなど、集団に対する影響力が大きい場合は、自身の立ち居振る舞いに慎重にならなければなりません。

　あり方（being）を支えているのは、その人の価値観や前提です。リーダーに求められるあり方の基本は、他者を信頼することです。カウンセリングでは、相手自身の成長や健康、適応へ向かう欲求を信頼することが原則の一つになっています。これはつまり、人間とは自分らしく生きたい、自分の能力をもっと発揮したいという、「自己実現」を目指して絶えず成長、変化し続ける存在だという人間観をもつということです。**マズローの欲求5段階説**では、自己実現の欲求が最上位にあります（図6-1）。

　リーダーは、職員が能力を発揮でき、その人らしく仕事ができるように、どのように条件を整えればよいかを考えます。何がその人の成長を阻んでいるのかという視点をもって直接的にサポートしていく、あるいは間接的に環境を整えていくということが求められます。

　目の前の職員ががんばっていないと感じたり、力を抜いているように見えても、「人は常にその人なりに精一杯やっている」という前提をもって関わることが求められます。これはとても難しいことです。なぜなら、力が発揮できていない場合、相手の職場のなかでの自己肯定感が低い場合が多く、相手自身が自分のことを信頼することができていないためです。つまり、相手は自分自身のことを信じることができていないけれども、支援

図6-1　マズローの欲求5段階説

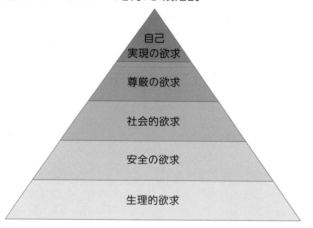

出典：マズロー／上田吉一訳『完全なる人間』誠信書房、1964年をもとに作成

マズロー（Maslow, A. H.）
1908-1970
アメリカの心理学者。カウンセリングやファシリテーションの基礎となる、人間性心理学の生みの親とされている。

欲求5段階説
人間がもつ基本的な欲求を5階層で表した理論。低い層の欲求から現れ、その欲求が満たされると高い層への欲求が出てくるとされる。しかし、アドラー心理学では、人間にとっては所属感を得ること、つまり社会的欲求が満たされることが、生理的欲求よりも重要であると考えられている。

するリーダーは「あなたならできる」と、相手のことを信じ続ける必要があるということです。カウンセリングでは、無条件の積極的関心という態度としても説明されています。相手のここが良いが、この点が悪いというような条件つきの理解ではなく、相手のすべての側面をその人の一部として理解していこうとする態度で、ノンジャッジメント（Non-Judgement）とよばれます。自分の価値基準で相手の保育や行動を判断しない、あるいは判断を保留し、まずは相手のありのままを理解しようとする態度です。

2 ｜ ファシリテーターとしての役割

とはいえ、信じ続けるだけでは、変化は生まれないこともあります。特に経験豊富なリーダーからは、保育について目につくこと、改善するように指摘したいことが多くあるのではないでしょうか。しかし、やはりその際にも、自分のあり方（being）についての気づきが求められます。

次の詩を読んでみてください。

> （前略）愚かな子どもというものを知らない。
> こちらが理解できないことをときどきやらかしたり、こちらが計画していたのとはちがう方法で何かをしたりする子どもなら知っている。
> わたしが行ったことのある場所を見たことがない子どもを知っている。
> けれど、彼は愚かな子どもではなかった。
> 彼を愚かという前に考えてみてほしい。
> その子は愚かだったのだろうか、それともあなたとはちがうことを知っていただけなのか。
>
> ルース・ベベルマイヤー

出典：ローゼンバーグ，マーシャル・B.／安納献監訳、小川敏子訳『NVC　人と人との関係にいのちを吹き込む法（新版）』日本経済新聞出版社、2018年、59頁

これは、大人の価値観に当てはめて、子どもを「評価」するのではなく、起きている事実を「観察」することの重要性をうたっています。私たちは、自分の価値観というフィルターを通して、事実を「評価」してしまいます。たとえるなら、私たち人間は一人ひとり違う「価値観」という眼鏡を通して世界を認識しているということです。もし、自分の眼鏡のレンズがゆがんでいることに気づくことができれば、そのゆがみを把握し調整しながら世界をできるだけ正確に見ようとすることができます。

皆さんはどのような眼鏡（価値観、ものさし、フィルター）をもっているでしょうか。次のワークを使って考えてみましょう。

```
┌─────────────┐
│  ワーク 1   │
└─────────────┘
```

「自分の枠組みを知る」

①次の各問に、1〜4の数字を記入し回答してください。あまり考
え込まず、全部の文章について、日ごろの自分の考えを正直に出し
てみましょう（→巻末148頁に、それぞれの回答からわかる自身の
もつ枠組みについての解説があります）。

　1：非常に当てはまる　　2：かなり当てはまる
　3：あまり当てはまらない　　4：全然当てはまらない

Q1	自分のすることは、誰からも認められなければならない。	A
Q2	人は常に有能で、適正があり、業績を上げなければならない。	A
Q3	人の行いを改めさせるには、かなりの時間とエネルギーを費やさなければならない。	A
Q4	人を傷つけるのは非常に悪いことだ。	A
Q5	危険や害がありそうなときは、深刻に心配するものだ。	A
Q6	人は誰からも好かれなくてはならない。	A
Q7	どんな仕事でも、やるからには十分に、完全にやらなくてはならない。	A
Q8	人が失敗したり、愚かなことをしたとき、頭にくるのは当然だ。	A
Q9	人が間違いや悪いことをしたら、非難すべきだ。	A
Q10	危険なことが起こりそうなとき、心配すれば、それを避けたり被害を軽くしたりできる。	A

出典：平木典子『図解　自分の気持ちをきちんと〈伝える〉技術』PHP研究所、2007年をもとに
　　　作成

②上記の回答から、自己の枠組み（価値観、ものさし、フィルター）
について気づいたことや感じたことはありますか。

　・

　・

　・

　　リーダーとして、保育をよりよくしていくために、あるいは相手の成長
のために必要なことは伝えなければなりません。しかし、保育が子どもの
理解から始まるように、リーダーとしての支援もまずは相手や集団を理解
することから始まります。
　　相手の話を聴くときには、ただ聞いている、あるいは聞こえているとい
う受け身の姿勢ではなく、積極的に相手を理解しようとする傾聴の姿勢が

求められます。相手に共感するために、積極的に質問をし、困っていることや気になっていることは何かなど、相手に寄り添いつつ少しずつ理解を深めていきます。よく「過去と他人は変えられない」といいますが、「自分」と「未来」を変えることはできます。関係性は、一人でつくることはできません。必ず相手と自分という両者がいて成り立ちます。つまり、「自分」が変われば関係性は変わるということです。相手を「変える」のではなく、相手が自ら「気づく」ことに寄り添い、相手の「変わりたい」をどう支援することができるかを常に考えて、関わっていきます。

　ときには、相手が話しやすくなるようにこちらから**自己開示**し、相手が語るのを待ちます。相手が自分について語り、気づき、変化していくタイミングも、こちらで決めることはできません。また、カウンセリングやコーチングでは、「答えは相手のなかにある」と考えています。つまり、相手が必要としている答えはすでに相手がもっているということです。その答えに至る過程に寄り添うことがリーダーの役目です。自分自身のことを完全に理解している人などいないのではないでしょうか。生まれてから死ぬまでさまざまな出来事があり、その経験のなかで少しずつ自分がどのような人間なのかという自己理解が進みます。ということは、自分以外の他者について、簡単に理解できるはずがありません。「理解したつもり」にならず、常に「理解するための努力を継続」しなければなりません。

> **事例 1**　他者を信頼する
>
> 　あるリーダーに、「自分たちがやろうと思ったことを、理由が納得できないまま覆されることがありとてもつらかったので、チームの一人ひとりが納得して保育を行えるような体制をつくりたい」という想いがありました。それを実現するために心がけることを聞いたところ、「その人なりの考えがあるということを前提に、その考えを理解することを大切にして話をします」とのことでした。
>
> 　彼女はその言葉通り、スタッフそれぞれの言葉に耳を傾けることに時間をかけてチームづくりを行いました。そのぶんほかの作業の時間は削られましたが、彼女が「各自の気持ちを聞く時間や話し合う時間を大切に、チームづくりをしたい」という想いを伝え、チームスタッフもその想いに共感していたことで、ほかの作業を仲間がフォローし協力しています。
>
> 　リーダーが、「チームのメンバー一人ひとりが想いをもって保育をしている」と信頼して動いたことがメンバーに伝わり、さらにメンバーがリーダーを信頼し、協力したいと思う関係になっていったのでしょう。

用語　自己開示
　自分の考えや思いなど、自分の心の内にあることを聞くこと。

事例2　お互いにジャッジしない。自己開示し苦手と得意を共有する

　以前、「リーダーが自分のことを棚にあげて、ほかの人のできないところを指摘してくる」と不快感をもつ保育者がいました。

　リーダーの得意なこととその保育者が得意なことは違っていて、保育者の得意なことに関して、リーダーに足りない部分もあるように見えるのに、その保育者の足りない部分ばかりを指摘されていると感じて不快感があったようでした。

　リーダーも相手がそのように感じていることに傷つきましたが、なぜそのように感じるのか、どのように相手に伝えたらよいかを話し合い考えるうちに、自分は苦手なことでも責任を取らなければと頑張っているのに、相手は苦手なことを頑張っていないように感じていることに気がつきました。そして、自分にも苦手なことがあることや、保育者の頑張りをうまく受け止められていなかったことをその保育者に伝えることができました。

　そこで、「お互いが責められていると感じていたがそうではないこと」「お互いが頑張って取り組んでいること」を確認でき、その後、自分の苦手と思うこと（たとえば、整理整頓やスケジュール管理、ピアノなど）を認識した場合には、お互い伝えるようにしました。そうすることで苦手なことを助けてもらったりする場面も増え、そこでできた余力で得意分野を担当するなどほかの人の苦手なところをフォローする余裕も生まれています。この循環が、一人ひとりが気持ちよく仕事ができ、お互いに得意なこともあるが苦手なこともあってもいいんだという、自己も他人も肯定する価値観につながっていると思います。

事例3　ファシリテーターはつらい！

　会議などで、司会ではなくファシリテーターとして参加することを意識し始めたころに、リーダーから「ファシリテーターはつらい。自分とほかの人の意見が違うときに黙っていないといけないのもしんどいし、いつ自分の意見を言っていいのかも判断しづらい」と相談がありました。具体的に聞いていくと、以下のようなことにつらさを感じているようでした。

・自分も意見をもっているが、ファシリテーターとしてそれを出さずにとどめておくことに我慢が必要。

・自分の意見を出してしまうと影響が大きく、そちらに引っ張られてしまうので、どのような形で出すのかが難しい。

・保育プランなどの検討をするときに、自分の考えているプランのほうが成功する確率が高いことがわかっているのでそうしたほうが安心だと思うが、一つの案として伝えても、失敗しても自分たちの案でやってみたいという結論になることがある。無駄を推奨しているようでもったいない気持ちがする。

　さらに、なぜそのことがしんどいのかを聞いていくと、失敗したらかわ

いそうという気持ちや、常に一番簡単な方法で成功させてあげたいという気持ちがあることがわかりました。そこで、もし自分が納得して行ったプランが失敗したらどう感じるのかを聞いてみると、失敗しても次に生かせばいい、納得して失敗したものは糧になると感じていることに気づくことができました。

　そこから、正解や、うまくいくかどうかよりも話し合いをする人たちがどのような心もちで話し合っているのかを大切にするようになり、ファシリテーターという役割につらさよりもおもしろさを感じられるようになりました。

3 ｜ 成長のためのフィードバック

　フィードバックとは、保育の質を向上させるために、自分たちの行動が他者（子ども、保護者、職員）にどのような影響を及ぼしているかについての情報を提供することです。以下に例をあげます。

> 「ちょっと立ち止まってここで何が起こっているか考えてみましょう」
> 「私が気づいたことをここで共有したいのですが……」
> 「私は……と思います」
> 「私は……と感じています」
> 「私は……という印象をもっています」
> 「今、私が体験していることは……」
> 「私は……という気がしています」

　このように、リーダーが、課題を共有するメンバーの一人として、自分の感じていることや気づいていることを、勇気をもってオープンに伝えることで、職員も自分たちの葛藤を積極的に扱おうとしたり、困難な状況に立ち向かっていくことができるようになります。フィードバックは、ひとりよがりにならないよう、できるだけ誰もが認識している事実を記述的に説明することが重要です。また、「どうして、あなたは……」「あなたのせいで……」「あなたは○○な人ですね」という、「あなた」を主語にしたメッセージ（これを「YOUメッセージ」、あるいは「あなたメッセージ」といいます）ではなく、「私は……」のメッセージ（これを「Iメッセージ」、あるいは「私メッセージ」といいます）であるほうが、相手は受け取りやすいといわれています。自分の相手に対するイライラやモヤモヤを解消するために伝えるのではなく、相手の成長のために伝えることがフィードバックです。次のワークを使って、私メッセージを練習してみましょう。自分が何を感じているのか、相手への欲求や期待を認識するためにも、私メッセージで書いてみることは役に立ちます。

「私メッセージ」

　自分が感じていることを明確にするために、「私」という主語をつけた文章にしてみましょう（→巻末148頁に解答例があります）。

例：「どうしよう」　　　⇒「私は　どうしたらよいか迷っている」

「その意見は違うだろ」⇒「私は　　　　　　　　　　　　　　　　」
「おまえうるさい」　　⇒「私は　　　　　　　　　　　　　　　　」
「あの人ににらまれた」⇒「私は　　　　　　　　　　　　　　　　」
「おまえはグズだ」　　⇒「私は　　　　　　　　　　　　　　　　」

「傾聴〜私のがんばり〜」

【ねらい】
職員一人ひとりの力を引き出し、成長を促すための傾聴の基礎を、体験と振り返りを通して理解する。

【準備物】
ワークシート「傾聴〜私のがんばり〜」

【演習の流れ】
①ワークシートの①に答えて記入してください。
②３人一組になり、Aさん、Bさん、Cさんを決めます。
③まずは、A：話し手、B：聞き手、C：観察者とします。
④話し手は、ワークシートの①に書いた内容について、聞き手に語ります。
　観察者は、２人のやりとりを観察し、あとで聞き手の「よかった点２つ」「改善点１つ」を伝えます。
④役割を交代します。
　２回目　A：観察者、B：話し手、C：聞き手
　３回目　A：聞き手、B：観察者、C：話し手

ワークシート「傾聴〜私のがんばり〜」

①この半年〜1年を振り返り、保育や仕事において、自分ができるようになったこと、成長したこと、がんばったことや努力したことについて、下記に記入してください。

②傾聴を行ったあと、気づきや学びを下記に記入してください。

話し手	聴き手	観察者
		聞き手のよかった点（2つ） ・ ・ 改善点（1つ） ・

保育所内外のチームワーク

「秋の遠足は、どこに行こうか?」「何をもっていく?」楽しみな気持ちが大きいほど、体と心の密着度も高まってゆく。

写真提供:うらら保育園

ポイント

1 保育所内外のチームワークづくりと保護者との協働の実際について学ぶ。
2 組織の成長発達段階と、段階による支援の方向性について理解する。
3 チーム内に起こっていることを捉える視点について理解する。

1 | 組織の成長発達段階

　保育所が組織として保育の質向上に取り組むためには、さまざまな立場の職員が協働することが求められます。リーダーは、職員が目的を共有し、一つのチームとして機能するために、組織の現状について理解し、必要な支援を行います。

　人間に成長発達段階があるのと同様に、組織にも成長発達段階が存在します。**タックマンモデル**では、組織の成長発達段階を①形成期、②混乱期、③統一期、④機能期の4つに区分しています(図7-1)。新設の園を例に、段階によってどのような組織内の変化があるのかみてみましょう。

 タックマンモデル
アメリカの心理学者、B.W.タックマンが提唱したもので、組織には5つの成長段階があるという1つのモデル。5つ目は組織が解散する「散開期」であるため、ここでは4つの区分で説明している。

図7-1　組織の成長発達段階

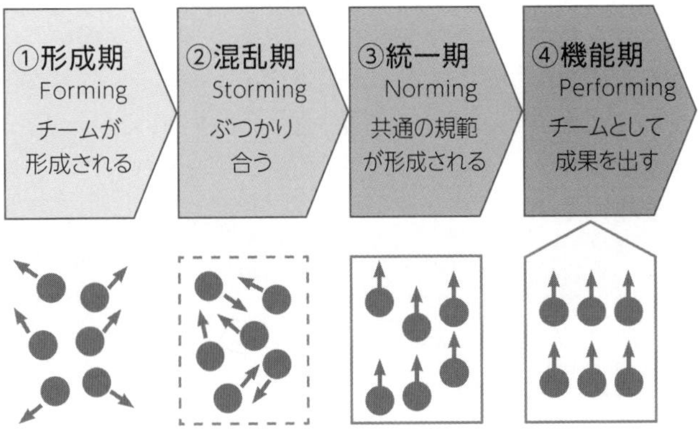

出典：清水久三子「仕事ができる人は『正しい衝突』が超得意！」『東洋経済ONLINE』2016年

　まず①形成期においては、集まった職員は相互理解ができておらず、さらに自分たちの園が目指す保育も定まっていない状態です。「これでいいのかな」という迷いを抱きつつ、日々保育をしています。なお一人ひとりが向いている保育の方向性を矢印で示しています。

　次の②混乱期に入ると、職員はそれぞれがもっているさまざまな子ども観や、保育観によって、日々の保育を行っていきます。たとえば、他園で保育経験があれば、そこでの実践をベースに保育をします。当然、意見のぶつかり合いや、思いのズレ、人間関係に困難が生じることになります。また、業務の手順、自分の役割の理解にもばらつきがあり、そのため業務遂行にも混乱が生じます。しかし、この②混乱期は、組織として機能していくために必ず通過するものであるということを忘れてはなりません。混乱期のなかで、職員同士が誤解や衝突を生じさせながらも、試行錯誤しながらコミュニケーションをとり続けることで、相互理解が進みます。

　③統一期においては、保育の目的、役割分担や業務の進め方が決定し共有されていきます。ここでようやく、保育所に所属する職員が、一つのチームとなって動くことができるようになります。しかし、この時期には、職員間の関係性ができてくることによって起こってくる問題があります。それは、集団の落とし穴とよばれる関係性の問題です。「嫌われたくない」、組織のなかで「自分の居場所を確保したい」という自己防衛的な感情から、自分が他者と異なる意見をもっていても簡単に妥協したり、なれ合いが起こります。また、自分のクラスだけが問題なく保育できていればよく、ほかのクラスには無関心になるなどの問題が起こります。また、複数の保育者で保育をする場合、主従の関係に固定化する、相手の保育者に気を遣いすぎることにより保育に支障をきたす場合があります。

　最後の④機能期では、チームのなかに協働性が生まれ、業務や保育において連携し、ケアし育み合う関係が築けています。また、一人ひとりが主体的に業務に携わり、相互信頼の関係性のもと、保育の質の向上を目指して、衝突をおそれず、率直な意見や思いの伝え合いと聞き合いができるよ

うになります。

　誤解しないでほしいのが、すべての組織が時間の経過とともに、④機能期に到達できるわけではありません。たとえば何十年と続いている保育所であっても、適切なマネジメントができていない場合、長年②混乱期でとどまっていることもあります。組織を次の段階に移行させるためには、リーダーがファシリテーターとなって、組織の発達を促していく働きかけや支援が必要なのです。

2 ｜ チーム内に起こっていることを捉える視点

　ファシリテーターとして、チーム内に起こっていることを捉える際には、コンテントとプロセスという２つの視点で観察します。保育実践や組織における課題、会議の話題などを「コンテント」といい、その際、それぞれの関係性のなかで起こっていることや、感情や思いを「プロセス」といいます。コンテントとプロセスは車の両輪のようなものであり、常にどちらも存在しています。また、コンテントとプロセスは氷山のように一体化していて、互いに影響しあっています。すなわち、コンテントが変わればプロセスが変わり、プロセスが変わればコンテントが変わるということが起こります（図７−２）。

　コンテントは日々の遂行すべき業務内容です。保育現場であれば「保育」であるし、職員会議であれば話し合うべき「議題」がコンテントになります。コンテントは、常に組織のメンバーに意識され、取り組まれます。ところがプロセスは、水面下にあるため意識化されにくいため、リーダーがプロセスを捉えるように意識します。コンテントとプロセスは一体化しているため、コンテントが上手くいかなくなった場合、リーダーはチームのプロセスに目を向けることができます。たとえば、職員同士のコミュニ

図７−２　コンテントとプロセス

出典：日本体験学習研究所「ラボラトリー方式の体験学習とは」をもとに作成

ケーションのとり方に注目することや、一人ひとりが抱えている感情や思いを共有できているかどうかなど、チームの関係性に目を向け、働きかけることができます。そして、プロセスが改善されるとコンテントも改善することもあります。具体的な集団へのファシリテーターとしての視点を、表 7-1 に示します。

表 7-1 の「プロセスを捉えるファシリテーターの視点」について、リーダーはチームに起こっていることを捉えることで、職員に自分たちの関係性やあり方への気づきを促すことや、よりよい関係性の支援のために話し合いのもち方を変えることを提案したりなど、介入をすることができます。そしてチームの気づきと変化を促すこともできます。

表 7-1　プロセスを捉えるファシリテーターの視点

観察のポイント	プロセスを捉え、関わるための視点
個々のメンバーの様子	・参加の度合いは？ ・各メンバーにどんな感情が起こっているか？ ・メンバーはどのように受け容れられているか？ ・グループの「外」にいる人は誰かいるか？ ・否定的な感情の表出を抑えようとしているのは誰か？ ・誰のどのような感情表現がどんな影響を与えているか？
コミュニケーション	・発言回数の多い人、少ない人は誰か？ ・発言の少ない人は、どのように取り扱われているか？ ・誰が誰に話しかけることが多いか？　あまり話しかけられない人はいるか？ ・話し合いは知的なレベルでなされているか、気持ちのレベルでコミュニケーションが起こっているか？
意思決定	・どのように意思決定をしているか？ ・合意（コンセンサス）による決定をしているか？ ・意思決定の仕方を気にしている人がいるか？
リーダーシップ	・影響力の強い人は誰か、いつもその人であるか？ ・影響関係に移り変わりはあるか？　それを変えるのは誰か？ ・誰のどのような言動が、グループに、あるいは個人にどのような影響を与えているか？ ・話を切り出すのは誰か？ ・課題達成のために情報やアイデアを求めるのは誰か？　課題達成のために情報やアイデアを提供するのは誰か？ ・情報や意見を明確にしたりするのは誰か？ ・意見が一致しているかどうか確認しているのは誰か？ ・意見などをまとめたり要約したりするのは誰か？ ・意見が一致しているのか、どの程度メンバー間で合意できているかを確かめるのは誰か？ ・メンバー間の意見を調整したり調和を取りもったりするのは誰か？ ・ほかのメンバーの参加を促したり、発言量を調整したりするのは誰か？ ・メンバーを励ましているのは誰か？ ・ほかのメンバーの考えや気持ちを明確化したり妥協を取り付けたりするのは誰か？ ・緊張をほぐすのは誰か？ ・グループの標準（基準）を設定し、メンバー間のモチベーションを維持するように働くのは誰か？
グループの目標	・グループの目標は、メンバー全員が理解しているか？ ・個人の目標とグループの目標とが吟味されているか？ ・話し合いや仕事の途中で、今何をしているのか、メンバーに共通の理解があるか？

時間管理	・メンバーには時間に対する意識が見られるか？　それはどのような行動から見られるか？ ・誰がどのように時間を管理しているか？ ・具体的に時間に関する提案や指示がされているか？
仕事の手順化 （組織化）	・目標達成のためにどのような手続き・手順がとられているか？　あるいは、無計画に進められているか？ ・メンバーに役割が分担されているか？　そのことが目標達成にどのように影響しているか？
グループの規範	・どのような事柄がタブー（してはいけないこと）になっているか？　それを強化している人は誰か？ ・変に遠慮しているようなことはあるか？　それはどんなことか？　また、それはなぜか？ ・表に表れている約束事、ルールは？　暗黙のうちに認めている約束事、ルールは？
グループの雰囲気	・グループの様子を何かに例えると？ ・仕事をしようとする雰囲気か、遊び感覚で楽しもうという雰囲気か、逃避的か、活気があるか、など ・友好的、同情的雰囲気をよしとする傾向があるか？　葛藤や不愉快な感情を抑えようとする試みが見られるか？ ・雰囲気を表す言葉の例：開放的、同情的、あたたかい、クール、友好的、対立的、挑発的、曖昧、なれ合い、緊張、防衛的、支持的、援助的、拒否的、など

出典：星野欣生「グループプロセスで何を見るか」津村俊充・山口真人編『人間関係トレーニング（第2版）』ナカニシヤ出版、2005年、45-47頁

　先に述べたように、保育所において分散型・協働的リーダーシップを目指すことが、職員同士が互いにケアし育み合う文化を築くことにつながります。しかし、忘れてならないのは、レッスン5で説明した「効果的なリーダーシップの4つの特性」を、園長・主任やミドルリーダーだけが意識し、実践していくということではないということです。たとえば会議において新人保育者が一言も発言をしなくても、話している人の目を見て黙って頷いていることが、お互いを理解しようと積極的に聴き合う組織文化につながっていきます。これは、「協働的リーダーシップ」と「他者を力づけるリーダーシップ」を発揮しているということです。特にミドルリーダーは、現場職員にとって一番身近な頼れる存在です。コーチングやカウンセリング、そしてファシリテーションの知識や技術を身につけ、職員一人ひとりに潜在しているリーダーシップに気づき支援することが、分散型・協働的リーダーシップを園に根付かせ自立した組織づくりにつながっていきます。

事例1　チームの協働性を育むために

　チームの成熟度や構成メンバーによって、チーム形成のあり方はさまざまです。

　保育者の仕事は、子どもへの援助や関わり、書類作成、保護者対応、保育の事前準備、会議、研修参加など多岐にわたります。すでに決まっていることに従うことや、上位者、または話術に優れた他者の意見に賛同することが、合意形成ではなく、一人ひとりが想いや意図をもって「今ここにいる」ことを尊重し合い、そして、業務に対して創意工夫ができることが大切です。

　保育の営みとは、スタンドプレーでは成しえず、チームプレーが質の向上につながり、子どもたちに最善の利益をもたらすことを運営の理念に掲

げています。この理念を、真に理解してほしい思いから、自園では、開園
10年を過ぎたころから、チーム形成のあり方の捉え直しを行いました。そ
れまでは、トップダウン的リーダーシップが強いチーム気質でしたが、職
員一人ひとりが、主体性を発揮して保育業務が遂行されるよう、分散型・
協働的リーダーシップのあり方を意識したチーム形成をしています。

　まず、保育者を、新任層・初任層・中堅層・リーダー層・監督職層・管
理職層の 5 階層に分けた「職員研修体系」をもとに、望ましい職員像、各
層に期待したい業務内容や質、研修内容を示し、保育者としての成長過程
の指標としています。それに基づき、各階層の園内研修や課題解決ミーティ
ングを開催しています（表 7 - 2）。

　また、新任層・初任層・中堅層・リーダー層の 4 つの階層を 3 つのグルー
プに編成し、1 年間の研究や研修テーマ、行事の企画運営、そしてOJT
を実施する基本グループとしています（図 7 - 3）。

　こうした取り組みによって、自然と職員同士がお互いの仕事を理解し、
協力し合うようになってきました。

事例 2　隠れているプロセスを引き出す

　新たな取り組みとして、3 年前から、リーダー層が保育における「ファ
シリテーション」を学び、職員会議・各種ミーティングを企画し、司会進行、
終了後の振り返りを行っています。監督職・管理職は相談役として、リー
ダー層の見立てや企画を尊重しながら全体把握や調整をしています。ファ
シリテーションを学んだリーダー層のメンバーは、会議やミーティングに
参加する職員一人ひとりの様子を観察しながら、「安心感のなかで発言でき
る雰囲気づくり」や、「一人ひとりが尊重される場づくり」を常に心がけ、
試行錯誤を繰り返しながら、プログラム作成や事前準備を行います。

　中堅層は、リーダー層の試行錯誤する姿を目にすることにより、参画意
識が強まり、「私はこう考える」「次はこうしてみたい」と、保育に対する
自発的な意見を発信しています。新任層・初任層は、「自分の意見や想いを
言葉にしてよかった」「人の話を聞くことができてよかった」などの「対話」
の基本の経験を積み重ねていきます。

　会議やミーティングでは、「隠れているプロセス」という、整理されな
い意見や感情を、他者の力を借りて表現したり、言葉にならない声を感じ
共有することで、支えたり、支えられる経験をします。その経験を通して、
お互いや全体の関係が深まり、自分以外の価値観に触れ、尊重されること
を実感していきます。その積み重ねが、チームの「協働性」を育み、当事
者意識をもちながら、個人やチームのエンパワメントが高まっていきます。
保育の質の向上を追求し続ける風土が、継続的に全階層のなかで循環し続
けてほしいと考えています。

表7-2　児童施設職員研修体系（うらら保育園）

ねらい	1. 職員の人間性と専門性の向上 2. 保育はスタンドプレイではなしえない…組織力の向上 3. 日々、生涯学び続けることを忘れない 　困難な状況や複雑な課題であっても、それを「学び」を得る機会と受け取り、日常的教育訓練、園内・園外研修に積極的に参加・参画し課題解決の糸口とする	
	対象者別人材育成の基本	**職員像と研修内容**
新任（1年目） 感じる　気づく 尋ねる　見る 触る　　嗅ぐ 楽しむ　知る	・社会人、職業人としての意識を高める ・保育者としての感性を高める ・保育の理念を認識する ・マスタープランを理解する ・コミュニケーション力を高める ・保育力を高める ・研修に積極的に参加する ・スーパービジョンを受ける	・スムーズな職場適応を図る ・社会人・組織人としての自覚を養う ・専門職としての基礎的態度・知識・技術を習得する ・保育理念の理解と基礎的な保育実践 ・園内・法人内組織の理解
初任（2～3年目） 思う　発する 聞く　混ざる 見分ける わかる	（新任と同様）	・職業人としての自己の確立 ・専門職としての実践的知識、技術を習得 ・専門性の拡大 ・外部関連団体、組織の理解 ・自立的な保育課程の作成
中堅（4～10年目）* つくる　　味わう 振り返る つなぐ　　築く 受け取る 受けいれる 混ぜる	・地域の子育て環境と子育てニーズに理解を深める ・子どもの育ちに応じた保育環境を設定し改良と創造を心がける ・多様な子どもの育ちを理解し保育力を磨く ・自己を振り返り自己を高める努力を積む	・自立的な担当（クラス）保育運営 ・関係機関との連携・調整 ・組織的な質の向上のための企画、提案 ・最新の知識と技術の習得 ・応用力、危機対応能力の向上
リーダー（10年以上）* **副主任保育士**	・地域の子育て支援に意識を高める ・保育の責任者としての自覚を高める ・チームワークを意識し、リーダーシップを発揮する ・専門知識を高め職員に伝達する ・自己を振り返り自己を高める努力を積む ・ピア・スーパービジョンの意識を高める	・リーダーとしての役割と自覚 ・意識改革
主任保育士 つむぐ　　解く つなげる　広げる まとめる	・保育の理念やマスタープランを職員に伝達する役割をになう ・地域の子育て支援を積極的に推進する役割をになう ・多様な保育のあり方を研究し実践する ・保護者への支援体制を構築する ・保育ニーズのアセスメント力を磨く ・保育の質を高めるために保育（所・士）の課題を明らかにできる ・職員研修の企画ができるようになる ・保育者のリーダーとして職員集団の力を高める ・スーパーバイザーとしての役割を担う	・園長の補佐（処遇） ・スーパーバイザーとしての役割の自覚、保育の専門的リーダーの自覚 ・栄養・看護業務の熟知 ・職員指導・研修に関する知識技術を高める ・地域社会の子育て支援の役割の自覚
園長・副園長	・資質と素養を磨く（ための研鑽を積む） ・リーダーシップを高める ・自らの考え（保育理念、運営方針）を文章化し伝達する ・地域の子育てニーズに対応できるサービスを構築する ・保育ニーズのアセスメント力を磨く ・リスクマネジメント力を磨く ・計画的な人材育成に取り組む ・職員研修体系・体制を構築する ・他組織との連携を高める	・管理者の役割の自覚 ・最新の保育情勢の理解 ・組織の維持、管理に関する知識や技術を高める ・地域の福祉の推進
保育所長の責務	①保育所の課題 ②職員の課題 ③保育所内の研修の整備と体系化（計画性） ④保育所外の研修の計画的活用 ⑤自己研鑽の助言と指導	①地域子育て支援体制の構築への意識 　⇒地域子育て支援事業の活用 ②地域の子育てニーズの把握 ③柔軟な保育サービスの開発・提供 ④関係機関とのネットワーク ⑤保育人材の発掘 ⑥アウトリーチ型サービス

＊中堅、リーダーの年数については、その年度の職員により異なるため、ここでは目安の数字を表示している。

○○年○月　△△法人　児童施設　○○年改訂（案）

〈児童施設職員基本姿勢〉
（1）豊かな感性と愛情をもつ　（2）自分を知り、また自己覚知をさらに深め、自己を解放する
（3）専門性と人間性を高めてゆくために研鑽し、創造力・開発力を磨きグループワークを大切にする
（4）コミュニケーション能力の向上に努める　（5）コーディネート力の向上に努める
（6）バランス感覚を研ぎ澄ます　（7）ことばに真心を込めて対話をする

ポイント	園内研修	園外研修	必須題図書・資料	資格など
・報告・連絡・相談の重要性を理解 ・PDCAサイクルの理解 ・児童施設の機能を理解し、楽しさややりがいを感じ成長していけるよう、サポートが必要 ・危険察知能力起動	・法人運営の指針の理解 ・法人各種規則・規定の理解 ・保育業務全体の理解 ・保育課程の理解 ・園内マニュアルの理解 ・人材育成制度の理解 ・安全保育	・新任研修 ・△△保育研究会	・運営の指針 ・過去取材記事 ・法人各種規則・規定 ・園内マニュアル ・保育課程 ・○○○ ・乳児保育関係	
・PDCAサイクルが自立的にできる ・処遇上専門職としての自己評価 ・児童や保護者を理解し、連携して保育の実践力をつける ・危険察知・予測能力	・人材育成制度、日常の上位者からの指導・助言により専門職として専門性や人間性を高めてゆく組織体制の理解 ・主体的な目標設定	・保育研究大会（全国） ・ベビーマッサージ ・芸術教育研究所 ・精神保健 ・色彩心理協会	・○○○	
・新任、初任職員の育成とフォローアップ ・主任保育士の補佐 ・関係機関との連絡調整 ・中堅職員としての役割と自覚 ・自らの保育を考察し向上のための研究などを積極的にすすめる ・園の中核となることを意識して業務改善、組織の活性化を図る	・マニュアルの起案、作成、改定 ・自立的な行事の企画運営	・保育総合研修会（全国） ・青年会議（全国） ・保育カウンセラー養成講座 ・リスクマネジメント		・保育カウンセラー ・リスクマネジャー
・新任、初任職員の指導 ・主任保育士の補佐	・マニュアル活用の推進 ・リスクマネジャーとしての安全保育の推進 ・会議の企画、司会進行、振り返り	・保育所リーダー研修会 ・ファシリテーション	・児童心理 ・コーチング ・ストレスマネジメント	・リスクマネジャー
・保育所全体のパイプ・調整的役割を果たす ・保育課程立案の指導、助言 ・連絡ノート、クラス便り、保護者対応の指導、助言 ・保育環境の整備 ・園内研修の企画・推進 ・チームワークの推進 ・職員の能力を引き出し伸ばす働きかけ		・主任保育士専門講座 ・コーチング ・社会福祉法人会計 ・地域福祉論 ・ボランティアコーディネーター ・プレゼンテーション	・人材育成 ・保育団体の月刊誌	・保育活動専門員 ・防災管理者
・社会的保育園機能、公的責任を理解し、その時々の職員組織の特徴、力量を的確に捉える ・中長期計画を作成し児童福祉事業の推進を図る ・組織的強み、弱みを捉え目標と改善策の策定を常に念頭に置く		・所長専門講座 ・経営論		・保育活動専門員

図 7 - 3　職員のグループ編成

		Aチーム：5人	Bチーム：5人	Cチーム：6人
	1年間の研究テーマ	リスクマネジメント 入園式 卒園式	業務のICT化 季節の伝承行事	ドキュメンテーション ピクニック・遠足
	主任保育士	全チームの把握	全チームの把握	全チームの把握
行事担当	○（副主任・リーダー層） 4人	○	○○	○
	□（中堅層） 6人	□□	□□	□□
	△（新任・初任層） 5人	△△	△	△△
		グループ内のOJT	グループ内のOJT	グループ内のOJT

ワーク

「5人の先輩」

【ねらい】

・考えや思いを伝え合うことで、人が育つときに大切なリーダーや先輩のあり方を考える。

・話の内容だけではなく、相手の感情や思いを聞き、受けとめることを通して、グループ内に協働関係を築く。

【準備物】

ワークシート

【演習の流れ】

①4～6名のグループになります。

②それぞれワークシートを読み、選んだ人の順位と理由を記入します。

③まずは、ほかのメンバーがどのような順位づけをしたか聞き、課題シートに書き込みます。その後、順位をつけた理由や思いを一人ずつ伝えていきます。聞いている人は、もっとよく理解するために質問をし、自分の意見や感じたことを率直に伝えてください。

注意：順位に正解はありません。自分と異なる意見をもっていても、ほかの人の意見を最初から否定したり批判するのはやめましょう。それぞれのメンバーが、今感じている「感情や思い」などにも配慮しましょう。

ワークシート「5人の先輩」

　あなたは現場3年目の保育者です。来年度は3歳児クラス20名の担当になると決まりました。3歳児クラスは例年、保育者が2名で保育を担

当します。あなたは3年目ですが、まだまだ保育に自信がなく、一人で判断できないことも多いので、一緒に保育をする先輩から多くを学びたいと考えています。もしあなたが次の5人の先輩のなかから一人選べるなら、誰を選びますか。下の表に〇を記入してください。その理由も考えてください（5人の保育経験年数は10〜15年程度です）。

磯田さん：愛想がよく、気配りができる。ただ、自分の周りからの評価に
　　　　　敏感で、いつも噂ばかりしてくる。
波川さん：熱心で保育者としての自分の役割にプライドをもっている。
　　　　　自分の世界に入ってしまって、まわりの空気が読めないことが
　　　　　多い。
早坂さん：子どもの発達や保育についての知識をしっかりもっている。
　　　　　自分の考えに自信があるので、批判されると不機嫌になる。
福田さん：生真面目で、与えられた役割や仕事は責任をもって取り組む。
　　　　　しかし融通が利かず、相手の話を聞き入れようとしない。
花岡さん：表裏がなく、親しみやすさがあるので、誰とでも仲良くなれる。
　　　　　ただし、自分の経験や自慢話をくどくどと話すことも多く、新
　　　　　しいことを学ぼうとしない。

課題シート

項目　＼　氏名	自分の選択				
磯田さん					
波川さん					
早坂さん					
福田さん					
花岡さん					

グループの最終決定：＿＿＿＿＿＿＿さんに決定!!

ワークシート「5人の先輩」振り返り

①話し合いにおいて、あなたはどの程度、自分の思いや考えを伝えることができましたか。番号に〇をつけてください。

1 —— 2 —— 3 —— 4 —— 5
できなかった　　　　　　　　　十分できた

右余白（縦書き）：
レッスン7
保育所内外のチームワーク

②上記の番号に〇をつけた理由は何ですか。

③話し合いにおいて、あなたはどの程度、相手の思いや考えを聞くことが
　できましたか。番号に〇をつけてください。

1 —— 2 —— 3 —— 4 —— 5
できなかった　　　　　　　　　十分できた

④上記の番号に〇をつけた理由は何ですか。

⑤ほかのメンバーについて印象に残ったこと、気づいたこと、感じたこと、
　思ったこと、影響を受けたことは、誰の、どのようなこと（言動など）
　にありましたか。

メンバーの氏名	具体的な言動	私やグループに起こった感情や行動
（例）〇〇さん	話を聞くとき、笑顔でうなずいてくれた。	グループメンバーや私は、安心して話を続けることができました。

⑥話し合いを通して、人が育つときに大切なリーダーや先輩のあり方とは
　どのようなことだと思いましたか。

第 3 章

方針・目標を共有する

組織目標としての「ビジョン」と「ミッション」を共有することで、職員集団はチームや組織として機能するようになります。「ビジョン」とは、組織やチームが達成したい夢や未来です。「ミッション」とは、「ビジョン」を実現するための、組織の目的・使命・役割・行動指針です。チームや組織のメンバーは、自分たちが何者で、組織の目的が何であり、目指すところにどうやってたどり着くかを知る必要があります。

ここでは、組織目標を職員間で共有することの重要性と方法について考えます。また、園の課題を発見し、その解決策を検討するためのリーダーの役割や支援方法について説明します。

レッスン 8

保育方針と目標の共有

レッスン 9

課題の発見と解決策の検討

レッスン 10

目標共有と支援

保育方針と目標の共有

皆で共有できる目
標があれば一緒に
がんばれる。「あー
早く食べたい」
写真撮影：三澤武
彦

写真提供：寺子屋大の木

ポイント

1 目標設定と共有の重要性について理解する。
2 保育者の行動を支えている価値観について理解を深める。
3 目標設定から具体的な保育実践へとつなげていく実際について学ぶ。

1 目標の設定と共有はなぜ必要か

1 目標の欠如が招く混乱

　保育の目標の設定や共有ができていないと、どのようなことが起こるで
しょうか。まず、保育者一人ひとりの場当たり的な判断や恣意的な判断が
横行します。子どもに対して保育者が応答的で柔軟に対応することと、自
律的に判断し行動できることは重要ですが、方向性が欠如していると、そ
の場その場で一人ひとりが対症療法的に保育をしてしまい、結果として子
どもを混乱させてしまいます。

　たとえば、散歩先で、公園にある石の塀をのぼり始めた2歳児がいた
とします。1人の担当保育者はその場面を見て、近くで見守るという選
択をしますが、別の日、もう1人の担当保育者が、同じ場面に遭遇した
際に、危ないと感じて慌てて止めに入ります。同じ状況でも2人の保育
者で判断や対応が違ってしまうと、子どもは混乱します。

　混乱するのは子どもだけではなく、保護者も同じです。乳児でも、園庭
や公園で十分に砂や水、泥という自然にふれる遊びを大切にしている保育

現場では、けがや病気、洗濯物が増えることへの抵抗感を表す保護者もいます。そのようなときに、なぜ自然とふれることを大切にしているのかという理由について、新人の保育者が理解していない場合、保護者に納得のいく説明ができません。すると、保護者から見ると、一貫性のない保育が行われているように感じ、不信や不安につながる可能性があります。

2　目標とは共通のものさし

　保育という営みは営利目的ではないため、一般企業のように売上を伸ばすということや、契約件数を増やすという、数値化できる目標を設定することはできません。また、保育には両義性があり、よい・悪いが判断がつかないことばかりです。先ほど例にあげた塀登りの場面では、多少危険な遊びでも、失敗経験も含めて多様な経験をさせてあげたいという思いと、安全や衛生面を確保したいという思いを、2人の保育者が抱いているというケースでした。しかし一人の保育者のなかに相反する2つの思いが同居し、葛藤が起こることがあります。葛藤するのは、保育者の大切な仕事の一つです。だからこそ、自分たちの保育の方向性と、その保育を通して育ってほしい子どもの姿など、保育という自分たちの営みがどこへ向かっているのか、目標を設定することが重要になってくるのです。

　目標とは、一つのものさしです。ものさしがないと、自分たちの活動の評価をすることができません。たとえば、運動会の行事後に反省会をすることも多いと思いますが、「大きなけがもなく、保護者も楽しんでいた様子だったのでよかった」という反省では、活動の評価が十分にできているとはいえません。運動会という行事を通して、子どもたちのどのような育ちを目指すのか、また保護者には子どもたちのどのような姿を見てほしいのか、あるいは保護者が園の保育について理解を深め、その結果、園への信頼関係につなげる、などあらかじめ目標を設定することで、目標を達成できたかどうかという視点で活動の評価ができるのです。

　保育という営みの特質として、二度と同じことが起こらないという「一回性」、ある出来事の意味がはっきりと一つに定まらないという「曖昧性」、こうすれば必ずこうなるという機械的な確実さがないという「不確実性」、さまざまな要因が背景にあって、ある場面が成り立っているという「複雑性」があるといわれています（矢藤、2017）。このような特質があるからこそ、目標設定をし、その目標設定にそって振り返り評価することで、保育実践を積み重ねていくことができるのです。

2 ｜ 価値観は一人ひとりちがう

1　大切なものは目には見えない

　保育者の行動は、他者から観察することができます。具体的には、子どもにどのように関わっているか、保育環境をどのように構成しているか、

図 8-1　保育者のもつ価値観と行動

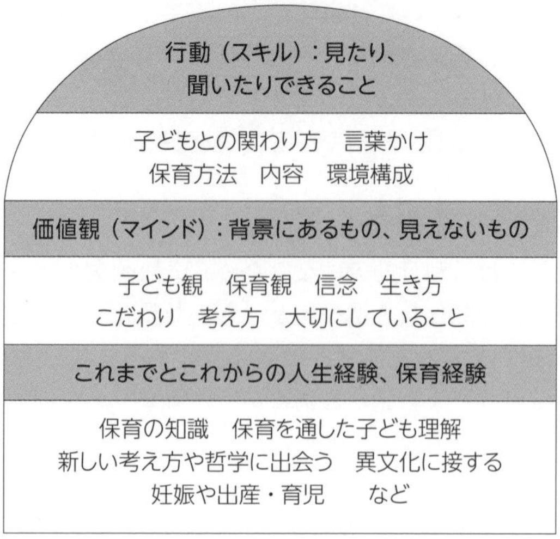

行動（スキル）：見たり、
聞いたりできること

子どもとの関わり方　言葉かけ
保育方法　内容　環境構成

価値観（マインド）：背景にあるもの、見えないもの

子ども観　保育観　信念　生き方
こだわり　考え方　大切にしていること

これまでとこれからの人生経験、保育経験

保育の知識　保育を通した子ども理解
新しい考え方や哲学に出会う　異文化に接する
妊娠や出産・育児　　など

という行動です。しかし、保育者の目に見える行動は、個々のもつ価値観に支えられています。価値観は、その保育者の行動の「背景」にあるもので、目には見えません。主に子ども観や保育観とよばれる価値観が、保育者の行動に影響を及ぼしています。さらに、その保育者の人としての信念や生き方、こだわり、考え方、生きるうえで大切にしていることなども価値観に含まれます。

　これらの価値観は、その保育者のこれまでの保育経験、人生経験からつくられてきています。当然、人それぞれこれまで生きてきた過程はまったく違うため、価値観は十人十色です。また、今後のさまざまな経験によりさらに変化していきます。たとえば、研修を受け、新しい保育の知識を得たり、保育実践を通して子ども理解を深めたりすることで、保育者のもつ保育観や子ども観は変化していきます。それ以外にも、本などを読んで新しい考え方や哲学に出会う、海外に行き異文化に接する、妊娠や出産、育児など、人生におけるすべての経験を通して変化し続けます（図 8-1）。

　目標の設定と共有ができていない場合、保育実践に関する話し合いにおいて、保育の質の向上のための意見交換ではない、防衛とぶつかり合いが起こります。防衛というのは、自己防衛です。つまり、自分の保育が批判されないか、否定されないかというおそれを抱いている状態です。また、ぶつかり合いというのは、他者との違いを感じて互いに主張しあう姿です。つまり、目標の設定と共有ができていないことが関係性の悪化にもつながってしまうということです。

2　相手の価値観を知る

　保育者の行動は価値観から生じていると述べましたが、本レッスン第 1 節 1 項であげた例では、1 人の担当保育者は近くで見守り、もう 1 人の保育者は、止めに入りました。しかし、実は危険を感じる程度が違うだけで、2 人の保育者はどちらも、「子どもに多様な体験をさせてあげたい。

失敗も学びの一つ」という価値観をもっていたかもしれません。また、昨日は近くで見守っていた保育者も、今日は危ないと感じて止めに入ることもあるでしょう。つまり、子どもへの関わりという行動の違いは起こって当然だということです。行動の違いを一つひとつ取り上げて議論しても、答えは出ない場合が多いのです。そのため、保育現場においては対話を通して、お互いの行動を支えている価値観を知ることで、自分たちの保育の方向性が少しずつ見えてきます。

　価値観は一人ひとり違っていて、同じではありません。しかし、違いを欠点と捉えるか、面白がるのか、ということは選択することができます。私たちは、保育を通して子どもたちに違いを認め合い、よさを生かし合う関係性を築いてほしいと願っています。日本でもこれからさらに国際化が進み、多様な文化や背景をもった人で社会をつくっていかなければなりません。多様性を尊重するためには、まず相手がどのような価値観をもっているのかを知ることが出発点となります。

3 ｜ 目標設定から保育実践へ

　園の組織目標として一番大きなものは、保育理念であることが多いと思います。保育理念とは、園が社会に対して提供する価値を表すものです。おおよその保育の方向性や、園が大切にしている価値観を示すような抽象的な文章が多いようです。抽象的であるということは、具体的な解釈が必要だということです。たとえば、図 8-2 を見てください。

　保育理念に「自己を発揮し……」という言葉がありますが、それが具体的な子どもの育ちの姿として、「自分で考えられる子」という保育目標になっています。そして、その「自分で考えられる子」という子どもの育ちのために、さらに具体的な保育方法・内容として、「豊かな環境」をつくっていくということです。このように、抽象的なものから、具体的なものへと落とし込んでいきます。「保育理念」から出発し、「保育方針」「保

図 8-2　理念と方法・内容の関係性

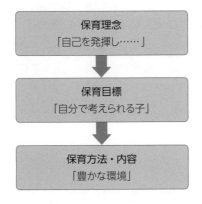

育目標」、そして具体的な「保育方法・内容」へとつなげていきます。抽象度が高いということは、つまり、多様な解釈ができるということです。長年掲げられてきた保育理念であれば、現代に求められる保育と照らし合わせる必要があります。保育理念をどのように解釈し、具体的な保育実践へとつなげていくかを考えます。

　目標を共有し具体的実践へとつなげていく際には、できるだけ子どもに関わる関係者を多く巻き込み対話を行います。保育についての議論を行う際、現場によっては栄養士や調理師が参加しないことがあるかもしれませんが、「保育所保育指針」において、「保育所における食育は、健康な生活の基本としての『食を営む力』の育成に向け、その基礎を培うことを目標とすること＊1」と述べられています。つまり、食育は保育の一部です。保育者だけではなく、栄養士や調理師が専門知識やアイデアを生かして園の保育全体について議論していくことが求められます。ある園では、回数は多くありませんが、非常勤やパートの保育者も出席して、自分たちの保育について語り合う場を設けています。

　また、目標は一度つくり上げたら完成ということではありません。常に見直しながらつくり上げていく柔軟性が求められます。たとえば、自分が昨年度と同じ3歳児クラスの担当になった場合、昨年つくった保育の計画をそのまま使うということは避けなければなりません。なぜなら、同じ3歳児でも、そこにいる子どもたちや家庭の状況はまったく違っているはずだからです。保育者である「私たち」と、目の前の「子どもたち」で、どのような保育を展開していくのかということをあらためて考えなければなりません。

　また、大人の期待や思いだけで目標をつくるのは適切ではありません。「児童の権利に関する条約」には、子どもの能動的権利について明記されています。子どもの興味・関心や、どのような生活や遊びを欲しているのか、今何が育とうとしているかなど、子どもの姿を理解しようとすることや、場合によっては子どもに目標設定の議論に参加してもらうことで、子どもを中心とした目標設定ができます。また、目標設定においては、子どもの最善の利益を考え続ける姿勢や、「保育所保育指針」と矛盾がないかを確認する必要もあります。そのような視点をもち、目標が適切であるかどうか見極めることも、リーダーとして求められる役割です。

事例1　目標の基礎となる考え方を明確にする

　私たちの園では、採用を前提とした見学の場合、園の考え方を伝えながら見学をしてもらいます。今までの採用のなかで、目指したい保育の考え方ややりたい保育が違っていた場合、長く一緒に働くことが難しいことを実感しているためです。

 参照　＊1　「保育所保育指針」第3章2（1）「保育所の特性を生かした食育」ア

　異年齢児の混合保育をしている園は近隣で少ないため、経験者として入職する人は少ないという状況があり、どうしても新しいことに飛び込む不安はあると思います。そのようなときに私たちが一番に伝えるのは、「共生共歩」という考え方です。大人も子どもも同じ一人の人間としてともに生き、ともに歩むという意味です。いろいろな考え方があるなかで、「子どもと同じ目線でいることに共感できる人とともに保育をしたい」ということを、保育者同士が最初に共有し、協働することが大切だと考えています。

　園に入ってからも、勉強会などで今起きていることを話し合うなかで、共通の価値基準としての保育理念や保育目標を何度も確認していきます。

　また、子どもの姿に関しては、園・家庭・地域とともにどのような子どもの姿を育てたいのかを、ロジックツリーという形にしています。どのような想いからどのように育ってほしいのかを幹、枝、葉という形で図にし（図 8 - 3）、この図を入園時にプリントして渡しています。保護者とのミーティングなどで育てたい姿を共有するとともに、現在の姿がどのようにそこにつながっているのかを共有することに役立っています。また、保育者同士でどのような姿を意識して保育を組み立てていこうか考えるときの子どもの姿の共有にも役立てています。

図 8 - 3　ロジックツリー（寺子屋大の木）

表 8 - 1　保育所の組織活性化 5 か年計画 (寺子屋大の木)

	今年度	3 年後	5 年後
個人	・全職員が仕事の内容を知る ・子どもへの「想い」をもって一つひとつの仕事に取り組む	・リーダー層が仕事に対して自己管理ができる ・実行・計画する方法を知っている ・全職員が保育の成功体験をしている*1	・自己管理ができる ・子どもの声・姿を拾って実行したり計画することを楽しめる ・楽しんで「保育」をする*3
チーム	・チーム内でやるべき仕事内容がわかる	・チームに対して貢献の仕方がわかる*2	・チーム全体について気づき、それぞれがリーダーシップを発揮している
組織	・お互いに意見を聞き合える	・「個」を発見・発掘する	・「個」が生きる みんな違ってみんないい

＊ 1 ：大人の応答的関わりを通して子どもに決定権を預け、子どもが主体的に動く姿を見ること。
＊ 2 ：得意なことを発揮できる場がある、役割を担うとともに補い合える。
＊ 3 ：人としての存在意義をもてる。

組織としての目標の立て方については、表 8 - 1 を参照しましょう。

事例 2　会議で目標をつくっていく

　園では、個人記録を「成長ストーリー」として文章と写真で残していて、毎週行われる週案会でその内容を伝え合ったり、見つけた姿を共有したりしています。また週案会では、ねらいや目標を確認し、子どもたちの様子から次の週の活動や行く場所などを決め、子どもたちの興味があることや保育者がおもしろいと思う子どもの姿を共有し、次に何をするかを伝え合います。子どもの様子や天候などにより、日程を入れ替えたり変更したりしますが、お互いの様子がわかっていると変更の打ち合わせもスムーズにいきます。

　月案会は、幼児担当と乳児担当でそれぞれ行い、その内容を伝え合います。以前は、担当がもち回りで月案の企画の計画を立て、主任と担当が 1 対 1 で企画したものを確認するというような形でしたが、今は担当全員で会議を行い、目標や月案を決めていく形に変更しました。計画し、実行し、見直し、次の手立てにつないでいくサイクルのなかに月案計画のための会議を取り込むことで、目の前の子どもたちのことを考えた目標設定につなげられ、多くの視点が入った子どもの今に寄り添った保育の計画が立てやすくなったと感じています。

　また、保育者同士がお互いの状況を把握し、保護者が下の子を妊娠したなど、子どもの環境の変化や家庭の状況を共有することもできます。早朝や夜のシフト制で担当がいないときでも、子どもに対しての情報があるためあわてることなく対応できるようになり、保護者も安心して預けていただけるのではないかと思っています。

　保育者が話し合う時間をつくるのは難しいことですが、子どもの姿を伝えられる楽しい時間でもあり、互いに協力して時間を確保しています。

> ワーク

「私の大切なもの」

【ねらい】

話し合いを通して、自分が大切にしている価値観に気づき、また、他者との価値観の違いを知る。

【準備物】

ワークシート

【演習の流れ】

①4人グループになります。

②それぞれでワークシートを記入します。

③グループで話し合い、グループとしての最終決定を出します（30分）。

　まずは、ほかのメンバーがどのような順位づけをしたか聞き、課題シートに書き込みます。順位をつけた理由や思いを一人ずつ伝えてください。聞いている人は、もっとよく理解するために質問をしたり、自分の感じたことを伝えてください。順位に正解はありません。自分と異なる意見をもっていても、ほかの人の意見を最初から否定したり批判するのはやめましょう。それぞれのメンバーが、今感じている「感情や思い」などにも配慮しましょう。

④個人で振り返りシートを記入します。

⑤グループで、振り返りシートに書いたことを共有します。

　自分自身が生きるうえで大切だと考えていることについて、1～6まで順位づけをしてください。周りの人の考えではなく、今の自分の考えを書いてください。また、大切だと思う理由を書いてください。

順位
（　　）　思いやりをもつこと
理由

_____

（　　）　がまんすることができ、粘り強いこと
理由

_____

（　　）　自分の気持ちや考えを大切にすること
理由

_____

（　　）　社会のマナーやルールを守り、他人に迷惑をかけないこと
理由

_____

（　　）　人に合わせることができ、他人から好かれること
理由

_____

（　　）　好奇心があり、積極的に行動すること
理由

_____

項目 ＼ 氏名	自分の順位				グループの最終決定
思いやりをもつこと					
がまんすることができ、粘り強いこと					
自分の気持ちや考えを大切にすること					
社会のマナーやルールを守り、他人に迷惑をかけないこと					
人に合わせることができ、他人から好かれること					
好奇心があり、積極的に行動すること					

ワークシート 「私の大切なもの」振り返り

①あなたは、グループでの話し合いのなかで、自分の思いや考えを伝えられましたか。

1 —— 2 —— 3 —— 4 —— 5—— 6

まったくできなかった　　　　　　　　　　　　十分できた

②上記の番号に○をつけた理由は何ですか。

③あなたは、グループの話し合いのなかで、人の思いや考えを聞くことができましたか。

1 —— 2 —— 3 —— 4 —— 5—— 6

まったくできなかった　　　　　　　　　　　　十分できた

④上記の番号に○をつけた理由は何ですか。

⑤ワークを通して、自分が大切にしている価値観についてどのような気づきや学びがありましたか。

⑥ワークを通して、グループのほかのメンバーの価値観について印象に残ったことや、自分が影響を受けたことはありますか。

⑦その他、ワークを通して気づいたことや感じたこと、学んだことはありますか。

課題の発見と解決策の検討

写真提供：うらら保育園

「あったかいね」
「気持ちいいね」
菖蒲の葉を浮かべ
た足湯につかりな
がら、会話が弾む。

1 | 問題解決アプローチの欠点

1 問題解決アプローチとは

　課題の発見と解決策の検討の代表的な手法は、問題解決アプローチです。問題解決アプローチでは、まず①問題・課題の発見から始まります。その後、問題・課題がなぜ起こっているのかという、②原因究明を行います。そして、原因がわかったら、③分析と解決策の検討をします。どうすればよかったのか、今後どのように解決や対策をすればよいのか、最善の方法を考えていきます。そして、最後に④計画立案です。つまり、解決策を、いつ、誰が実施するのかという計画を立てていきます。この問題解決アプローチは、学校教育のなかでも取り組まれており、なじみのある手法だと思います。

　PDCAサイクルも問題解決アプローチの一つです。PDCAサイクルとは、計画（Plan）→実行（Do）→評価（Check）→改善（Act）の循環を繰り返し、継続的に質を向上させていく取り組みです（図9-1）。製品の問題・課題を見つけ出し、それを改善していく品質向上の手法（QCサークル）

図9-1　PDCAサイクル

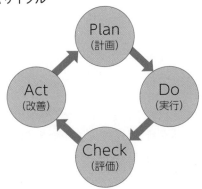

は、日本で生まれ世界で取り入れられています。もしかすると、日本人は問題解決が得意なのかもしれません。

2 問題解決アプローチの欠点

　園で起こってくるさまざまな問題・課題についても、問題解決アプローチという手法を使うことが多いのではないでしょうか。たとえば、行事後の反省会などでも無自覚に使われています。全員で気づいたことや意見を出し合い検討することで、多角的な視点で振り返り、行事のあり方について改善していくことが期待できます。

　「保育所保育指針」において、「保育の計画に基づく保育、保育の内容の評価及びこれに基づく改善という一連の取組により、保育の質の向上が図られるよう、全職員が共通理解をもって取り組むことに留意すること[1]」と記載があります。これは「幼稚園教育要領」と、「幼保連携型認定こども園教育・保育要領」では「カリキュラム・マネジメント」という言葉で説明されており、保育においてPDCAサイクルの循環を繰り返すことを指しています。

　しかし、問題解決アプローチには一つ注意すべき点があります。それは、つい「うまくいかないこと」「失敗したこと」ばかりに注目してしまい、「できたこと」「できていること」「よかったこと」などには光が当たらないということです。問題や課題というのは、ほじくり返せば次から次に見つけることができます。すると、問題解決アプローチを繰り返していくことで、取り上げた問題・課題は解決に向かっていきますが、問題・課題がなくなることはないので、疲弊していってしまう可能性があるのです。疲弊は、関わっている職員の自己防衛や、他者攻撃を起こします。

　レッスン1で、チームのパフォーマンスを上げるためには、課題達成（タスク）と関係性（メインテナンス）の両方をリーダーが支援することが必要だと説明しました。リーダーが課題達成ばかりに気持ちが向くと、職員に対して「あれもできていない」「これもできていない」と、つい批

参照　　＊1　「保育所保育指針」第1章3（5）「評価を踏まえた計画の改善」イ

判的な目を向けてしまうこともあります。するとそのプレッシャーから、リーダーと職員の関係性だけでなく、職員同士の関係性も悪くなってしまいます。

　問題解決アプローチはギャップアプローチともよばれています。つまり、理想像からのギャップに着目し、欠けているところを補うという手法です。理想像が100点満点だとすれば、現状を40点（マイナス60点）と評価します。課題を明確にし、対処するという点では優れていますが、評価される側からすると、いつも欠けているところやできていないところばかりに注目されるということは、「自分は認められていない」「自分たちは何もできていない」と感じさせることになります。これでは、持続的に課題の発見と解決策の検討に取り組んでいくことは困難です。保育も人材育成も引き算ではなく、足し算の視点をもつことが重要です。「できていないこと」に着目することも大切ですが、「できていること」を大切に拾い上げ、育てていくという視点も同時にもたなければなりません。

■3■ 足し算の視点が必要

　実は、課題の発見と解決策の検討の手法は、問題解決アプローチだけではありません。ポジティブ（AI）アプローチという手法があります。これは、問題・課題の発見から始めるのではなく、①自分たちの強み（潜在力）を発見し、評価することから始まります。そして、次に、それらの②強みが発揮されたらどのような理想が達成できるかを考え、理想像を描いていきます。そして、③理想像を実現する方法について対話を行い、必要な行動を起こします（図9-2）。ワーク「目指したい保育所像を描く」は、このポジティブ（AI）アプローチの手法を取り入れています。

　保育者はいろいろな思いをもって保育をしています。「こんな子どもに育ってほしい」という子どもへの思い、「こんな保育がしたい」という保育への思い、「こんな未来社会になっていてほしい」という未来への願いなど、さまざまです。そしてその思いが仕事へのモチベーションになります。お互いに思いを語り、聞くということを通して、自分たちの強みや価値を再発見し、実現したい未来像を共有することで、明日の保育へ向かう

図9-2　課題解決のための2つのアプローチ

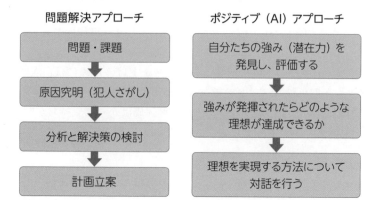

原動力が生まれます。

> **事例**　「ラブレター大作戦」
>
> 　当園では1年間の保育を4期に分け、期ごとの振り返りを全職員で行っています。今期は、P（計画）→D（実践）→C（評価）→A（改善）の「継続的改善方法」サイクルを特に意識して行いました。会議では、企画や進行をリーダーの保育者たちが担い、グループワークを多く取り入れた時間にしています。
>
> 　会議が行われる際は、事前に、「会議の進め方シート」（図9-3）を配布し、各担任は各クラスの今期の「振り返りシート」（図9-4）に記入しておきます。今回の会議では、他のクラスの担任に一言メモ（「ラブレター」とよびます）を渡すワークをポイントに入れました。
>
> 　会議でのワークの流れを紹介します。①クラスごとに分かれ、振り返りシートに書かれた内容に基づいて、今期の振り返りをします。②全員で円座になり、担任間で振り返ったことを代表者一人が全体に向けて発表します。その内容を板書し（図9-5）、発表者以外の人は、発表を聞きながらラブレターを付箋に記入します（図9-6）。③付箋を各クラス担任に渡します。④担任は、ラブレターを一つひとつ読みながら、「今期の振り返りシート」の内容を練り直す個人ワークをします。終了したら、全員でこの日の会議の振り返りをします。発言のしやすさ、ワークの内容や時間配分について等の意見や感想が出され、次回の会議やミーティングの企画・進行の改善につなげていきます。後日、再度担任間で話し合い、それを踏まえて振り返りシートを直し、提出となります。

図9-3　会議の進め方シート（うらら保育園）

令和○年度　○期・振り返り会議

令和△年△月△日（△）
□□時～　□□組保育室にて

1. 諸連絡　〈10分〉
2. ○期を振り返る（ワーク）
　『PDCAサイクルで考えよう　～ラブレター大作戦～』〈100分〉
　①ワーク　「クラスに分かれてCとAを語ろう」（45分）
　②発表＆ラブレタータイム（30分）
　③告白タイム（10分）
　④自分と対話してみよう（15分）

ねらいとポイント
- 今日の会議は、クラスに起きたことを主観だけではなく、客観的な視点をもって振り返り、反省点やよかった点をあげ、これまでと今期、さらにその先へとつなげる。
- 他クラスの「それ素敵！」「気になる！」「こうしてみたらいいんじゃない？」「自分が担任していた時はこうしてたよ！」ということを一言メモ（ラブレター）にして渡そう！
- 完成した「振り返りシート」の提出期限は△月△日（△）です。

図9-4　振り返りシート（うらら保育園）

| ＿＿＿＿＿組・家　令和〇年度　〇期・振り返りシート | 担当： |

| P　～年間カリキュラムからポイント～ |
| D　～今期、どんなことが起きたか～ |
| C　～Dを経て今どうなったか～ |
| A　～次期・これからは？～ |
| P　ふりかえり　～ワークで何か感じたことは？　自分と対話してみよう～ |

図9-5　板書例（うらら保育園）

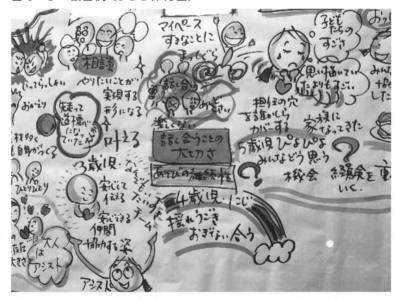

図9-6　付箋への記入例（うらら保育園）

　子ども主体の保育の営みは、保育者の計画や思い通りにはいきません。計画を重視してしまうと、保育者の保育観のなかに子どもを囲み、さらに、保育者同士の価値観の共有や共感、尊重がしにくくなります。何より子どもたちのみずみずしい感性や成長の瞬間、同僚の知恵や想いを受けとる感覚に鈍りが生じます。そのため、次のことが大事になります。

・自分やクラス担任のなかの「主観」だけではなく、「客観的視野」をもって振り返る。

・他者の意見や想いを聞いて視野を広げる。

　会議やミーティングの「ねらい」や「グランドルール」を共有し、対話の場を繰り返すことで、保育の分析と課題発見・課題解決が自発的にできる保育者、また、組織が成長していくプロセスをたどります。同時に、保育者一人ひとりやクラス、組織全体の強みを自覚し、子どもの最善の利益を追求していく幅を広げ、皆で開拓していく組織風土を醸成することにつながると考えています。

2 ┃ 多面的な理解と解決策の検討

1 多様な視点の必要性

　課題の発見と解決策の検討においても、課題達成（タスク）と関係性（メインテナンス）の両方を意識して取り組むことと、問題・課題ばかりに注目するのではなく、できていること、上手くいったことは継続する、もしくは発展させるということ、そして、問題や課題は別のやり方を試してみるという発想が必要です。そして、課題の発見や解決策の検討は、

図9-7　ルビンの壺

リーダーだけが取り組むのではなく、できるだけ多くの職員が対話をしながら自分たちで解決していくことができるように支援をすることが重要です。なぜなら、誰もが強みとともに限界をもっているからです。

　有名な**ルビンの壺**を例に考えてみましょう（図9-7）。この壺は白を図と見ると、壺が見えてきます。しかし、黒を図と見ると向き合った2人の人の顔に見えてきます。顔と壺を同時に見ることはできません。どちらに注意を向けるかによって、認識できるものが変わってきます。

　保育においても同じことが起きます。たとえば、遊びの場面において、5歳児がドッヂボールを自分たちで行っていたとします。しかし、チームの人数が均等ではなかったり、ルールが曖昧だったりしていざこざが起こります。ところが次の日は、前日のうまくいかなかった経験から、ゲームの前に話し合いをするようになり、じゃんけんでチームのメンバーを均等に分けたり、ルールを守るなど、自分たちで課題を解決しながら、皆が楽しめる方法を模索する姿が見られたとします。一人の保育者は、友だちや周囲の人の思いにふれて、相手の気持ちに共感したり、相手の視点から自分の行動を振り返ったりして、考えながら行動するという、領域「人間関係」の育ちとして捉えるかもしれません。別の保育者は、豊かな言葉や表現を身につけ、経験したことや考えたことなどを言葉で伝えたり、相手の話を注意して聞いたりし、言葉による伝え合いを楽しむ領域「言葉」の育ちとして捉えるかもしれません。つまり、その保育者がどこに意識を向けるかによって、捉えられる育ちや子ども理解は変わってくるということです。

　乳幼児期の育ちは、国語、算数などの教科目のようにはっきりと分類できるものではありません。「保育所保育指針」で示されている乳児期の育ちの3つの視点や、5領域は重なり合っており、多様な視点で子どもたちの育ちを捉えようとする姿勢が求められます。できるだけ多くの人が、自分の理解を出し合い共有することで、多面的に物事を理解することができるのです。

2　視点を獲得するためのブレインストーミング

　解決策の検討も同様です。ブレインストーミングという手法があります。これは、集団でさまざまな思いつきを出し合うことによって、新しいアイデアを生み出す会議手法です。たとえば、課題に対してどのような解決策が考えられるかということを、模造紙やホワイトボードに書き出していったり、付箋紙に書いて貼り出していくという方法を用います。ブレインス

用語　**ルビンの壺**
　デンマークの心理学者、エドガー・ルビンが考えた多義図形。

トーミングにはルールがあります。議論を止めないように、相手のアイデアを批判したり判断を急ぎすぎないということです。また、ほかの人の発言から連想して新しいアイデアを思いついたり、予想外の組み合わせから名案が浮かぶこともあるため、質より量を重視します。ほかの人のアイデアに便乗し発展させたり、自由奔放に奇抜で斬新なアイデアが出るのを歓迎します。このように、多くの人が意見を出し合うことで、よりよい解決策が生み出されていきます。

3 ｜ どの機会で何を目指すのか

1 それぞれの機会で行うことを整理

　表9-1は、会議や研修に対して、対象者や目的などを一覧にしたものです。一度各園で一覧をつくって整理してみるとよいでしょう。それぞれの会議や研修は、どのような目的をもってやっているのか、その目的を達成するために必要なメンバーは誰なのか、書き込んでいきます。また、課題達成（タスク）と関係性（メインテナンス）の両方に取り組む機会が確保されているかどうかを振り返り、バランスを見て修正をしていくとよいでしょう。

表9-1　会議・研修の目的の例

機会	対象者	目的	課題達成（タスク）	関係性（メインテナンス）
朝礼 昼礼	全職員	・情報共有	◎	△
メンター制度	中堅・新人	・新人の業務・心理的な支援 ・「聞く」姿勢を養う	△	◎
OJT	中堅・新人	・新人育成 ・保育を語る文化の醸成	◎	○
クラス会議	各クラスの保育者	・子ども理解の共有 ・保育の方向性の共有	○	○
リーダー会議	主任・クラスリーダー	・マネジメントの方向性の共有 ・リーダーシップの評価と反省	○	○
園長・主任会議	園長・主任	・組織の情報共有 ・組織的な対応が求められる事例の検討	○	○
園内研修	全職員	・保育観の共有 ・専門的知識と技能の習得	○	○
園外研修	希望者	・キャリアパスや役割に応じて求められる新たな知識・技術の習得	◎	△

２ リスクマネジメントの必要性

　課題の発見と解決策の検討には、目標の設定と同様に、できるだけ多くの人が関わるほうがよいでしょう。ただし、いつも全員がそろって話し合いをする時間を確保しようとしても、保育現場はとても忙しく、時間がとれないこともあると思います。しかし、課題の解決を後回しにすることが不適切な場合もあります。それは、子どものけがや事故につながるおそれがあることや、保護者からのクレーム対応など、すぐに判断と対応が求められる事項についてです。

　これらの事項は、リスクマネジメントを必要とします。リスクマネジメントとは、リスク（危機）の影響度と頻度を捉え、リスクを継続的に管理していくことです。その際に重要なのは、リーダー層が即時判断をし、対応方法を速やかに共有することです。しかし、その後、どうしてそのような判断を行ったのかという理由を職員に伝え、再度全員で検討を行う機会を設けます。なぜなら、第２章において述べましたが、保育現場において、分散型・協働的リーダーシップの組織のあり方が求められるためです。職員は予期しない事態に遭遇した場合、自分たちで判断や決定をしなければなりません。一人ひとりの保育者がしっかりと自分で判断できるような「軸」を、対話を通してつくっていくことが求められるのです。

ワーク

「目指したい保育所像を描く」

【ねらい】
・目指したい保育所像を、話すことや描くことを通して、子どもも大人も育ち合う園のあり方について考える。
・ていねいな合意形成による目標設定について、体験を通して学ぶ。

【準備物】
模造紙、色マジックセット、ワークシート

【ワークの流れ】
①それぞれが「目指したい子どもの姿」「目指したい大人集団のあり方」について考え、シートに記入します。
②２人一組になり、インタビュー内容にそってインタビューします。
③グループで一人ずつ目指したい子どもの姿、目指したい大人集団のあり方について、メンバーに他己紹介（インタビューした相手［他者］について、グループのメンバーに紹介すること）します。
④グループのメンバーで話し合い、「目指したい保育所像」を模造紙に描きます。「こんな保育所を目指したい」と思えるような理想像をグループで表現してください。
　条件：「子どもの姿」だけでなく「大人集団のあり方」も描いてください。
⑤グループごとに発表をします。

ワークシート「目指したい保育所像を描く」

　あなたが考える、①目指したい子どもの姿、②目指したい大人集団のあり方について、それぞれスローガンを考えて下記に書いてください。

キーワードの例（ここにない言葉を使っても構いません）

> 充実感　自信をもつ　思いを知る　挑戦する　本気を出す　行動を振り返る　共感する　相手の立場に立つ　折り合いをつける　見通しをもつ　やりたいことに向かう　役に立つ喜び　社会とのつながり　安全な生活　主体的に関わる　楽しむ　好奇心　探究心　工夫する　あきらめない　豊かな言葉や表現　相手の話を注意して聞く　伝え合いを楽しむ　感性を働かせる　感じたことを表現する　表現する喜びを味わう　信頼　自立　学ぶ　意欲をもつ　つながる　熱中する　没頭する　立ち向かう　責任を担う　やりとげる　満足感　創造する　自主性　独創性　認め合う　貢献する　率直　助け合う　勇気　感謝

①目指したい子どもの姿	②目指したい大人集団のあり方
例：友だちとのつながりのなかで、主体的に遊びこむ。	例：想いを聴き合い、協働する。

【インタビュー内容】

　これからインタビューを行います。まず、あなたが書いた①目指したい子どもの姿、②目指したい大人集団のあり方を教えてください（Q1、Q2の「　　」に書き込んでください）。そして、次の2つの質問に率直に答えてください。

Q1「目指したい子どもの姿」は、なぜ「　　　　　　　　」にしたのですか？　これまでのあなたの保育経験（あるいは子どもと関わった経験）のなかで、子どもたちが「　　　　　　　　」であった場面（エピソード）があれば一つ思い浮かべて話してください。

Q2「目指したい大人集団のあり方」は、なぜ「　　　　　　　　」にしたのですか？　また、そのような理想的な大人集団になることができたら、どのようなよいことがありますか？（子どもには？　保育者には？）

目標共有と支援

「脱げないの? やってあげる」呼吸と気持ちが合ってきて、2人の力が抜けた途端、「脱げた!」。

写真提供：うらら保育園

1 | 幼児期の終わりまでに育ってほしい姿

1 子どもの育ちには個人差がある

「保育所保育指針解説」では、「子どもが現在を最も良く生き、望ましい未来をつくり出す力の基礎を培うために、環境を通して養護及び教育を一体的に行っている[*1]」としており、幼児教育において育みたい子どもたちの資質・能力として[*2]、「知識及び技能の基礎」「思考力、判断力、表現力等の基礎」「学びに向かう力、人間性等」が示されています。また、これらの資質・能力が、「健康・人間関係・環境・言葉・表現」の各領域におけるねらい及び内容に基づいて展開される保育活動全体を通じて育まれていったとき、幼児期の終わりごろには具体的にどのような姿として現れるかを、「幼児期の終わりまでに育ってほしい姿」として明確化し、幼

 参照 ＊1 「保育所保育指針解説」序章4（2）「保育所保育における幼児教育の積極的な位置づけ」
＊2 「保育所保育指針」第1章4（1）「育みたい資質・能力」ア

図10-1　幼児期の終わりまでに育ってほしい姿

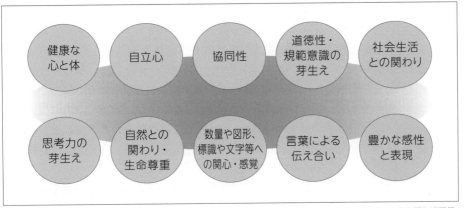

健康な
心と体

自立心

協同性

道徳性・
規範意識の
芽生え

社会生活
との関わり

思考力の
芽生え

自然との
関わり・
生命尊重

数量や図形、
標識や文字等へ
の関心・感覚

言葉による
伝え合い

豊かな感性
と表現

出典：中央教育審議会初等中等教育分科会教育課程部会　幼児教育部会（第10回）配布資料「資料1　次期学習指導要領
等に向けたこれまでの審議のまとめのポイント」2016年を一部改変

児教育の積極的な位置づけを行っています（図10-1）。

　また、「保育所保育指針解説」には、「幼児期の終わりまでに育ってほしい姿」について、「実際の指導では、『幼児期の終わりまでに育ってほしい姿』が到達すべき目標ではないことや、個別に取り出されて指導されるものではないことに十分留意する必要がある[*3]」と説明されています。これは、「第2章に示すねらい及び内容に基づく保育活動全体を通して資質・能力が育まれている子どもの小学校就学時の具体的な姿であり、保育士等が指導を行う際に考慮するもの」だからです[*4]。つまり、子ども同士の比較や、育ちの到達度の評定をするものではなく、これらの姿が育つ機会や環境など、適切な保育を行えているかどうか、保育者が自分たちの保育を振り返るものだということです。

　しかし、「幼児期の終わりまでに育ってほしい姿」が「保育所保育指針」に含まれていることからも、保育現場において、これらが到達目標や子どもの成長・発達の評価指標となる可能性も十分にあります。子ども主体の保育では、まず子ども理解から始まり、そこに「こんなふうに育ってほしいな」という、保育者の子どもの育ちへの期待や思いを重ねていくものです。「幼児期の終わりまでに育ってほしい姿」は、期待や願いとしてもつことは悪いことではないのですが、育つ主体の子どもが不在となったとき、大人の善意の押しつけになる可能性があります。発達には個人差があり、また一人の子どものなかにも凸凹があり、「できる・できない」が存在します。すべてを平均して、まんべんなく「幼児期の終わりまでに育ってほしい姿」の育ちの姿をもつことは、大人でも難しいのではないかという議論もあります。

参照　*3　「保育所保育指針解説」第1章4（2）「幼児期の終わりまでに育ってほしい姿」
　　*4　同上

2 保育を語り合う必要性

　「保育所保育指針解説」では「幼児期の終わりまでに育ってほしい姿」について、一つひとつ詳細に解説されていますが、この言葉の定義について、職員間で共通理解をもつことは非常に難しいと思います。たとえば、「協同性」については、「友達と関わる中で、互いの思いや考えなどを共有し、共通の目的の実現に向けて、考えたり、工夫したり、協力したりし、充実感をもってやり遂げるようになる」と説明されています[*5]。しかし、協同という言葉のイメージからは、「他者に自分を合わせていく」という育ちの姿のイメージをもちやすく、自己を抑圧することがよしとされる可能性があります。多数決で決まったことには従うということは、本当の協同ではありません。お互いに意見を出し合いながら、本当の意味でみんなが納得できる最適解を見つけていくことが協同するということではないでしょうか。そのため必要とされるのは、自己を抑圧し自分の意見や欲求を表現しないという育ちの姿ではなく、一人ひとりがしっかりと自己主張をすることや、少数意見にも耳を傾けるという態度です。

　あるいは、「自立心」については、「身近な環境に主体的に関わり様々な活動を楽しむ中で、しなければならないことを自覚し、自分の力で行うために考えたり、工夫したりしながら、諦めずにやり遂げることで達成感を味わい、自信をもって行動するようになる」と説明されています[*6]。この言葉も、誰にも頼らず一人でなんでも解決できるという姿を自立であると考えてしまいがちです。しかし、河合隼雄は「自立」について、次のように述べています（河合、2002）。「人間が自立するということは、自分が何にどの程度依存しているかをはっきりと認識し、それを踏まえて自分のできる限りにおいて自立的に生きることである」。つまり、自立とは、誰にも頼らず一人で何でも解決できるということではなく、自分のできることとできないことを認識し、適度な相互依存関係のなかで生きることができるということだと考えられます。

　「協同性」と「自立心」について、一つの解釈を述べましたが、これは正解ではありません。このように考えることもできるという例です。つまり、この「幼児期の終わりまでに育ってほしい姿」の言葉の定義について、園で議論し、子どもたちの実際の姿と照らし合わせながら、自分たちの（園独自の）言葉で保育の方向性や価値を語る必要があるということです。

　そのためには、保育を語り合うことの重要性を共通認識できているかということも重要です。たとえばある園では、1週間に一度、30分の「議題のない会議」の時間を設けています。その会議は、何かを決めるための会議ではなく、ただ保育について語り合う時間として確保しています。語ることが保育において重要であるという共通認識をもつことで、その時その時に語り合う必要のある議題に取り組むことができています。

　人間関係をつくるには、他愛のないおしゃべり（conversation）である

　参照　＊5　「保育所保育指針」第1章4（2）ウ
　　　　　＊6　「保育所保育指針」第1章4（2）イ

「会話」も必要ですが、チームや組織として対話をする場も意識的に設けなければなりません。「対話」とは、勝ち負けを決める討論ではなく、自分を伝え、相手を理解しようとする試み（dialogue）です。

2 納得と共感を得るために

1 人は「なぜ」という部分で動く

　人間は感情的な生き物であるといわれています。まずは感情が動き、それから思考にいき、最後に行動に移ります。母親や保育者は、乳児の泣き声を聞いたときにまずは感情で受け止めます。そのとき脳の愛おしさや不安を感じる部分が活性化されます。次に、脳の思考を司る部分が活性化し、状況分析をし、子どもの様子を目で見て、なぜ泣いているのかという理由を考えます。そして、最後に脳の行動を司る部分が活性化し、行動に移ります。乳児の近くに行き、「どうしたの？」と声をかけ、抱いてあやしたり、おむつがぬれていないか確認します。このように感情→思考→行動という順序で脳が活性化し（図10-2）、人間は行動することがわかっています。

　つまり、人は「なぜ」という理由の部分で動くということです。図10-3を見てください。これは、**サイモン・シネック**が提唱した、人の心を動かすリーダーの伝え方について説明をした図です。人間の「物を買う」という行動からも、人は「なぜ」という理由で動く生き物だということがよくわかります。

図10-2　感情・思考・行動のつながり

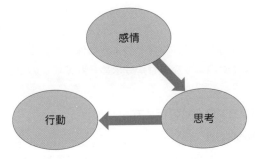

用語 **サイモン・シネック**
　アメリカのマーケティング・コンサルタント。人を動かし、組織に変革を起こすインスパイア型リーダーや企業には共通点があり、ゴールデン・サークルとよばれる方法（図10-2）を提唱した。

図10-3　WHYから始める

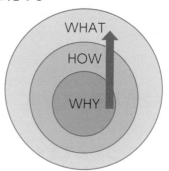

出典：シネック,サイモン／栗木さつき訳
『WHYから始めよ！』日本経済新
聞出版社、2012年、45頁

　このことをパソコンのCMの伝え方で見てみましょう（表10-1）。一
般的なパソコンのCMでは、パソコンの性能（What）から説明を始めます。
そして、そのパソコンで何ができるのか、使い勝手はどうなのか（How）
を説明します。つまり、図10-3で見ると、外側から内側へと順に説明
しているということです。ところが、この順序では、人の心を動かすこと
はできないとシネックは指摘します。

　たとえば、Macをつくっているアップル社のCMでは、なぜ（Why）
から訴えかけます。人は物を買うときでも、理由や信条（Why）に心を
動かされて買うのだということです。

　子どもや保育への思いを語ることは、人が動く原動力にもなっていきま
す。そのため、リーダーとして、子どもや保育への思いを伝えていくこと
は大切だと思います。ただ、保育理念や方針を伝えるときでも、「こう決
まっているから」「長い歴史のなかで今までやってきたから」という理由
では、納得感や共感が得られないのではないでしょうか。そうではなく、
これまでの保育経験や子どもと関わった経験から、一人の保育者として、
あるいは一人の人間として、なぜそのような保育が大事だと考えているの
か、あるいはなぜそのような保育が今求められているのか、自分の保育観

表10-1　パソコンのCMの伝え方

一般的な会社		アップル社	
① What	私たちは、すばらしいコンピュータをつくっています。	① Why	現状に挑戦し、他者とは違う考え方をする。それが私たちの信条です。
② How	美しいデザイン、シンプルな操作性、取り扱いも簡単です。	② How	製品を美しくデザインし、操作性をシンプルにし、取り扱いを簡単にすることで、私たちは現状に挑戦しています。
③ Why		③ What	その結果、すばらしいコンピュータが誕生しました。一台いかがですか？

や信念や哲学を語り、ともに考え続けようとする姿勢がリーダーには求められます。

2　チームや組織として保育するために

　保育者は基本的には、子どもにとって最良の保育をしたいと考えています。これは、裏を返せば、最良の保育以外のことはしたくないと考えているのが保育者であるということです。納得感や共感が得られない場合、心理的抵抗が生まれます。つまり、「子どもにとってこんな保育はよくない」と感じながら日々の保育をすることは、保育者にとって大きな葛藤を生み、ストレスとなり、離職につながるおそれがあります。そして、多くのロスも生じ、チームや組織としての力が発揮できなくなります。

　運動会の綱引きを想像してみてください。一人で綱を引いた場合の力は、2 だとします。それでは、3 人で綱を引けば、2 + 2 + 2 ＝ 6 の力が発揮できるかというと、実際は 4 とか 5 の力しか発揮できません。なぜなら、多くのロスが生じているためです。できるだけロスを生じさせないためには、どの方向へ引っ張るのか、どのようなタイミングで引っ張るのかをあらかじめ話し合っておくことが重要です。そうすることで、チームや組織として、2 × 2 × 2 ＝ 8 の力が発揮できるかもしれません。

　これまで日本の教育や保育は、時代背景によって生じてきた社会目標や社会の課題を解消するために、人材育成としての教育目標を掲げてきました。たとえば戦時下では富国強兵が社会の目標だったため、思想の統制や軍事訓練が教育目標となっていました。その後、高度経済成長への切り替え期には、農業国家から工業国家へという転換期を迎えました。そのため高等教育が重視され、競争社会での生き残りのために受験教育が行われるようになりました。つまり、これまでは明確に目指すべき社会や幸せのあり方があり、その実現のために教育や保育が目指す方向性も明確でした。しかし現代は、社会の価値観が多様化し、人の幸せのあり方に唯一の正解はなく、一人ひとりが自分らしい人生を生きることが求められるようになりました。絶え間ない技術革新により、今ある仕事の50％程度はAIなどで機械化され、子どもたちの65％が今存在しない職業につくということや、地球規模の環境破壊など、未来社会は予測困難だといわれています。

　そこで、子どもの主体性や意欲の育成、あるいは非認知能力の育ちが重視されるようになりましたが、具体的な教育や保育のあり方は確立されていません。また、教育や保育を通して、どのような社会のあり方を目指すのかといった方向性も不明瞭です。保育を支えているのは、「人権意識」「哲学」「人類学」「脳科学」「発達心理学」などのさまざまな学問と保育実践です。保育学は人間学であるといわれますが、保育を語る力や描く力は、これからの保育において必要不可欠なものとなるでしょう。

3 | PDCAサイクルの支援

1 具体的な支援

　PDCAサイクルについては、レッスン 9 ですでに説明をしました。組織目標を設定したら、保育実践をし、振り返り評価をし、次の実践へとつなげていきます。そして、レッスン 1 で述べたように、チームや組織のパフォーマンスを上げるためには、課題達成（タスク）と関係性（メインテナンス）の両方をリーダーが支援することが必要です。表10-2 に、具体的な支援の例について一覧にしましたので、参考にしてください。

　PDCAサイクルの支援をするときには、さらに平均化と効率化を意識して支援することも考えなければなりません。同じ仕事量でも、人によってかかる時間が違います。ベテランであれば、書類は書き慣れていて、あまり時間をかけずに書くことができるかもしれません。園の職員数や勤務体制などにより、自ずと全体の使える時間は決まってきます。

　そのようなとき、たとえばチェックリストやマニュアルを使うことで、ベテランであっても新人であっても、ミスを防ぎ時間の短縮が可能となり、業務の平均化や効率化が期待できます。しかし、多用することで、「考え

表10-2　課題達成（タスク）と関係性（メインテナンス）の支援の例

課題達成（タスク）への支援の例		関係性（メインテナンス）への支援の例	
目標の明確化や共有化	どんな育ちを期待しているのかな？ 活動の目的は？	メンバーの参加を促す	あなたはどう思う？
情報、意見、アイデアを提供する	こんな考え方もあるよね？ こう関わってみたら？	メンバーやグループを励ます	見守る、寄りそう、待ってみる、元気づける。
情報、意見、アイデアを相手に求める	どうしたらいいと思う？ 何かいいアイデアない？	感情への働きかけをする	最近気になっていることはある？ 大変そうね。
情報や意見を関連付ける、まとめる	つまり～と考えているのね？	葛藤の調整をはかる	問題を解決するために一緒に考える。 関係調整をする。
あいまいなことを確認する、解釈、判断する	どうだった？　どうするんだっけ？ こうだったよね。	コミュニケーションを促進させる	話し合う時間をもつ。仕事以外の話もする。
意思決定への働きかけをする	じゃあ、どうしようか？ どうやって決める？	チームの現状をフィードバックする	自分から見たよい点・改善点を伝える。
仕事の進め方を提案したり、決めたりする	こうやってみたら？ こうやってみようか。	グループの約束事や暗黙の了解を確認する	全員が納得している？ 無意識の決まりはない？
時間管理について働きかける	いつまでにやる？　誰がやる？	妥協点を見つける	どこなら折り合いがつく？ 納得できるかな？
		雰囲気づくりをする	わざと弱みを見せる、笑いをとる。

る」ことや「判断する」という保育者の成長にとって貴重な経験が欠如してしまうおそれがあるため、注意が必要です。「書く」という作業は日々の保育を振り返り、次の実践へとつなげていくという、考え判断する経験の積み重ねにもなります。

「保育所保育指針」では、「保育所は、全体的な計画に基づき、具体的な保育が適切に展開されるよう、子どもの生活や発達を見通した長期的な指導計画と、それに関連しながら、より具体的な子どもの日々の生活に即した短期的な指導計画を作成しなければならない*7」とあり、指導計画作成においては、子どもの発達過程や状況を十分に踏まえるとともに、子どもの実態に応じてさまざまな留意事項が述べられています。

これらの留意事項を踏まえつつ、書類の効率化を図るのであれば、MECE（Mutually Exclusive and Collectively Exhaustive）を意識して書式をつくっていきましょう。MECEとは、「もれなく、ダブりなく」ということです。パソコンなどで書類を作成するのであればコピー＆ペーストができるのでそれほど問題はないのですが、手書きの場合、月案に書いた内容を週案にも書かなければならないという書式は、負担感や抵抗感も増し、効率的でもありません。また、書式は一つの型であり、型は思考の流れをつくります。保育は子どもの姿の理解から始まり、計画（活動・配慮）を考え、実践し記録・評価を行います。思考の流れにそった書式になっているかどうかをもう一度見直し、保育のための書式に変えていきましょう。

また、そもそも「書く」という作業は、人にとって文字を使って誰かに何かを伝える手段の一つです。書きっぱなしになっているということは、「書く」ことの意味を失わせてしまいます。「書く」ことはまず、保育者自身が保育実践を振り返るという、自己との対話になりますが、さらにリーダーやチームで読み合うことで、書類を通した対話や省察が成り立ちます。また、ドキュメンテーションなど、写真を使った記録を使うことで、子どもの生活や遊びが、保護者や子どもと共有できます。保護者に子どもの様子をわかりやすく伝えることができたり、子ども自身が記録を見ることで自分たちの活動を振り返り、次への活動につなげていくことにもなります。

▶2 相手の状況に応じた支援をする

相手の状況に応じて支援をするのは、保育も人材育成も同じです。相手がまったく自己解決できない場合や、少しは自己解決できるけれども支援が必要な場合は、「教える（ティーチング）」という支援をします。しかし、おおよそ自己解決できるようになったら、リーダーは「支持する（コーチング）」だけで大丈夫です。そして、最終的に完全に自己解決できるようになったら、非関与、つまり見守るだけで十分です（図10-4）。いつまでも教えるという支援ばかりしていたのでは、自立は目指せません。相手

参照 ＊7 「保育所保育指針」第1章3（2）「指導計画の作成」ア

図10−4　自立度に応じた支援

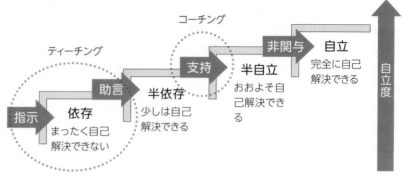

出典：諏訪茂樹『コミュニケーション・トレーニング（改訂新版）』経団連出版、2012年、45頁をもとに作成

の自立度に応じて支援のあり方を変える必要があります。

　このレッスンの最後に一つの詩を紹介します。原文は「グループプロセス・コンサルタント」（レディ、2018）になっていますが、「リーダー」に置き換えてみたいと思います。

リーダーは、

　人々がほとんどその存在を知らない時に最高の存在となる。

　人々が従い、喝さいを送る時は、それほど良くはない。

　見下す時は、より悪い。

　「人を尊ばなければ、あなたが尊ばれることはない」

　良いリーダーとは、言葉少なくし、

　仕事が済むと、その目的は成就する。

　その時人々は言うだろう、「我々は自分たちで成し得た」と。

　保育者は、表舞台に立つ子どもたちを支える演出家であったり、黒子にたとえられますが、リーダーも同じように、メンバーが主役となって活躍することをそっと支える存在でありたいと思います。

ワーク

「タスクとメインテナンスの支援」

【ねらい】

・チームや組織において、起こっていることを捉える2つの視点（コンテントとプロセス）を理解する。

・自園の課題を捉え、リーダーとしての支援方法を考える。

【準備物】

模造紙、色マジックセット、演習シート

【ワークの流れ】

① 3〜4名のグループになります。

②それぞれ自園のタスクとメインテナンスに関する現状の「課題」に

　　ついて考え、シートに記入します。

③模造紙に、ワークシート「タスクとメインテナンスの支援」の表を
　書き込みます。

④グループのメンバーで話し合い、タスクとメインテナンスに関する
　現状の「課題」について模造紙に書き込みます。

⑤自園のタスクとメインテナンスに関する取り組んでみたい「今後の
　実践」についてグループで話し合い、模造紙に書き込みます。

⑥グループで発表します。

ワークシート「タスクとメインテナンスの支援」

　自園のタスクとメインテナンスに関する現状の「課題」について振り返
り、「課題」列に記入してください。また、その課題に対して、リーダー
として今後どのような支援を行っていくのか、「今後の支援」の列に記入
してください。

	課題　　➡	今後の支援
課題達成 （タスク）		
関係性 （メインテナンス）		

第 4 章

人が育ち合う
風土をつくる

　2020 年現在、待機児童解消のため、保育所の増設が進んでいますが、保育所ができても保育者が確保できず、児童の受け入れができないという問題が起こっています。保育の質を確保・向上していくためには、それを担う保育人材の確保だけではなく、定着と育成が求められます。しかし、待機児童を解消するための保育者の数を確保することができたとしても、園において人材育成の仕組みが確立していない場合、子どもの最善の利益を保障し、子どもの健やかな育ちを支えるために必要な、保育の質の継続的な向上は期待できません。

　ここでは、保育現場における保育者の専門性向上のためのキャリアパスの仕組みと研修体系、仕事への意欲向上のための人材育成と、保育実習の対応のあり方等について学びます。さらに保育の質の向上のための研修の効果的な実施方法について考えます。

レッスン11

職員の資質向上

レッスン12

園内研修の考え方と実践

レッスン13

保育実習への対応

職員の資質向上

園内研修のテーマをまずはクラス単位で話し、まとめを発表する。

写真提供：南つくし野保育園

ポイント

❶ 職員の専門性向上のための人材育成の仕組みについて学ぶ。
❷ リーダーの人間観が及ぼす影響について理解する。
❸ 人が育つために重要な人間関係の影響について理解する。

1 | リーダーの人間観

1 保育士等のキャリアアップの仕組み

　保育現場の人材育成の仕組みとして、保育者のキャリアアップの仕組みの構築と処遇改善について、「保育士等（民間）のキャリアアップの仕組み導入後の職制階層」が示されました（図11-1）。これまで、園長・主任保育士と、保育士等で構成されていた組織が、中堅保育士の役職として、副主任保育士、専門リーダー、職務分野別リーダーが新設されることになりました。この仕組みは、キャリアアップ研修を受講すること、つまり専門性を向上することにより、保育士等のキャリアアップにつながり、処遇が改善されるという仕組みです。

2 組織内での自己の役割を理解

　「保育所保育指針」の第5章「職員の資質向上」において、「保育所は、質の高い保育を展開するため、絶えず、一人一人の職員についての資質向上及び職員全体の専門性の向上を図るよう努めなければならない」と、保

図11-1　保育士等（民間）のキャリアアップの仕組み導入後の職制階層

定員90人（職員17人）のモデル（公定価格前提）の場合
（園長 1 人、主任保育士 1 人、保育士12人、調理員等 3 人）

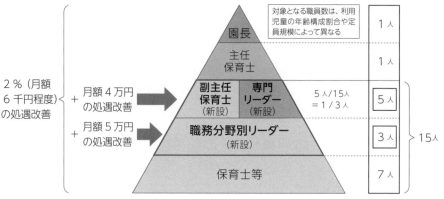

※新設の名称はすべて仮称。
出典：厚生労働省雇用均等・児童家庭局保育課「保育士のキャリアアップの仕組みの構築と処遇改善について」2017
　　　年をもとに作成

育所という組織として、職員の資質向上及び職員全体の専門性の向上に取り組まなければならないことが示されています。

また、次のようにも述べられています[1]。

> 　保育所においては、保育の内容等に関する自己評価等を通じて把握した、保育の質の向上に向けた課題に組織的に対応するため、保育内容の改善や保育士等の役割分担の見直し等に取り組むとともに、それぞれの職位や職務内容等に応じて、各職員が必要な知識及び技能を身につけられるよう努めなければならない。

　新たに新設された、副主任保育士、専門リーダー、職務分野別リーダーが、保育の質の向上のために、園のなかでどのような役割を担うのかということを、それぞれの園において新たに検討しなければなりません。なぜなら、園の規模や職員数、職員の特性（経験年数、得意・不得意など）が違うからです。

　組織として保育の質の向上という目標を達成するためには、職員一人ひとりが自己の組織内の役割を理解し、納得し、主体的に職務に取り組んでいくことが重要です。その際には、組織と個人の関係性が重要な課題です。

　価値観については、レッスン 8 で詳しく述べましたが、保育者は子ども観をもって保育をしています。子ども観とは、子どもをどのような存在と捉えているかという価値観です。現代では、子どもは無力で、受身的な存在であり、自ら学んだり知識を吸収することはないという古い子ども観ではなく、有能な子ども観を基本とした保育が行われています。有能な子

参照　＊1 「保育所保育指針」第 5 章 1 （2）「保育の質の向上に向けた組織的な取組」

ども観とは、子どもは力強く、能動的な存在であり、自ら環境（人的・物的）に関わり、学んだり気づいたり意味を見出したりすることができる存在であるとの考えです。無能な子ども観では、子どもは自ら学ぶことができないと考えているため、大人が主導となり、「教え込む」「させる」「押し付ける」という強制的な関わりが起こります。一方、有能な子ども観のもとでは、子どもは自ら周囲の環境に関わり、学ぶ存在であるため、保育者は環境を構成し、「待つ」「見守る」「寄り添う」という関わりを意識的にとります。つまり、相手をどのような存在とみなすかによって、関わりや支援は形を変えるということです。

■ 3 ■ 理想的な組織と個人の関係性

「X理論」と「Y理論」いう人材に関するマネジメントの考え方があります（マグレガー、1970）。X理論では、人にとって仕事とはお金を稼ぐ手段であり、できればやりたくないものであると考えます。そして、大多数の人には組織の目標や組織上の問題を解決する力はなく、そのため一部の人間が判断をし、上意下達で全体を統制すべきだと考えます。一方、Y理論では、人にとって仕事とはお金を稼ぐ手段だけではなく、社会に所属し役に立つことや、自己実現などの動機をもつことができると考えます。そして、組織の目標達成や課題解決のためには、組織に所属するメンバーが主体的に創造的に力を発揮することが重要であると考えています（表11-1）。

　X理論は古いマネジメントの考え方であり、Y理論が取り入れられてきています。保育において、子どもは身の回りのさまざまなヒト・モノ・コトに主体的・積極的に関わっていき、自ら成長・発達する力をもつ存在であるという子ども観とY理論は、とても近い考え方です。子どもをどのような存在とみるかによって、保育も変わってきますが、リーダーがY理論をもつことによって、リーダーの職員への支援や関わり方が変わってくるだけではなく、職員間の関係性や、職員の仕事に対する意欲にも影響を与えます。

表11-1　X理論とY理論

X理論	Y理論
①仕事は元来、大多数の人にとって嫌なものである	①仕事は条件次第で、遊びと同じく自然な楽しいものになる
②大多数の人は仕事に抱負や責任をもたず、ただ命令されることを望む	②自治もしくは自律が、組織目標の達成には不可欠である
③大多数の人には組織上の問題を解決するだけの想像力がない	③組織問題の解決に必要な想像力を、多くの人がもっている
④生理的欲求や安全欲求のレベルのみで人は動機づけられる	④人は所属と愛の欲求、自尊欲求、自己実現欲求などの人間的欲求でも動機づけられる
⑤大多数の人には厳格に統制し、ときには組織目標の達成を強制する必要がある	⑤人は正しく動機づけされるならば、仕事のうえでも自律的・創造的になれる

　それでは、理想的な組織と個人の関係性とはどのようなものなのでしょうか。「エンゲージメント」（高間、2005）という考え方があります。エンゲージメントとは、「組織と個人が対立的ではなく一体となって、互いの成長に貢献し合う関係のこと」です。エンゲージメントの強さには、①貢献感、②適合感、③仲間意識という3つの要因があります。

　①貢献感とは、周囲の人、組織・社会に貢献できている、組織の将来のことを考えて行動しているという感覚です。②適合感とは、この組織は魅力的だ、自分に合っている、自分らしい場所だという感覚です。③仲間意識とは、仕事や損得を離れても付き合っていける仲間が組織にいる、組織の人たちとの関係をずっと保ちたい、価値観を共有できるという感覚です。この3つの感覚を高めていくことにより、組織と個人の関係性が向上していきます。

　フレームワークの一つに「Will Can Must」というものがあります。Willとは、自分が仕事上で「やりたいこと」です。Canは仕事において自分が「できること」を指します。Mustは「やらなければならないこと」あるいは、役割として「期待されている役割」です。Will Can Mustの3つの円の重なりにある職務が多いほど、組織において高いパフォーマンスを発揮できます（図11-2）。そして、職員の「エンゲージメント」を強くすることにもつながります。「Will Can Must」は、自己のキャリアを考える際に使用するものですが、たとえばこのフレームワークを職員一人ひとりに記入してもらい、園長・主任保育士との面談で、今後のキャリアパスや園のなかでの役割分担を合意のうえで決めていきます。このことにより、一方的な上意下達にならず、職員が主体的に職務に取り組んでいくことができます。

図11-2　Will Can Must

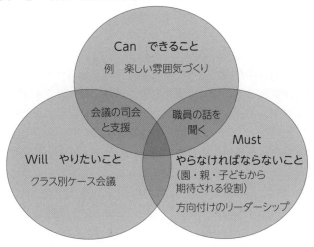

用語　フレームワーク
問題解決や改善のために使用する、考えるための「枠組み（フレーム）」で、論点を整理し、全員が同じ土俵の上で議論することを促すもの。たとえば、レッスン2のワーク「これまでとこれから（As is/To be）」もフレームワークの一つを使っている。

2 │ わたしたちの保育をつくる

　「保育所保育指針」には、「子どもの最善の利益を考慮し、人権に配慮した保育を行うためには、職員一人一人の倫理観、人間性並びに保育所職員としての職務及び責任の理解と自覚が基盤となる」こと、そして具体的には職員が「自己評価に基づく課題等を踏まえ、保育所内外の研修等を通じて、保育士・看護師・調理員・栄養士等、それぞれの職務内容に応じた専門性を高めるため、必要な知識及び技術の修得、維持及び向上に努めなければならない」と示されています*2。

　子どもの最善の利益のためには、職員一人ひとりが、職務と責任を理解し遂行していくために、常に専門性の向上に努めなければなりません。「保育士等のキャリアアップ研修」だけではなく、専門性の向上のために、施設外・施設内研修に取り組む必要があります。

　保育者は、2種類の異なる知（知とは専門的な知識・技術などの総体）によって実践を行っているといわれています。それは、「科学知」と、「実践知」や「経験知」とよばれるものです。

　「科学知」とは、保育や発達心理学、保健衛生や栄養など、言語化され体系化された知識です。たとえば、近年の発達心理学や脳科学によって、人間は生まれながらにして道徳的存在であるということがわかってきました。そうなると、大人が教育において無理に道徳を教え込むのではなく、引き出すことや伸ばしていくことが求められます。

　もう一つの「実践知」や「経験知」とよばれる知は、経験や実践によって保育者が身につけてきたカンやコツです。これは、「暗黙知」ともよばれています。一人ひとりの保育者の「暗黙知」は、保育者個人のなかで意識化できていない場合も多いと思います。しかし、保育者には説明責任があります。どのような子どもの育ちを目指して、そのためにどのような保育方法や保育環境を構成しているのか、ということを説明できなければなりません。そのため、無意識でやっている保育実践を意識化するためにも、言語化していく作業が必要になってきます。これは、個人で行っても意味はあると思いますが、チームとして、組織としての保育実践につなげていくために、園内研修などにおいて協働して作業をする必要があります。

　具体的には、付箋に書き出す、写真に撮る、記述するなどを通して、一人ひとりのなかに埋もれている「暗黙知」を言語化し、分類・整理することで、全員で意識化し、共有することのできる「形式知」に変換していくことができます。この「形式知」は実践を続けることで、今度はチームや組織のなかで共有される「暗黙知」になっていきます。つまり、この「暗黙知」を「形式知」にしていく作業を繰り返すことで、「わたしの保育」

 ＊2　「保育所保育指針」第5章1（1）「保育所職員に求められる専門性」

図11-3　暗黙知と形式知

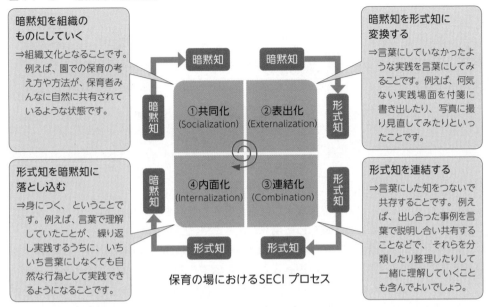

暗黙知を組織のものにしていく
⇒組織文化となることです。例えば、園での保育の考え方や方法が、保育者みんなに自然に共有されているような状態です。

暗黙知を形式知に変換する
⇒言葉にしていなかったような実践を言葉にしてみることです。例えば、何気ない実践場面を付箋に書き出したり、写真に撮り見直してみたりといったことです。

形式知を暗黙知に落とし込む
⇒身につく、ということです。例えば、言葉で理解していたことが、繰り返し実践するうちに、いちいち言葉にしなくても自然な行為として実践できるようになることです。

形式知を連結する
⇒言葉にした知をつないで共存することです。例えば、出し合った事例を言葉で説明し合い共有することなどで、それらを分類したり整理したりして一緒に理解していくことも含んでよいでしょう。

①共同化（Socialization）　②表出化（Externalization）
④内面化（Internalization）　③連結化（Combination）

暗黙知　暗黙知　形式知　形式知

保育の場におけるSECIプロセス

出典：那須信樹ほか『手がるに園内研修メイキング』わかば社、2016年、14頁

が「わたしたちの保育」を形づくっていくことになります（図11-3）。

3 | 関係の質は学びの質

　保育は成果の評価が困難です。保育という営みは、すぐに結果の見える仕事ではありません。子どもの心情・意欲・態度などの育ちの姿は、毎日見ることができますが、自分たちの保育の方法と結果が強く結びついているとはいえません。そのため、際限のない努力と工夫が求められます。つまり、「これでいいのかな？」という思いを抱きながらも、日々実践を積み重ねていかなければなりません。だからこそ、日常で「振り返り」と「認め合い」を取り入れ、積み重ねをしていくことは保育においては必要不可欠なのです。

　保育者などの援助職が自身の実践を振り返ることは、「省察的実践」とよばれます。省察的実践とは、援助行為をしながら状況と対話し振り返ることで、解決策やよりよい方法を見出し、専門性を伸ばしていく実践のことです。保育者の専門性の一つの側面である省察的実践を研修に取り入れることで専門性の向上が期待できるだけではなく、チームや組織でお互いにできたことを振り返り、認め合い伸ばしていくことで、関係性の向上も期待できます。

　学ぶとは成長する、変化する一歩を踏み出す、ということです。そして、人は安心・安全の風土があってはじめて新たな一歩を踏み出す（挑戦

図11-4 成功の循環

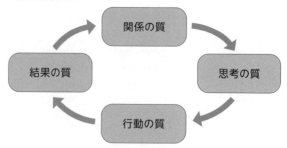

出典：Kim, Daniel H. "What Is Your Organization's Core Theory of Success?",2001をもとに作成

する）ことができます。組織が変容していく一つのモデルとして、**ダニエル・キム**の「成功の循環」があります（図11-4）。

　停滞している、あるいは悪い循環になっている場合、リーダーがメンバーに結果の質を求めることから始まります。しかし、なかなか成果が上がらないと、メンバー同士の対立や自己防衛、責任のなすりつけ合いなどが起こり、「関係の質」が低下します。「関係の質」が低下すると、メンバーは仕事に対して受身的で自分で考えることをやめ、仕事がつまらないと感じ、「思考の質」が低下します。そのため、自発的・積極的に行動しなくなり、「行動の質」が低下して「結果の質」がさらに低下するということになります。

　一方で、よいサイクルは、「関係の質」を高めるところから始まるといわれています。「関係の質」を高めると、「思考の質」が上がり、メンバーは主体的に仕事に向かい、おもしろいと感じるようになります。仕事がおもしろいので、さらに自分で考え、自発的に行動するようになり、「行動の質」が向上します。その結果として「結果の質」が向上し、成果が得られ、自分たちへの信頼が高まります。それが自信につながり、「関係の質」がさらに向上します。「関係の質」よりも先に、「結果の質」だけを求めていると、リーダーはメンバーとの信頼関係を築けず、どんなに努力しても組織として結果を出せないという状況に陥る可能性があります。小学校の先生が書いた次の詩を読んでみてください。

教室はまちがうところだ

蒔田晋時

教室は まちがうところだ
みんなが どしどし手をあげて まちがった意見を言おうじゃないか
まちがった答えを言おうじゃないか
まちがうことをおそれちゃいけない まちがうことをわらっちゃいけ

 ダニエル・キム（Kim, Daniel H.）
　1960-
　マサチューセッツ工科大学教授。組織学習研究の第一人者。

ない
まちがった意見も　まちがった答えも
ああじゃないか　こうじゃないかと　みんなで出し合い　言い合うなかで
ほんとのものをみつけていくのだ　そうしてみんなで伸びていくのだ
　　　　　　　　　　　　（中略）
神様でさえまちがう世の中　ましてこれからの人間になろうとしている
ぼくらがまちがってなにがおかしい　あたりまえじゃないか
安心して手を上げろ　安心してまちがえや　まちがったって
わらったり　ばかにしたり　おこったり　そんなもの　おりゃあせん
まちがったって　だれかが　なおしてくれるし　教えてくれる
こまった時には先生がない知恵しぼって　教えるぞ
そんな教室つくろうや　みんなでしゃべって作ろうや

　このような安心・安全の雰囲気があってはじめて、学びの場が成立するのだと思います。まずは、次の事例のようにどのような意見も伝え合い、聞き合うことのできる関係性へと変えていくための取り組みから始めてみてはいかがでしょうか。

事例 1　職員の質を上げるための取り組み

　園では、園長・主任などが個々を振り返り、毎年その職員がスキルアップしていくよう計画を立てています（図11-5）。どのような研修に行くべきか、本人の意思も大切ですが、園として何を学んできてほしいのか明確にできます。またクラスリーダーなどだけでなく、ほかにも役割をつくることで（図11-6）、職員が力を発揮する機会ができ、モチベーションアップにつながっています。

事例 2　職員のモチベーションを上げる

　日々、さまざまな業務に追われ、ゆとりがなくなると、自信をなくしたりする職員が出てきます。そういうときは、園の一員であり、必要な存在だときちんと伝えていくことが大切です。お互いを認め合う方法として、言葉はもちろん、文字にして感謝の気持ちを伝えることもできます（サンクスカード）。このように、気持よく働ける雰囲気をつくっていくことが、資質の向上の近道になります。

　また、自己を振り返ることも大切です。できたことがあれば自信につながり、うまくいかなかったことは次へのステップとして分析し、課題をクリアする方法を自ら見つけます（図11-7）。

　方法を教えてしまうと、職員が本当に理解して実践しているのかわからないので、できる限り自分で切り開いていくよう、サポートしていくことが必要です。振り返りに対し、リーダーを始め管理職からのコメントで励ましたり助言をしたりして、明日への保育や業務につながるようにするなどの工夫も大切にしています。

サンクスカード
（南つくし野保育園）

SPECIAL HAPPINESS
CARD

To

月　日　From

ーかみさまないすー

か　感謝します・ありがとう　　な　なるほど
み　見事！　　　　　　　　　　い　いいね
さ　さすが　　　　　　　　　　す　素晴らしい
ま　真似したいなぁ

図11-5　職員指導・育成計画書（南つくし野保育園）

○○○○年度　職員指導・育成計画書

対象者：　つくし野 たろう　（在職：1年目）　　　作成日：○○年4月2日現在

Ⅰ　現状分析

（1）年齢及びキャリア・具体的資格	（2）担当する職務／期待水準
34歳。 レクリエーションインストラクター・漢検2級・おもちゃインストラクター・電卓2級	・2歳児クラス担任 　→2歳児の成長発達を知る。 　社会人としてのマナー。
（3）現状	
●持ち味（本人の強み） ・熱意がある。 ・社会人経験がある。 ・体力に自信がある。	●ニーズ（育成必要点・育ってほしい姿） ・保育者としての視点、観察力（プロとしての意識）。 ・字をきれいにていねいに。

Ⅱ　今期の指導育成計画

（1）指導項目（目標レベルの具体化）
★報告・連絡・相談の習慣づけ。
★平仮名ドリルで字はきれいに。
★交換日記や環境の動きのなかで南つくし野保育をそのつど伝える。

（2）育成マインド（育成姿勢／どのように関わっていくか）
①保護者対応したらそのつど、報告するクセをつける。→リーダーがそのつどチェック
②自分でドリルを見つけ、ていねいに書ける努力を促す。
③新鮮さに欠ける→視野を広げていけるようにする。

（3）研修計画（参加予定も含む）	（4）指導方法／スケジュール
・○○市新人セミナー ・2歳児子ども発達研修 ・他園見学研修	・スタンプラリー ・日々の交換ノート ・自己評価で毎月1回リーダーと話す。

（5）指導実践記録（日付・内容・様子）

（4月）
・制作物の準備、画用紙の切り方をていねいに。
・子どもたちに精一杯にならず、食事をとるのも保育の一つ。
・延長保育では、自分の考えに固執せずに非常勤の保育者と協力しながら働く。
・交換日記の提出が滞っていたため、日記を行っている意図を確認する。

（5月）
・CS会議の司会進行、皆の意見を汲み取りながら上手にできていた。

（6月）
・受け身にならず、主体的に取り組む姿勢を求める（＝1年目だから…、初めてなので…、という言葉は控え、自分で調べる努力を）。

（7月）
・交換日記が滞るため、提出期限を自分で決められるようにする＝期日を決めた。

（8月）
・クラスだよりの担当としての責任（どこまで自分でやるのか）。
・内線やインターホンなど積極的にとる。

（10月）
・仕事管理（自分の仕事の洗い出し）と立てた計画に対しての進め方。

（11月）
・担任としての自覚の芽生えが感じられていることを確認する。

> **※人事考課面談**
> ☆本人の苦手→文章書くこと（特に）クラスだより、
> 　　　　　　　仕事が重なるとゆとりがなくなる。
> 　　　　　　　人前に立って話すこと＝お集まり。
> →「失敗」に対してどんなイメージをもつ？
> 　「挑戦」については？
> 　「挑戦」しなければ失敗もしない。知らないでこの
> 　ままいくのか…自分から知りたいと動くのか？ ど
> 　んな自分になっていきたいかを確認する。

図11-6　業務表（南つくし野保育園）

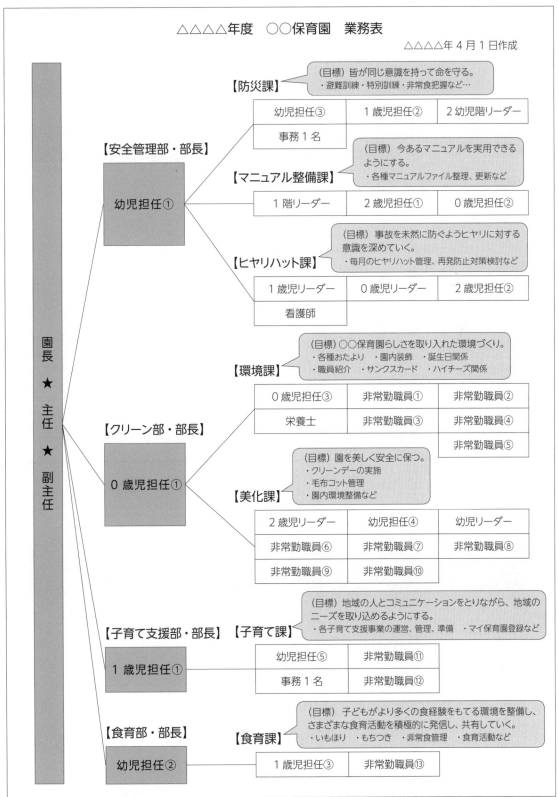

※丸囲みの数字には、実際には保育者の個人名が入っている。

図11-7　自己評価表（南つくし野保育園）

□□□□年度　○○保育園　自己評価表（2・3年目職員用）

名前：　　　　　　　　　　　（　　　年目）

	保育目標	書類仕事管理目標	社会人目標					
年間								
	項　目　※○×で評価してください。		4月	5月	6月	7月	8月	9月
保育	★常に柔らかい笑顔で子どもと接し、その子の傍で小さな声で話しましたか？							
	★子どもの声や興味関心に合わせた保育内容を模索し、必要な環境設定を行いましたか？							
	★使ったものはすぐに元に戻し、いつ誰がみてもきれいと感じられる空間が提供できていますか（クラス内）？							
	★自分の考えを探索し、想いをしっかりと仲間に伝え共有することに努めていますか？							
	★部屋全体の子どもたち・他の保育者の動きをよく観察しながら自分の配置を考え、動くことができましたか？							
仕事管理	★個人情報は出しっぱなしにせずに、きちんと所定の場所に戻し、管理しましたか？							
	★すべての書類は、誤字脱字なく正しい文字で記入できましたか？							
	★個人引き出し・個人ロッカー内は整理整頓し、誰がみてもきれいですか？							
	★各書類の提出期限を守り、所定の場所に提出しましたか？							
	★自分の仕事を洗い出し、優先順位をつけて取り組むことができていますか？							
社会人	★立ち止まって笑顔で見本となるあいさつを自分からしましたか？							
	★小さなことも報告、連絡、相談を忘れずに行うことができましたか？							
	★相手（職員・保護者）の心情に配慮して必要なことを伝えることができましたか？							
	★困ったときや、悩みがあるときには誰かに相談しましたか？							
	★業務や各担当・係の仕事など、自分から主体的に取り組みましたか？							

	4月	〈反省・課題〉 〈コメント〉　　印	7月	〈反省・課題〉 〈コメント〉　　印
	5月	〈反省・課題〉 〈コメント〉　　印	8月	〈反省・課題〉 〈コメント〉　　印
	6月	〈反省・課題〉 〈コメント〉　　印	9月	〈反省・課題〉 〈コメント〉　　印

> **ワーク**
>
> ## 「Will Can Must」
>
> **【ねらい】**
> ・他者との対話を通して、現在の自分の「できること」「やりたいこと」「しなければならないこと」を認識し、今後の保育者としてのイメージを描く。
> ・グループで語り合い、対話から保育における人材育成において重要なポイントについて理解を深める。
>
> **【準備物】**
> ワークシート、振り返りシート、模造紙、色マジックセット
>
> **【ワークの流れ】**
> ①それぞれ、ワークシートに自己の「Will Can Must」を記入します。
> ②２人一組になり、演習シートを使ってお互いに聞き合います。
> ③グループになり、インタビューした内容を紹介し合います。
> ④グループで「人が育つ場としての保育所のあり方」を考え、模造紙にポイントを３〜５つ書きます。話し合いで決める際には、多数決で決めたりするのではなく、基本的に全員が納得する決め方（コンセンサス）で決めます。
> ⑤発表をします。

ワークシート「Will Can Must」

①現在の自分の「できること」「やりたいこと」「やらなければならないこと」を、下の図に書いて整理してください。

②①の図の記入を通して、あなたが「人が育つ場としての保育所のあり方」として、重要だと思うポイントを３〜５つ書いてください。

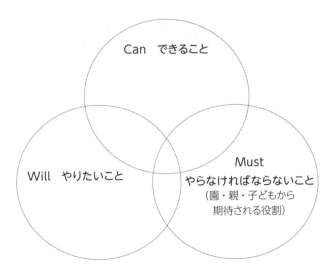

園内研修の考え方と実践

僕たちは今、大事な
会議中。「ねーねー
みんなどうしよう?」
写真撮影:三澤武
彦

写真提供:寺子屋大の木

ポイント

❶ 人材育成や保育の質向上に重要な園内研修のつくり方について学ぶ。
❷ 園内研修の実践と、評価方法について理解する。
❸ 事例を通して、自園に求められる園内研修について考える。

1 │ 園内研修・会議における
コミュニケーション

1 双方向のコミュニケーションを基本に

　園内研修や会議という人が集まる場は、すべてコミュニケーションで成り立っています。まずは、その場で行われるコミュニケーションの質を変化させ、対話が起こる場に変えていくことから始めるとよいでしょう。

　コミュニケーションとは一方通行では成り立ちません。たとえば、「それ取って!」という言葉を発信した人を発信者とよぶことにしましょう。言われた方は、受信者とよびます。情報を発信する発信者が、情報を受け取る受信者に対して一方通行で発信をするだけでは、コミュニケーションが成り立っているとはいえません。なぜなら一方通行では、発信者は、自分の発した言葉を受信者がどのように理解したのかを確認できないためです。確認できないということは、当然誤解が生じます。「それとは何ですか?」と言葉を発し、確認する必要があります。つまり、受信者が今度は発信者になって「あなたが伝えたいことは〜ということですか」と確認をすることで、誤解を防ぐことができます。このように、双方向であること

で、コミュニケーションは成り立ちます。

　そもそも保育という営みは双方向の関わりそのものです。子どもはヒト（人的環境）、モノ（物的環境）、コト（さまざまな出来事）との双方向の関わりを通して、新しい学びや気づきを得て、成長・変化していきます。たとえば、水道の蛇口から勢いよく流れ出る水に手をかざせば、その水は手を伝い、さまざまに形を変え流れていきます。水や砂といった自然物は子どもの働きかけに対して、姿形を変え、応えてくれます。子どもと保育者の応答的なやりとりも同じです。

　コミュニケーションとは、自分を伝え、相手を知ろうとする双方向の試みです。相手の考え、気持ちだけではなく、価値観（物の見方、捉え方、感じ方、保育観、子ども観、大切にしていること）の相互理解を目指すものです。ところが、園内研修や会議は一方通行になっている場合が多いようです。

■2 コミュニケーションによって関係性がつくられる

　園内研修や会議が、一方通行のコミュニケーションをベースとしている場合、たとえば園長や主任が一方的に話すだけの研修だと、どうしても職員は主体的な学び手として参加することができません。そして、保育の正解は園長や主任という一部の職員がもっており、そのほかの職員は正解を見出す力がないという価値観が共有されてしまいます。すると、保育や会議において、園長や主任の期待に応えることが重要であり、失敗したり間違ってはいけない、弱みをみせてはいけない、嫌われてはいけない、ということが大切にされます。これでは、会議で自由で率直な意見交換はできません。また、保育は保守的になり、批判されないように新しい挑戦をするということは期待できません。

　双方向のコミュニケーションをベースとした園内研修や会議になっている場合、模造紙や付箋を使って小グループで話し合い、保育実践や保育への思いを語り合うような研修であれば、職員は主体的な学び手として自分の保育や子どもへの思いを語り始めます。そして、職員一人ひとりが意見を出し合うことで、子ども理解を深め、保育について多様な視点で考察することができます。組織（園）の課題を解決するアイデアはすべての職員がもっていることに気づき、対話を通して、チームで対応するようになります。会議で出るさまざまな意見には採用されない突飛なものもありますが、今までの枠を超えたアイデアが出る可能性があります。保育では、挑戦することが肯定され、試行錯誤から新たな保育への学びや気づきが得られます。対話を通して、成長には他者の存在が不可欠だと感じるようになります（表12-1）。

表12-1　一方通行と双方向のコミュニケーションによる価値観の共有

	一方通行（上意下達）	双方向
コミュニケーションのあり方	禁止する。 指示する。 決定を伝える。 命令する。 答えを教える。 問い詰める。 コントロールする。	聞き合う。 問いかける。 意見を求める。 共に課題を共有し、一緒に考え悩む。 提案をする。 ファシリテートする。
成り立つ関係性	相手を受け身的にする。 「してもらう、してあげる」関係。	協働が生まれる。 「共に〇〇する」関係。
共有される価値観	正解は一部の職員がもっている。 多くの職員は正解を見出す力がない。	職員一人ひとりが意見を出し合うことで、多様な視点で物事を理解することができる。 組織（園）の課題を解決するアイデアはすべての職員がもっている。
保育や会議において大切にすること	他者の期待に応えることが重要。 失敗してはいけない。 間違ってはいけない。 弱みをみせてはいけない。 嫌われてはいけない。	組織の課題はチームで対応する。 試行錯誤から学びや気づきが得られる。 成長には他者の存在が不可欠。

　このような双方向のコミュニケーションの結果、関係性ができ、チームや組織の価値観が共有されていきます。この共有される価値観のことを組織風土や組織文化とよびます。

　子どもたちの学びの特徴とは、遊びそのものが目的であり、学び手である子どもに主体性があります。遊びに没頭し夢中になるなかで、体験を通して学んでいきます。その過程には、試行錯誤、失敗からの学びが含まれます。つまり、成果や結果だけではなく、そこに至る過程にも意味があるということです。

　保育とは、教育と養護が一体となった営みです。つまり、安心・安全の場のなかで人は学び成長するということです。子どもの学びに人の本来の学びの姿があるのではないでしょうか。そうであるなら、子どもたちのモデルとなるべき園の職員（大人）集団の学び方も、それらの条件が満たされていなければならないと思います。

　表12-2 に、伝え手、聴き手それぞれの立場のときに大切にしたいポイントをまとめました。参考にしてください。

表12-2　伝え手と聴き手のポイント

伝え手の留意事項	聴き手の留意事項
・自分中心よりも、聞き手中心の考え方で語りかける。 ・こちらの伝えたいことを明確に、取り違いが起こらないような表現を心がける。 ・あいまいな表現（抽象的）ではなく、具体的に話す。 ・語尾をあいまいにせずはっきりと、声の調子を落とさず話す。 ・自分の思いのままに自分のペースで話すのではなく、相手が聞き取りやすいペースで話しかけていく。 ・伝える情報量は適切にする。相手の様子を見ながら、適当なところで相手の理解の確認をとりながら、次に進めていく。「～ということですが、わかりましたか？」など。 ・相手の表情など、体が出しているサインにも目を向ける。相手がわからなさそうにしているなら、話す速さを変えたり、表現の仕方を変えたりする。 ・自分の気持ちを伝えるときは、I（私）メッセージで伝える。これは、「私は困ってしまいました」「私は大切にされていないと感じました」など、「私」から始まるメッセージのこと。<u>Youメッセージ「あなたが悪い」「あなたのせいで！」は使わない。</u> ・自分の伝えたいことを次の項目に分けて伝える。 　出来事「～ということがありました」 　自分の行動「私は～しました」「～のように言いました」 　自分の気持ち「私は～と感じました」「私は～してほしかった」「私は～と思いました」 ・2人の座り方など話しやすい距離や姿勢を工夫してみる。	・適時、相手が話したこと、あるいは話したかったことを、あなたの言葉で繰り返してみる。「なるほど。～ということですね」「～ということじゃないですか？」など。 ・わかったときは「わかった」、わからないときは「わからない」ときちんと言葉で伝える。 ・こちらが理解していることや聞いていることを伝えるために、あいづちをうつ、うなずくなどの動作をする。 ・できるだけ相手に話させる。聞き上手は話さない。 ・相手の話に興味をもつようにする。「それで？」「それから？」など、相手の話を促す。 ・相手の気持ちにも反応する。相手の中に起こっている感情を受けとめ、自分の言葉で伝えてみる。「～と感じているんですね」「それは大変でしたね」「腹が立って当然だと思いますよ」など。 ・2人の座り方など話しやすい距離や姿勢を工夫してみる。 ・間を取る、あるいは、沈黙があってもあわてず待つことも必要である。 ・必要に応じて、自分のことも話したり、自分の気持ちも伝える。ただし、多くならないように注意する。「お話を聞いて私は～と感じました」など。 ・話す速さなど相手のペースを大切にする。 ・こちらの考えや思いを押し付けない。反論があっても、相手の話す内容を真に理解するために、最後まで聞く。

出典：星野欣生『人間関係づくりトレーニング』金子書房、2002年、64-67頁をもとに作成

2 | 研修計画を立てる

　「保育所保育指針」は、「保育所においては、当該保育所における保育の課題や各職員のキャリアパス等も見据えて、初任者から管理職員までの職位や職務内容等を踏まえた体系的な研修計画を作成しなければならない[1]」と述べています。

　基本的な研修計画の立て方と実施は、①計画、②実施、③実践、④評価、⑤次の計画、という 5 つのプロセスをたどります。①「計画」では、ニーズをもとに研修計画を立てます。ニーズというのは、職員にアンケート調査をした結果や、園長や主任、ミドルリーダーとして職員に学んでほしいと考えていることがニーズとなります。ニーズ調査後に、計画した研修を

 参照　＊1　「保育所保育指針」第 5 章 4（1）「体系的な研修計画の作成」

②「実施」します。研修のねらいを設定し、ねらいに応じて、日時、場所、対象者、研修方法を決めます。ねらいというのは、具体的にはその研修を通して、どのような知識・技術を習得するのか、あるいはどのような変容を目指すのかということです。

たとえば、「嘔吐時の対応など具体的な知識・技術を習得する」というねらいや、「自分たちの保育実践を振り返り、保育の方向性を共有する」「職員同士のよりよいコミュニケーションのあり方について体験を通して学ぶ」など、具体的にゴールをイメージしやすい文章にし、そのゴールのイメージを共有してから始めます。必ずしも職員全員が研修に参加した方が研修の目的を達成できるというわけではないため、対象者は乳児クラス担当者、幼児クラス担当者、リーダー層など目的に応じて柔軟に考えたほうがよいでしょう。

ただし、保育について振り返る、語るという作業は、非常勤の保育者も含めて、できるだけ子どもに関わる多くの職員に参加してもらいます。保護者とともに保育について語る、考えるという機会を設けている園も増えてきています。研修の対象者を狭めるだけではなく広げることで、新しい視点やアイデアが得られ、これまでとは違った学びや気づきが得られる可能性があります。

研修実施後は、③「実践」です。研修の最後に、どのように実践につなげるかという行動計画や行動目標を立て、一人ひとりが日常の保育で実践をします。研修を実施しただけで満足してはいけません。研修を受講したあと、実践につなげることができなければ研修の意味や意義は半減します。そして一定期間の後、職員へのアンケートや、日々の保育場面の観察などにより、研修の効果を測定し、④「評価」します。つまり、研修のねらいが達成できたかどうかを測ります。もし効果がなければ、学びや変化を起こしていくためのほかの方法を考えなければなりません。それが、⑤「次の計画」です。次回の、あるいは次年度の研修計画につなげていきます。

図12-1　年間研修計画の立て方

①計画	・ニーズをもとに研修計画を立てる。
②実施	・ねらいを設定（援助活動を支える3つの能力）し、日時、場所、対象者、研修方法（経験知を生かす、省察的実践）を決める。
③実践	・行動計画を立て日常の保育で実践をする。
④評価	・一定期間の後、アンケートや観察などにより、研修の効果を測定し評価する。
⑤次の計画	・次年度の研修計画を立てる。

この①～⑤の循環を継続して回していきます（図12−1）。

　ところで、せっかくの研修も職員が受身的であっては効果が期待できません。研修計画を立てる際には、職員体制や職員のプライベートも考慮し、無理のないように研修計画を立てなければなりません。また、夕方からの園内研修や会議に、軽食もとらずに参加しているというケースもあるのではないでしょうか。しかし、お腹が空いた状態で、よい学びや対話ができるでしょうか。「何を目指した研修なのか」というねらいに立ち戻りながら、研修のための条件を整えることも忘れないでください。

3 ｜ 研修の類型

　研修は大きく分類すると、「レクチャー型」「ワークショップ型」「リフレクション型」（堀・加留部、2010）の3つの型があります（表12−3）。
　レクチャー型では、具体的な学習方法は、「聞く、見る、考える」です。たとえば、「保育所保育指針」について、外部講師の話を聞くという形の研修になります。
　ワークショップ型では、具体的な学習方法は、「話し合う、体験する、創作する」です。写真を使って子どもの姿を共有したり、自分たちの育てたい子ども像について、話し合うといった研修です。
　リフレクション型では、「わかち合う、内省する、深め合う」などが具体的な学習方法になります。たとえば、現状の保育環境について保育マップを使って振り返ったり、模造紙や付箋を使ってケース検討会議をするなどという形の研修になります。この3つの型のどれかを一つの研修で選

表12−3　研修の類型と実施テーマ例

類型	学習方法	テーマ	参考資料・講師など
レクチャー	①聞く ②見る ③考える	・保育所保育指針について ・幼保小連携について ・安全管理、衛生について ・食育について ・その他興味のあるテーマ	・保育所保育指針解説 ・学習指導要領 ・看護師 ・栄養士 ・外部講師
ワークショップ	④話し合う ⑤体験する ⑥創作する	・手遊び、わらべ歌、絵本 ・コミュニケーション ・育てたい子ども像 ・理想の保育を描く ・子どもの様子を共有する	・CD、インターネット動画 ・アイスブレイク、協力ゲーム ・インタビューシート ・マジック、クレヨン ・ドキュメンテーション
リフレクション	⑦わかち合う ⑧内省する ⑨深め合う	・保育環境を考える ・子ども理解を深める ・ケース検討会議 ・行事の振り返り ・保育を振り返る	・保育環境の写真、保育マップ ・保育場面の写真、動画 ・保育日誌・記録 ・付箋、模造紙 ・公開保育、保育評価スケール

択するということではなく、この3つの型を組み合わせて、研修の効果を高めます。

事例1 研修で一人ひとりが意見をもち、それを表現することができるために行ったこと

　以前は、司会者が順番に皆の意見を聞いていましたが、時間が足りずに全員は言えなかったり、前の人と同じ意見の場合は、後から発言する人ほど「同じです」になってしまったり、参加者それぞれが何を考えたかということには焦点があたらないまま進行することが多くありました。そのため、しだいに「一人ひとりの想いを理解しながら話し合いができたらいいのに」と、違った方法での意見の集約を行いたいと考えるようになりました。そのようななか採用したのが、付箋へ書き込みをする方法や、小グループで話し合った内容を共有する方法などです。どちらもすでに多くの園で採用されていると思います。

　付箋を使う方法のよい点は、すべての人が同時に付箋に記入するため、それぞれの考えを可視化できることです。同じ意見が多くあることがわかったり、あまり思いつかないような少数派の意見ももれなく見ることができるようになりました。また、選ぶ文言や視点の違いから、同じような意見のなかにも想いの違いがあることを汲み取ることができたりなど、その違いを確認するなかで新たな発見もありました。さらに、遊びや生活など分野ごとに付箋の色を使い分けることで、工夫もしやすくなりました。

　小グループで話し合いそれを共有する方法のよい点は、まず少人数で質問をし合いながら内容を確認し合うことで、お互いの考え方を理解する仲間ができることです。小グループで意見を統一するのではなく、それぞれの考え方を理解し合い、それを代表者が発表し全体で共有します。保育経験が浅くうまく説明できない保育者の意見も、それを理解しフォローして説明できる仲間がいることでそのよさを十分に伝えることができます。さらに、少人数のなかで説明できたことで自信をもち、安心して伝えられるようになります。

付箋を使う際は、チーム内でさまざまな色を準備し、一人が同じ色を使用する。1枚につき1項目にすると、同じ項目ごとにまとめる際に有効である。
写真提供：寺子屋大の木

事例 2　やりたい勉強会、会議を皆で企画

　勉強会や会議については、主に正規職員を中心にやり方も模索しながら多くを変更しながら行ってきました。

　以前、会議や事務の省力化を考える会議で、何を話し合い共有することが必要か、**ノンコンタクトタイム**を皆が必要とした場合、どのようにすれば時間がとれるのかを考え、何を削ったらよいのかを話し合いました。その結果、定例で必要な会議以外にも、必要と感じた項目の担当者を決め、その担当が必要だと感じたときにリーダーと相談をして会議を招集することになりました。

　また、必ずしも会議にこだわらず、もち回りで意見を様式に書き込む形でまとめるなどの工夫もしながら、顔を合わせて話したいことについては、会議を行う形にしました。そのことで、一人ひとりが「自分が参加して運営に関わっている」という認識をもち、自分たちの開いた会議を有意義なものにしようと前向きに関わるようになりました。

　勉強会・研修については、以前は園長や外部講師からの講義を受ける形式でしたが、事例検討を皆で行うグループ討議や、お互いに発表し合う形などの参加型のほうが学びやすいとの声から少しずつ変化させていきました。参加型の研修にすることで、講師を担当する保育者が、受講者をコントロールしない形で研修を行うことができるため、自由に意見交換できる雰囲気ができてきたと感じています。

　その後、あるリーダーが研修の組み方を学んできたことをきっかけに、研修の組み方や気をつけることについてリーダーがアドバイスをしながら、担当となる保育者が、今伝えたいことをテーマとした研修を行い、ファシリテーターもその保育者自身が行うような機会も増えていきました。担当となる保育者自身が、外部研修で学んだことや、自分の役に立ったと感じた内容を講師として伝えることで、本人が外部研修で感じたワクワクした気持ちを、受講者に伝えやすいようにする工夫も生まれてきています。また、研修で具体的な手法を学んできた場合には、その手法をそのまま体感してもらうようなワークを行い、参加する保育者もダイレクトにその手法の面白さを実感できる企画なども行われていて、受講者に好評です。

用語　**ノンコンタクトタイム**
　子どもと関わらずに、資料作成や話し合いなどを行うこと。

13

保育実習への対応

写真提供：南つくし野保育園

積極的に、手遊び
や名前呼びを行う
実習生。

ポイント

❶ 実践力や応用力を身につけた保育者養成の重要性を理解する。
❷ 保育実習マネジメントの実際について学ぶ。
❸ 人の育ちにおける個に応じた支援や指導のあり方について理解する。

1 | 保育実習の目的と課題

　社会福祉士養成課程における実習では、養成校における実習指導担当教員等の要件を明確化するだけではなく、実習施設側も指導者講習会を受講することや、職能団体が「実習生受け入れのテキスト」を作成し、実習指導や評価表の全国統一ガイドラインを作成しています。また、介護福祉士養成の実習でも、実習施設側の指導者側に講習を受講する義務があり、養成校の実習担当教員による訪問指導も週に1回以上実施しています。また、厚生労働省が作成した養成団体と職能団体へ向けた「実習チェックシート」を用い、一貫した専門職養成を行っています。

　ところが、保育士養成に関しては、実習日誌と評価表の様式も養成校独自のものを使用します。養成校の実習指導担当教員の要件もなく、実習先の訪問指導も実習指導担当以外の全専任教員で分担している場合がほとんどです。もちろん、保育現場の指導者にも要件はありません。実習生を受け入れることで、日常の保育に支障をきたす可能性があるため、受け入れを躊躇する現場もあるのではないでしょうか。しかし、保育者養成を含む

対人援助職の養成においては、実習の充実化は重要な課題です。現場で求められているのは、実践力や応用力のある保育者です。実習生の現場での実習は、理論と実践を結びつける保育者として必要な資質を身につけていく貴重な機会となります。そこで、保育実習の対応のあり方について考えてみたいと思います。

　厚生労働省が示している「指定保育士養成施設の指定及び運営の基準について」には次のように保育実習の目標が明示されています。

> 保育実習Ⅰ（実習・4 単位：保育所実習 2 単位・施設実習 2 単位）
> （目標）
> 1.　保育所、児童福祉施設等の役割や機能を具体的に理解する。
> 2.　観察や子どもとの関わりを通して子どもへの理解を深める。
> 3.　既習の教科目の内容を踏まえ、子どもの保育及び保護者への支援について総合的に理解する。
> 4.　保育の計画・観察・記録及び自己評価等について具体的に理解する。
> 5.　保育士の業務内容や職業倫理について具体的に理解する。
>
> 保育実習Ⅱ（実習・2 単位：保育所実習）
> （目標）
> 1.　保育所の役割や機能について、具体的な実践を通して理解を深める。
> 2.　子どもの観察や関わりの視点を明確にすることを通して、保育の理解を深める。
> 3.　既習の教科目や保育実習Ⅰの経験を踏まえ、子どもの保育及び子育て支援について総合的に理解する。
> 4.　保育の計画・実践・観察・記録及び自己評価等について、実際に取り組み、理解を深める。
> 5.　保育士の業務内容や職業倫理について、具体的な実践に結びつけて理解する。
> 6.　実習における自己の課題を明確化する。

　保育実習Ⅰでは、保育所や施設での保育の実際について、経験を通して理解するということが主な目的であり、保育実習Ⅱではその理解をさらに深めたり、総合的に保育を理解したりするということになります。それぞれの実習の目標を理解し、その目標に到達できるようにどのような支援や指導を行っていくのか、目的と方法のつながりを考えて体制を整えていかなければなりません。

レッスン **13**　保育実習への対応

　人の育ちにおいて、求められる支援や指導は一律ではありません。保育は、子ども一人ひとりの興味・関心、特性等に応じて、保育者は関わりや環境を柔軟に変えていきます。大人の人材育成も基本的には同じです。実習生一人ひとりについて、ニーズや課題を捉えて、支援や指導を変えていく必要があります。『保育園・認定こども園のための保育実習指導ガイドブック』（増田・小櫃、2018）では、近年の実習生の傾向として、次の5点があげられています。

---

①少子化の影響で年下の子どもと関わる機会が少ない。
②地域社会の希薄化で家族以外の大人や自分より年上の人と関わる機会が少ない。
③家庭で家事や手伝いをする機会が少ない。
④対面的なコミュニケーションや直接的な体験が少ない。
⑤自己評価が低い傾向がある。

　ところが、現場の実習指導者が陥りがちな落とし穴は、実習生が誰であろうと、一律的な指導をしようとすることです。実習生は最終的に実習園から評価をされますが、実習指導者が評価されることはありません。そのため、実習指導者として適切な支援や指導ができたかどうかということを振り返る機会がありません。

　特に気をつけなければならないのは、パワーハラスメントです。パワーハラスメントとは、「同じ職場で働く者に対して、職務上の地位や人間関係などの職場内の優位性を背景に、業務の適正な範囲を超えて、精神的・身体的苦痛を与える又は職場環境を悪化させる行為」です。「自分も同じようにされたから……」と厳しい態度をとったり、「この程度なら大丈夫だろう」という自分の価値観で判断するのではなく、相手の立場に立って、必要な支援や指導を考えることが求められます。

　パワーハラスメントが起きやすい職場の特徴（岡田・稲尾、2018）は、「閉鎖的な職場」「忙しすぎる職場・暇すぎる職場」「人や仕事のマネジメントが徹底されていない職場」だといわれています。

　「閉鎖的な職場」とは、外部との人間関係や人的交流が少ない職場のことです。心理的な閉塞状況にある職場や、自分たちだけで仕事が完結するような場合に、パワーハラスメントが起こりやすいということです。「忙しすぎる職場」では、自らが仕事をこなすことに精一杯で、他者の気持ちに配慮する余裕がなくなります。「暇すぎる職場」では、一人ひとりの態度や性格など細かいところまで気になり攻撃や排除が起こる可能性があります。また、「人や仕事のマネジメントが徹底されていない職場」では、業務の役割分担や手順化がされていないためにトラブルや不満からストレ

表13-1　その他のハラスメント

種類	具体的な内容
セクシャルハラスメント	職場において行われる、労働者の意に反する性的な言動に対する労働者の対応により、労働条件について不利益を受けたり、性的な言動により就業環境が害されたりすること
マタニティハラスメント	妊娠により退職をうながされたり、育児時短を取得して働く人に対して、周囲の人が「仕事が増えて迷惑」などの嫌がらせを行ったりすること
ジェンダーハラスメント	社会的な背景や慣習からつくられてきた、固定的な男女の役割意識をもとに行われる行為
ケアハラスメント	介護をしながら働いている人に対して、上司や同僚が嫌がらせを行うこと

出典：岡田康子・稲尾和泉『パワーハラスメント（第 2 版）』日本経済新聞出版社、2018年をもとに作成

スがたまり、パワーハラスメントが起こりやすいといわれています。

　これらの特徴は、多くの保育現場に当てはまります。そのため、マネジメントにより、パワーハラスメントが起こらないような職場環境を意図的に整えていく必要があるのです。なお、パワーハラスメント以外にも、次のようなハラスメントがあります（表13-1）。ハラスメントが起こらないような園に実習生を迎え入れることができるように、普段から相互尊重の風土をつくっておきたいものです。

3 ｜ 実習マネジメント

1 効果的な実習プログラム

　社会福祉士養成においては、「実習マネジメント」（社団法人日本社会福祉士会、2014）という概念があります。実習マネジメントの展開における要点は 6 つあります。①共通認識の形成、②実習受け入れ推進組織の形成、③役割分担と連携、④状況把握と情報の共有、⑤相互支援、⑥問題解決です（表13-2）。

表13-2　実習マネジメントの 6 つの要点

①共通認識の形成	実習受け入れに対する組織としての共通認識の形成
②実習受け入れ推進組織の形成	実習に関わる責任、権限、業務の明確化と実習受け入れ推進組織の形成
③役割分担と連携	実習受け入れの役割分担と養成校との連携等に関わる実務の遂行が行える体制をつくること
④状況把握と情報の共有	実習生の状況、実習進捗状況の把握と情報の共有
⑤相互支援	実習受け入れ施設・期間内における必要な相互支援を行うこと
⑥問題解決	実習に関わる特別な状況への対応（問題解決、事故防止）

出典：社団法人日本社会福祉士会編集『社会福祉士実習指導者テキスト（第 2 版）』中央法規出版、2014年をもとに作成

保育実習においても、まずは養成校と実習受け入れ園の役割分担を明確にし、相互支援が行える体制を整えておく必要があります。園においては、実習生受け入れについての共通認識を形成し、体制を整えます。また、実習の目的と、実習生個人の目標や課題を養成校と現場が共有しておく必要があります。保育実習の場合、1回の実習期間は10〜12日間です。短い時間内で、学生の状況を踏まえ、目標の達成と課題の改善に効果的な実習プログラムをつくっていかなければなりません。

　先ほど紹介した『保育園・認定こども園のための保育実習指導ガイドブック』では、実習指導を効果のあるものとするために、次の3つのポイントを示しています。

---

①実習生が子どもと心を通わす体験を重視する。
②実習指導者は、その場の状況に応じて、適切な指示や助言、疑問への応答を心がける。
③実習生とともに保育や子どもに関して振り返り、実習生と対話することを重視する。対話は指導する・指導されるという上下関係ではなく、同僚性をもって実習生を受け入れる。

　たとえば観察実習においては、子どもの遊びの意味を知るということを目標として設定することができます。近年、子どもの生活の変容として、特に都市部において時間・空間・仲間の縮小化が進行していることが懸念されています。実習生も子ども時代に遊びの経験が少ない場合、保育現場で子どもの遊びに積極的に関わることができないのみならず、遊びの楽しさやおもしろさに共感することができない可能性があります。このような場合、子どもの主体的で、対話的な深い学びを支援するために、子どもの遊びのおもしろさや、挑戦したいという気持ち、工夫すること、友だちと協同し達成感を味わうことなどに共感することができるような観察実習プログラムを設計することで、学生の自己効力感にもつながります。このように、近年の実習生の傾向を認識したうえで、実習プログラムをつくり、効果ある実習指導を行っていきます。

2　人材育成の仕組みづくり

　保育実習において、マナーや社会人としての基礎力を身につけることも大切ですが、子どもと一緒にいることを楽しいと感じる体験や、子どもの成長に寄りそうことのできた小さな成功体験、子どもの遊びや特性についての新たな視点を培っていくことは、実習生にとって保育の魅力を感じ、保育者としての自己効力感を伸ばすことにもつながります。実際の保育を体感することで、自分が保育者としてどんな保育がしたいのかという保育観も芽生えていきます。

　実習が就職に結びつくケースも多いのですが、学生が園を選ぶ際、自分の保育観とのマッチングが判断基準となっています。実習に関して養成校と保育現場が、保育業界の人材育成という目的を共有し、連携をしていく

ことが求められます。

　実習日誌の様式はさまざまですが、子どもの動きや保育者の動き、実習生の動きだけではなく、実習生の気づきを記入する箇所があります。気づきを読むことで、実習指導者、実習生のもっている子ども観や保育観を知ることができます。一日の終了後、実習生と実習指導者で振り返りをすることで、省察的実践者としての基礎が身につくことが期待されます。また、現場の保育者が自分の言葉で保育を説明し、実習生を指導することは、保育の専門家としての意識をもつことにもつながります。そのため、あえて3・4年目の保育者に実習の指導を担当させる園もあります。

　リーダーであれば、新人保育者の育成が役割として求められる場面も多くなります。これまでのように、自分一人の専門性の向上だけを考えて取り組んでいけばよいということではなく、これからは新人保育者や組織・チームとしての専門性の向上を意識しなければなりません。ただし、現状として園のキャリアパスの仕組みや研修体系が整っていない場合も少なくないと思います。しかし、保育の質を確保・向上していくためには、園における人材育成の仕組みを確立する必要があります。子どもの最善の利益を保障し、子どもの健やかな育ちを支えるために、リーダーとして、園を子どもも大人も育ち合うことができる風土へと変えていくことに取り組んでいくことが重要です。

> **事例1　実習生の受け入れ表**
>
> 　実習生は、2週間あまりという短い時間のなかで、0歳児から5歳児までの育ちを見て、保育者の動きも観察し、保育所の役割も知るというなかなかハードな時間を過ごすこととなります。そこで、本当に感じてほしいことが伝わるのか、それを踏まえて受け入れ側は配慮しなければなりません。
>
> 　実習生と毎日をていねいに過ごすために、クラス担任をはじめ園全体で流れなどを把握することが大切です。そこで、実習生の受け入れ予定表（表13-3）をつくり、職員が常に見ることができる場所に貼っておくことで、今日はどのクラスでどの先生が担当なのかがわかりやすくなります。その日担当になった職員は、一日の終わりに振り返りの会を行い、実習生が一日のなかで疑問に思ったこと、困ったこと、わからなかったことをそのままにせず、ていねいに時間をかけて解決し、明日につなげることも大切です。実習が楽しいという気持ちで一日を終えられるように工夫していくことが現場に求められています。

表13-3　実習生の受け入れ予定表の例（南つくし野保育園）

実習生名	日	／ (月)	／ (火)	／ (水)	／ (木)	／ (金)
さん	配属クラス	担当職員（　　　）	担当職員（　　　）	担当職員（　　　）	担当職員（　　　）	担当職員（　　　）
	勤務					
さん	配属クラス	担当職員（　　　）	担当職員（　　　）	担当職員（　　　）	担当職員（　　　）	担当職員（　　　）
	勤務					

実習生名	日	／ (月)	／ (火)	／ (水)	／ (木)	／ (金)
さん	配属クラス	担当職員（　　　）	担当職員（　　　）	担当職員（　　　）	担当職員（　　　）	担当職員（　　　）
	勤務					
さん	配属クラス	担当職員（　　　）	担当職員（　　　）	担当職員（　　　）	担当職員（　　　）	担当職員（　　　）
	勤務					

実習生名	日	／ (月)	／ (火)	／ (水)	／ (木)	／ (金)
さん	配属クラス	担当職員（　　　）	担当職員（　　　）	担当職員（　　　）	担当職員（　　　）	担当職員（　　　）
	勤務					
さん	配属クラス	担当職員（　　　）	担当職員（　　　）	担当職員（　　　）	担当職員（　　　）	担当職員（　　　）
	勤務					

事例2　楽しく感じる実習に

　当園では、実習の時間を通し、保育者の仕事に就きたいと思えるよう、支援していくことが何より大切であることを認識して受け入れています。学校の課題である実習日誌は、一日を時系列で追うものが多く、実習生は、保育者や子どもたち、自分の動きを詳細に書くことに時間を費しがちで、メモをとることに必死な様子も見られます。実習生が子どもを観察することや日誌を書くことが楽しいと思えるようになるために、現場も少し工夫していくことが大切だと考え実践を行っています。

　たとえば、実際の子どものやりとりを写真に撮り、吹き出しをつけたものを実習生に見せ、自由な発想でどんな会話をしているか考えてもらうということをしています。これは保育者でも柔軟な考えをもっていなければおもしろい言葉は浮かばないかもしれません。現場の経験がほとんどない実習生だからこその発想で考えてもらうと、日誌を書くだけではわからなかったものが見えてくるきっかけになるなど、可能性が広がるのではないでしょうか。写真があることで、保育者と視覚を共有できるので、話が展開しやすく、子どもの細かい部分まで見て話すことができる良さがあります。

また、実際に自分が保育のなかで遭遇した、おもしろいと感じた場面の写真を撮り、簡単な記録を書いてみるのも、時系列を追っていく日誌とは違った感覚で楽しめます。

クラス：さつき　名前：つくし野 花子

水の音

公園で遊んでいると、「何か聞こえる！」と花子ちゃん。私が「何が聞こえるの？」と尋ねると周りをきょろきょろ見渡し、「あっ！　ここ〜水の音がする〜」とマンホールの中から水の流れる音がすることに気がつきました。

マンホールの小さな穴を一生懸命覗きながら「これは川かなぁ？　何かいるのかな？　お魚いるかも！」子どもたちの世界って、面白いなと思いました。

ワーク

「実習で伝えたいこと」

自分の保育実習、あるいは子どもと関わった経験を思い出して、下記の質問に答えてみましょう。

①あなたが実習で（あるいははじめて子どもと関わった場面で）経験した「最もワクワクした（すてきな、すばらしい、価値のある、大きな学びを得た）出来事や実践」を書いてください。

②「最もワクワクした出来事」から得た学びはどのようなものでしたか。

③それでは、実習中（あるいははじめて子どもと関わった場面で）「最も大変だった出来事」（日誌・人間関係・子どもたちとの関わり・部分責任実習など）を書いてください。

④「最も大変だった出来事」から得た学びはどのようなものでしたか。

⑤上記の記述を通して、保育実習において、指導者のあなたが実習生に今後伝えていきたいことは何ですか。

第 5 章

働きやすい環境づくり

　職員の免許資格、健康管理、シフト管理、業務内容の見直し、改善、職員配置、処遇の改善など、組織のハードな側面について、働きやすい環境のための雇用管理の基本について学びます。

　たとえば、ICT の活用により業務を効率化することで、保育の質の向上のための時間やエネルギーを生み出すことができます。自園での ICT の活用方法について具体例を参考に考えます。

　最後に、職員のメンタルヘルスの重要性を理解し、保育現場における職員のメンタルヘルスを保つ実践方法についても考えます。

レッスン14

保育の質の向上を目指した業務改善

レッスン15

職員のメンタルヘルス対策

本章で紹介するシステムやアプリケーションについては、はぁもにぃ保育園で執筆時において導入していたものである。あくまで一例であるため、特定のシステムやアプリケーションを薦める趣旨のものではない。

保育の質の向上を目指した業務改善

子どもたちの午睡中にスマートフォンで連絡帳に投稿。

写真提供：はぁもにぃ保育園

ポイント

1 保育の質向上を目指した業務改善の重要性を理解する。
2 現場におけるICT活用とその目的について理解する。
3 ICTをはじめとするさまざまな業務改善の実際について理解する。

1 | 雇用管理とは

　雇用管理とは、組織を成立させるために必要不可欠な「人材」を活用し、保育の質を向上するための管理です。具体的には採用から、職員配置、人事異動や、休・退職などです。さらに、職員の免許資格の管理や、健康管理、シフト管理、業務内容の見直し、処遇の改善、評価など、多岐にわたりますが、ここでは働きやすい環境について、課題と具体的対処について考えていきます。

　厚生労働省の調査（厚生労働省、2013）によると、従業員の「働きがい」や「働きやすさ」意識を高めるには、評価や処遇、人材の育成、人間関係についての管理など、適正な雇用管理の実施が効果的であることが示唆されています。そして、従業員の「働きがい」や「働きやすさ」の意識を高めると、働く意欲が向上し、職場での定着率が上がり、さらには会社の業績向上に効果があることが調査で明らかになっています。

　「働きがい」や「働きやすさ」の意識を高める効果のある雇用管理の例としては、①仕事の意義や重要性を説明する、②従業員の意見を経営計画

に反映する、③本人の希望をできるだけ尊重して配置する、④希望に応じてスキルや知識が身につく研修を実施する、⑤提案制度などで従業員の意見を聞く、⑥経営情報を従業員に開示する、があげられています。

さらに「働きがい」意識を高めるためには、従業員が、職場のなかで自分が期待され、役立っているという意識をもてるような雇用管理を行うことが重要であるということがわかっています。保育者の場合、「組織のあいまいさ」などの組織的要因や、**バーンアウト**などが離職に影響する要因と指摘されています。

保育職の大変さに関するある調査では、自分ではどうすることもできないことに対して非常にネガティブな感情を抱くことがわかっています。どうすることもできないことというのは、具体的には「人事に関すること」と「労働条件・労働環境に関すること」です。安心して働くために重要な「仕組み」ですが、これはどうしてもあらかじめ枠組みが決まっているので、一方的に働く側に伝え、その枠組みのなかで仕事をしてもらうことになります。一方的ということは、働く側に選択権がなく、改善に関与することもできないということです。そうなると当然受身的になり納得感も得られにくいので、不満をもつことになります。

しかし、本来は人が先で枠組みが後なのではないでしょうか。つまり、枠組みが先にあるのではなく、そこで働く人の働きやすさのために、枠組みを整えていくという順序になるのではないでしょうか。保育においても、昨年度とまったく同様の計画で保育をすることはないと思います。なぜなら、子どもが先であり、計画という枠組みは後だからです。働く人のために「仕組み」は存在します。したがって、ある程度職員が「仕組み」の改善に関与することができるように、管理者はコミュニケーションを図りながら柔軟に対応する必要があるのです。

子どもと同じようにそこで働く保育者にも主体性がないと、保育は発展せずおもしろくなりません。一方的に枠組みを与えるだけでは、仕事に対して、受け身的な思考や姿勢をもたせることになってしまいます。組織のハードな側面である「仕組み」と、ソフトな側面である「人」「関係性」は互いに影響を与え合っています。たとえば、業務の役割分担が明確になっていないために、トラブルや不満からストレスがたまると、パワーハラスメントが起こりやすいといわれています。保育や仕事に対して主体的になるためには、「仕組み」づくりの段階からていねいさが求められるのです。

用語　バーンアウト
燃え尽き症候群ともよばれる。真面目で一生懸命に仕事に取り組んでいた人が、急に燃え尽きたようにやる気を失う現象を指す。

2 | ICTの活用

1 保育業務の負担感

「保育士1人一日当たりの主な業務の時間及び業務発生率」（厚生労働省、2015）によると、「会議・記録・報告」の業務時間は52.5分で、毎日発生しているということがわかります（表14-1）。また、「保育士における現在の職場の改善希望状況」によると、「事務・雑務の軽減」が3位になっています（図14-1）。職場の働きやすさの向上のために、負担感を感じ、「やらなければならない」業務をどのように改善していくかが大きな課題となっています。

ICTとは、Information and Communication Technologyの略で、情報通信技術と訳されます。パソコンやインターネットを使った情報処理や通信により、情報や知識の共有・伝達をより効率的にするものです。ICTの導入に関しては、「保育施設・事業の届出に伴うICT化推進事業」により、保育事業者の負担軽減のためのシステム導入などICT化推進に係る費用の支援が行われています。これは、特に保育現場における業務をICT導入で効率化することにより、仕事環境の改善を目指す事業です。さらにICTの活用により業務を効率化することで、保育の質の向上のための時間やエネルギーを生み出すことができます。

表14-1　保育士の業務内容

主な業務内容	業務時間（分）	発生率（％）	主な業務内容	業務時間（分）	発生率（％）
室内遊び	62.6	100.0	掃除	10.0	100.0
会議・記録・報告（施設内の活動）	52.5	100.0	保育の計画・準備・調整	8.8	100.0
表現活動への支援	35.7	98.2	ミルク・離乳食等	8.2	40.8
愛着・スキンシップ	31.8	77.7	職員の行動	8.1	99.6
食事摂取の援助	29.1	100.0	登降園時のコミュニケーション	8.0	73.4
挨拶・日常会話	26.4	98.6	降園時の送り出し	7.7	79.1
就寝の援助	24.9	77.0	保育の記録	6.8	60.6
着替え	17.0	99.6	排泄の対応	6.6	87.2
連絡帳	13.8	93.3	登園時の受け入れ	6.1	89.0
おやつ（食間食等）	12.4	100.0	訴えの把握・心理的支援	6.1	75.9
児童の行動への指導・関係調整	10.8	85.1	園庭での遊び	5.9	86.2
移動時の誘導・見守り・介助（障害児を除く）	10.4	99.3			

※職員1人一日当たりの業務時間が5分を超える業務のみを抽出。
出典：厚生労働省「保育士等における現状」2015年

図14-1　職場の改善希望状況

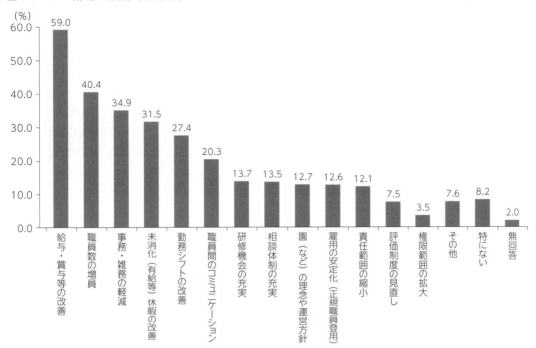

※2008年4月から2013年3月までの、東京都保育士登録者で現在保育士として働いている者（正規職員、有期契約職員フルタイム及びパートタイムを含む）を対象。
※「現在の職場に対して日ごろあなたが改善してほしいと思っている事柄はありますか」（複数回答あり）との質問に対する回答。
出典：厚生労働省「保育士等における現状」2015年

2　ICTによる業務の効率化

　ICTにより、子どもの登園管理、延長保育時間の管理、園内の情報共有、保育の計画や保育日誌の入力と修正・管理、保護者への連絡等の業務を効率化することができます。たとえば、従来、延長保育時間の管理は、紙ベースで子どもの名前一覧に降園時間を記入し、集計し延長保育料を算出していました。しかし、ICTを導入することで、保護者がお迎え時にタッチパネルにふれることで、ほぼ間違いのない計算が自動でできます。タッチパネルにふれるのは保護者であるため、保育者の負担も減ります。

　また、SNSの使用により、リアルタイムに担当するクラスの状況を伝えることができます。クラスの一日の予定を共有したり、手が足りない場合、助けを呼んだりすることもできます。今は、さまざまな立地に保育所が建設されており、構造上、速やかな情報共有ができない場合もあります。そのような場合、ICTの活用により状況を改善することができます。

　パソコンによる書類作成は、すでに多くの現場で取り入れられています。保育の計画や日誌に関しても、容易に作成や修正ができます。デジタルカメラで撮った写真を取り込むことで、文章だけではなく視覚的に子どもの活動や成長の様子を記録することができます。よりよく理解できる記録の作成は、保育者だけではなく、保護者とも子どもの育ちを共有することに役立ちます。

ICTの活用で、限られた時間を効率よく使えるようにし、保育を語る時間や、専門性向上のための研修の時間を確保することができる環境を整えることができ、働きがいの向上が期待できます。しかし、ICTへの移行は、時間がかかることを前提として実施したいところです。なぜなら、タッチパネルやスマートフォン、パソコンなどは時代とともに誰でも扱えるように操作が簡略化されてきましたが、やはり操作に慣れるまでには時間がかかります。また、多くの個人情報を取り扱う保育所では、情報を保護する仕組みが確立されなければ、職員も不安であるし、保護者は抵抗を示します。便利ですが、何のためにどのようなシステムを導入するのか、各園での検討が必要です。ここで、園内の業務をICT化しているものについて、いくつか紹介します（図14-2）。

図14-2　保育マニュアル・午睡チェックのICT活用例

保育のマニュアルをシステム化
「Teach me Biz」
https://biz.teachme.jp/

・園にある紙ベースのマニュアルを1つに集約
・システム上で随時編集
・動画も入れられるので、紙媒体よりわかりやすい（動画はオプション）
・保育のルーティーン業務などの標準化がはかれる
・保育の可視化ができ、新人でもまずは確認して、それでもわからなければ先輩に聞く
・保育だけでなく、給食、事務、看護の分野でも活用有効
・タブレットなどでも、アプリ上で見られるので、保護者に年間行事などを説明したり登園や降園の時の流れなどにも使用できる

午睡チェックの為のシステム
「ルクミー」
https://lookmee.jp/gosui/

・初期導入費用がかかる（ICT化の補助金を使用しての導入）
・子どもたち一人ひとりにバッジのようなセンサーをつけて、睡眠時の身体の動きを記録
・専用のタブレットにその子の寝ている方向が自動で記載される
・子どもの身体の動きが感知されないとブザーがなって、SIDS（Sudden Infant Death Syndrome：乳幼児突然死症候群）を予防できる
・センサーだけに頼らず、必ず職員の目視による確認が必要

赤ちゃんが寝ている
様子が確認できる。

事例1 ICT導入の課題

　園を運営するに当たって、システムを入れる必要性を感じていました。しかし、園の開所時はまだICT化の補助金などもないときだったので、必要最低限のもの（登降園の管理システムと延長保育料の自動計算、請求書発行、職員の勤怠管理等）からスタートしました。

　当時は、初期導入費用が100万円以上というシステムが多く、さらに、システムのバージョンアップやオプションなどにも別途費用がかかるとのことで、費用面でのハードルが非常に高かったのです。今でこそ、ICT化の補助金が出るようになり、多くの会社が保育のICT化のためのソフトをつくっていますが、その当時は数えるほどしかありませんでした。そのため、月額の使用料を支払う形の**クラウド型のシステム**（WEL-KIDS）を導入しました（図14-3）。クラウド型なら、初期導入費用もおさえられ、万が一、いつも使用しているパソコンが破損するようなことがあっても、ほかのパソコンでログインでき、大事なデータベースはその大元の会社で管理されているところがメリットでした。当時は保育業界へ参入したばかりの会社だったので、開発担当の人が何度も保育所に訪ねてこられ、実際の保育者の業務の流れや、保護者の動きを観察し、こちらからの要望も伝え、どんどんサービス内容もバージョンアップしていきました。

図14-3　WEL-KIDSの概要

子どもの登降園・職員の勤怠管理
「WEL-KIDS」
https://www.wel-kids.com/

・職員のシフト作成や勤怠システムが連動している
・行政への提出書類のデータ作成
・保護者の請求書などが連動されている
・クラウド型のもので初期投資が少ない
・チームビューアーでいつでもヘルプデスクとつながって、修理、アップデートなどができる
・各種の指導計画、日誌関係なども作成可能

勤怠の記録をつけられる。出勤ボタンを押すと自分への連絡事項が確認できる。

保護者一人ひとりの保育の予約状況を確認できる。

　クラウド型のシステム

ソフトなどを使用せず、インターネットを通じて、必要なときにサービスを利用できるシステムのこと。一般的にソフトを使用する場合、データ管理のためのハードディスクや、ソフトに対応したパソコンの購入など、初期コストが高くなる。しかし、クラウド型のシステムでは、インターネットにつながれば、いつでも最新のソフトをほぼパソコンやタブレットの性能に関係なく利用することができる。

> **事例2　連絡帳のICT化**
>
> 　開所して5年間、保護者から、「字の汚い先生がいて、読みづらい」「連絡帳の渡し忘れ、連絡帳の取り違いがあり、困る」という意見が多く出ていました。注意や対策をしても根絶まではなかなか難しい状況で、特に連絡帳の取り違いは、個人情報の問題にも発展しかねない課題でした。
>
> 　また、自園に園庭がないため、「外遊びをもっとさせてもらいたい」という意見も多くありました。実際は、毎日のようにお散歩をしたり、園外保育も盛んに行っていましたが、文字ベースの連絡帳では、どうしてもその保育内容が伝わりきれていないのが現状でした。その日の写真を玄関に掲示したり、引き渡しのときに外遊びの話題を意識的に話すなど工夫をしましたが、外遊びが少ない印象はぬぐえませんでした。
>
> 　そんななか、保育所向けの連絡帳配信サービスがリリースされることを知り、検討することにしました（図14-4）。職員からは「温かみがなくなる」「スマホでない人がいたらどうするのか」「使用するスマホが1台では一斉に連絡帳が書けず、休憩がとりづらくなるのでは」という懸念事項があがりました。しかし、各クラスにスマートフォンを2台ずつ、タブレットを1台ずつ入れることで、同時に連絡帳を記載できるようにしました。各家庭へのアンケートで、全家庭が父母ともにスマートフォンだったことがわかり、思い切って連絡帳のICT化に踏み切りました。導入した結果、毎日、写真も添付でき、その日の保育の様子がとても伝わりやすくなりました。園だよりなどのお手紙関係もすべてPDFで配信することで、経費削減にもつながっています。父母、祖父母4人まで配信されるのも喜ばれています。当初、心配していた温かみがなくなるという声はほとんどなく、むしろ「前日の家庭の様子も、写真付きで送られてくるので伝わりやすい」などの声もいただきました。
>
> 　課題として、各クラスの書く内容の量にばらつきがないように、「写真の枚数や文字の行数、絵文字はいくつまでなら入れてもOK」などの園としてのルールを決めました。また、連絡帳を入力しているときの姿はその人の素の姿が表に出やすく、園外や園内のどこで入力していても、子どもたちや保護者から見られているという意識をもつよう指導もしました。

3　ICT化における留意事項

■1■　ICT化の課題

　ICT化における必要不可欠な留意事項として、システムのソフト面とハード面の課題があります（機械のソフト面とハード面ではありません）。

　ソフト面では、職員のITリテラシーがあるかどうか。情報が園のパソコンやタブレット、スマートフォン、または個人のスマートフォンなどでやりとりされる場合、園の重要機密事項や園児や保護者の個人情報が流出

図14-4　キッズリーの概要

連絡帳業務・保護者との連携
「Kidsly」
https://kidsly.jp/index.html

・日々の連絡帳を父、母含め 4 人に写真つきで配信
・保護者との個別連絡（保護者からは個別連絡は返
　信のみ）
・園だよりなどの紙ベースのものも、すべてPDF化し
　て配信可能
・忘れ物、落し物、けが、体調不良も写真で投稿可能
・写真つきで状況がわかりやすい
・保護者が個別連絡を既読したかどうかがわかる
・保護者も保育者も時間を気にせず配信できる
・年間行事予定や月間の予定もスケジュールに入れて
　保護者もみられる
・クラス投稿にて、クラスだけに配信することも可能

連絡帳

しないように十分に配慮が必要です。また、一度作成したデータの保存方法について、ほかの職員が作成した報告書や記事を不用意に消す、または上書きしてしまうことのないように注意が必要です。

　また、どんなソフトやアプリケーションを使用しても、それぞれに使用するうえでの注意事項が必ずありますので、それを共有しておく必要があります。個人のスマートフォンから、簡易的な個人情報にならない範囲内で情報共有をする場合もありますが、その場合も、投稿するうえでのルールや他者への配慮（たとえば、投稿する内容や長さ、頻度、時間帯）が必要です。職員全員がITリテラシーを高めるための研修や、ルールなどを共有する時間も必要になってきます。

　ハード面では、情報の流出に注意していても、ウイルスなどにより拡散されてしまう場合もあるので、ウイルス対策ソフトを入れて、定期的に危険性が取り除かれているかどうかの確認が必要です。パスワードに関しても、退職者などが外へ情報を流出しないように、パスワードは定期的に変えるなど、留意する必要があります。

　また、園全体としてICT化する場合、そもそも園で設置されているパソコンの台数やタブレット、スマートフォン端末の数が職員の数に合わせて、十分に置かれているかどうかも重要な要素です。指導計画や連絡帳など、午睡の時間で制作するなど、その園によって、ある一定の時間帯に書類作成業務を行うルールがあると、一斉にパソコンが必要になってきます。せっかく職員がやる気になっても、環境が整っていなければICT化は進みにくいでしょう。同時にネット環境や、その作成した大容量の情報を保管する業務用専用サーバーを準備する必要があります。クラウド型のサービスも増えているため、ネット環境が悪いと、一度に大人数の職員がネッ

トにつなげようとすると速度が落ち、作業効率が落ちます。もし電波が切れてしまうと、途中まで作成したデータが消えてしまう可能性もあります。

　また、そのパソコンやタブレット、スマートフォンを誤って持ち帰らないように、必ず業務終了後に格納しておく場所や充電ターミナルも必要になってきます。ICT化を進める前に（どのソフトやアプリケーションを使用するかを検討すると同時に）、こういったさまざまな環境面を整えるだけでも、費用や場合によっては工事に要する期間が必要になってきます。

◼2◼ ICT化のポイント

　ICT化をするうえでのポイントが、3つあります。

　1つ目は、完璧なシステムやアプリケーションなどはないということです。特に保育の部分のシステムは、すべてのものを網羅したものはないといっても過言ではありません。どんなシステム、アプリケーションでもメリットもあればデメリットもあり、導入したことで、リスクが高まることもあります。どのシステムにするのかは、そのシステムの制作会社がどれくらい成長していて、そのシステム自体がどれくらいバージョンアップをしているかということも、導入を決めるポイントの一つです。

　2つ目は、一つのシステムを導入しても、ほとんどの職員が業務省力化を感じ、職場で定着するまでに1〜3年かかると感じています。最初は、使いにくさやデメリットを強く感じ、それを声高に発信する人もいるかもしれません。しかし、いずれ慣れてくれば、もっと早くに導入しとけばよかったと思えるくらい、職員に親和性の高いシステムもあります。まずは、無料やお試しで使用感を確認して、よければまずは1年使ってみてはどうでしょうか。クラウド型の料金体系なら、途中解約もしやすいですので、料金の部分も確認が必要です。

　最後に、すべてICT化すればよいのかというと、そういうわけでもありません。やはりアナログも重要ですし、大事なのはコミュニケーションの密度です。ICT化で職員同士のコミュニケーションが減ってはいけません。一番大事なのは、職員同士も保護者に対しても、フェイストゥフェイスのコミュニケーションが第一義です。ICTはあくまで保育の質や、よりコミュニケーションが密にとれるためのツールでしかないのだということを意識して活用できることが大事です。

▋事例3▋　LINEの使用

　園ではさまざまな情報が職員間でやりとりされています。そのなかには、子どもや保護者の個人情報に当たるような重要なものや、行事の諸連絡、早番や遅番の申し送り事項などもあります。それらを、ノートやホワイトボードに書いたり、メーリングリストやLINEのグループなどで共有したりしていました。しかし、次第にLINEでのやりとりが多くなりました。一斉に伝えたいときなどは便利に、かつ手軽に配信ができるのがよかったようです。しかし、なかには、個人的要素の強いLINEを仕事に使用することに違和感を感じている職員や、LINEをやっていない職員もいました。また、

複数名に送ってもタイムリーに全員が既読になることが難しい場合も多く、そういった情報共有の部分で課題を感じているときに紹介してもらったのが、「Talknote」というアプリケーションでした（図14-5）。

　全職員の個人のスマートフォン番号を登録してもらい、機能的には自由にグループ設定やそのグループの記事が見られる人の設定もできます。LINEでは誰が既読したかまではわかりませんが、トークノートでは誰が既読しているのか、既読していないかもわかります。「いいね」ボタンなどもありますし、投稿した記事に対しての返信もできます。使ってみての課題は、個人携帯を使って休みの日や遅い時間に投稿する職員に対して、一定のモラルや業務過多になっていないかなどの配慮が必要になることです。そのため、使用のルールや指導が必要です。

図14-5　トークノートの概要

職員の報告・連絡・相談
「トークノート」
https://talknote.com/

・職員の電車の遅延や、朝一番での体調不良など
申請関係
・休暇申請・残業申請・保育材料などの購入申請
会議録関係
・職員会議録
・リーダーミーティング議事録
・クラスミーティング議事録
各種報告書関係
・研修報告　　・行事や園外保育の計画書
保育の業務連絡
・遅番、早番、クラスのことなどの共有
・保育日誌
その他
・職員同士の細かいやりとり
・タスク管理（提出物の管理）

レッスン
14

保育の質の向上を目指した業務改善

職員の
メンタルヘルス対策

職員会議中、議題に沿ってグループごとに分かれ、意見やアイデアを出し合う。

写真提供：はぁもにぃ保育園

ポイント

1 職員のメンタルヘルスのための具体的な取り組みについて知る。
2 職員の働きやすい環境づくりについて考える。
3 互いにケアし育み合う文化を築くために必要な風土について考える。

1 保育者の疲労

　保育者の疲労は身体的疲労と、精神的疲労に分類できます。身体的疲労は、抱っこや姿勢を低くすることからくる背中・腰痛、肩こり、首筋の痛みと、大きな声を出すことによる喉の痛み、声の枯れです。身体的疲労は、蓄積すると症状が慢性化してしまいます。疲れや痛みなどは、症状を感じ始めたときに、身体のメンテナンスをすることで疲労を蓄積しないことと、疲労がたまらないような身体の使い方に変えていくことが効果的です。

　精神的疲労は、仕事量の多さと時間の欠如（書類、持ち帰りの仕事）、子ども理解・対応の難しさ（発達障害など）、園内の人間関係、保護者との問題（ニーズが多様化）、成果の評価が困難、などの要因があります。また、保育は感情労働だといわれます。感情労働とは、肉体労働や頭脳労働があるように、自分の感情を制御し、相手や場にふさわしい対応をとることが求められる労働のことです。一般的に保育者は、保育者らしい、あるべき態度をとるために、抑制することや元気な自分を演じることを求められるように感じ、ストレスを高めている場合があります。保育現場にお

図15-1　書類の様式の簡略化例（指導計画）

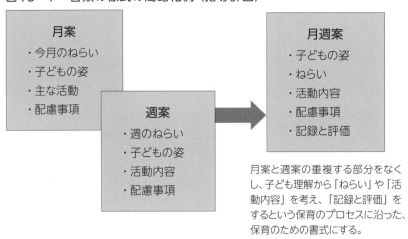

月案と週案の重複する部分をなくし、子ども理解から「ねらい」や「活動内容」を考え、「記録と評価」をするという保育のプロセスに沿った、保育のための書式にする。

ける職員のメンタルヘルスを保つことは、職業継続と職場の健康度を保つために重視すべき点です。

　仕事量の多さと時間の欠如については、たとえば書類作成の時間を業務時間中にとろうとすると、子どもに向き合う時間が少なくなったり、保育を語る時間がとれなくなったりします。書類作成の意味が理解できず、納得していない場合、葛藤を抱きストレスが高まります。これは、書類の様式を簡略化し、子ども理解や保育を振り返ることができるような様式に変えることで、改善することができます（図15-1）。

> **事例 1　メンタルヘルス対策の必要性を実感**
>
> 　園を開所して 1 年目、身体の倦怠感や発熱の理由から、早退したり、遅刻したり、頻繁に休むようになった新卒の職員がいました。人間関係に困っていた様子もなかったので、単なる体調不良として受け取っていたところ、休みが 3 日、1 週間と長引いていきました。電話をすると、「明日は行きます」と話すのですが、次の日も出勤はできず、携帯もつながらなくなってしまいました。自宅に電話をしても取り次いでもらえない状況が続き、1 か月休んでも職員の状況は変わりませんでした。その結果、退職届を受け取ることになりました。本人から「私にはもう担任はできません。申し訳ないです」と言われ、私は「もっと早くに先生のSOSに気づいてあげられていれば……先生の抱えている不安、担任業務へのプレッシャーを一緒に解決してあげられれば……」と一緒に涙したことを今でも覚えています。
>
> 　この職員の場合は、職員同士の人間関係や保護者とのトラブルなどが理由ではなく、自分自身が担任としての自信がなくなり、担任業務のプレッシャーに押しつぶされてしまったケースでした。職員は日々さまざまなケースで悩んでいます。その悩みに大小はあるものの、悩みのない人などいません。その人にとっては、目の前の悩みが、時として、大好きな子どもとも会えなくなってしまうくらい、さまざまな心の病気にまで発展してしまうのだと、この事例を通して学びました。

このことがあってから、ICT化で職員の業務省力を図るとともに、本格的なメンタルヘルス対策を講じる必要があると感じました。退職に至ってしまった職員の出来事を学びに変え、これからの職員たちに生かしていくためのメッセージとして受け止めていきたいと思ったからです。

2 │ 組織としてのレジリエンス

　精神的疲労が高まっても、レジリエンスを養うことで、ストレスを乗り越えることができます。レジリエンスとは、「復元力」「回復力」「抵抗力」などと訳されます。困難な状況や逆境において、楽観性をもって自分の力を信じ、嵐のなかでも竹のようにしなやかに適応することのできる心理的な力のことです。これは、自己の感情や価値観に対する理解を深めること、自己効力感や自尊感情を養うこと、前向き指向を学ぶことなど、トレーニングにより身につけることができます。

　さらに個人のなかだけではなく、チームや組織としてもレジリエンスを身につけることができます。個人にストレスを感じるような状況が生じた場合、一人で抱え込んでしまうと、過剰な我慢や抑圧により、不安や緊張が高まります。園において、周りからサポートを受けられる体制を整えることで、組織やチームとしてしなやかな強さをもち、状況に対処することができるようになります。

　近年、保育所への保護者のニーズが多様化し、保護者対応に困難さを感じることもあります。担当保育者一人に抱えさせるのではなく、園全体で保護者対応できるような体制を整えることが必要です。さらに、地域というシステムのなかにレジリエンスをもつために、最終的には保護者も含めた地域と、子どもの健全育成に関して協働関係をつくることを目指してほしいと思います。

　保育現場においては、当然子どもの最善の利益や子どもの権利の保障を目指さなければなりません。しかし、保育は保育者という人によって成り立っていることを忘れてはいけません。保育所を一つのコミュニティとして考えた場合、そこでともに生活する大人（職員）の無理や我慢によって何とか成り立っているというのは、健全な状態とはいえないのではないでしょうか。子どもたちのモデルとなる一番身近な社会が保育所です。職員一人ひとりが安心して仕事を継続できる権利を保障することや、働きやすい職場へと改善し続けるために、適切な雇用管理や、ICTの活用、メンタルヘルスに取り組むという意識をもつことが大切です。

　ミドルリーダーは園長・主任よりも現場に近い存在です。現場の職員の働きやすさについての現状や意向を吸い上げ、園長・主任と共有し、より働きやすい職場へと変えることで、子どもの最善の利益や子どもの権利の保障へとつなげていくという方向性を模索してほしいと思います。

事例 2　働き方に合わせた多様な仕組みづくり

「働き方改革」という言葉が言われている昨今、職員たちの働き方に幅を
もたせるように就業規則を改定しました。当時の就業規則上、早番、遅番
ができる職員が担任で、シフトに入れて、土曜出勤ができ、書類や行事準
備のために残業もできる職員だけが、常勤職員でした。つまり、逆にいえ
ば、それが難しい職員は全員非常勤になるしかありませんでした。メンタ
ル的理由から体調不良になり、物理的にも通常業務が難しい職員に対して
や、妊娠、出産後戻ってくることを想定した就業規則ではなかったのです。
そこで、常勤のままでも、早番や遅番をやらなくてもよい時間固定の働き
方や、常勤のままでも担任業務ではなく、サブ的役割を担っていく働き方
も設けました。また行事のリーダーやサブリーダーもこれに準じて役割分
担しました（表15-1）。

表15-1　多様な勤務形態（はぁもにぃ保育園）

保育者	保育勤務形態	保育仕事内容
常勤A	早番・遅番あり 土曜番あり 割増手当て（固定残業代20時間分）	担任業務 行事リーダー
常勤B	普通番・準早番のみ固定 土曜番あり 割増手当て（20時間）	担任業務 行事リーダー
常勤C	普通番・準早番のみ固定 土曜番なし 割増手当て（10時間）	配置フリー 行事サブ
常勤D（資格なし）	時間要相談 土曜シフト 割増手当て（10時間）	保育補助
非常勤A 賞与あり	扶養外	連絡帳・日誌・個別記録 午睡チェック・季節行事リーダー
非常勤B 賞与なし	扶養内	連絡帳・日誌 午睡チェック
非常勤C（資格なし） 賞与なし	シフトによる アルバイト的働き方	保育補助

事例 3　カウンセリングの必要性

知り合いの人から東京メンタルヘルス協会を紹介してもらったのをきっ
かけに、試験的に入会してみることにしました（図15-2）。年間100人

までの契約だったので、職員だけでなく、保護者にも利用を呼びかけました。その結果、年間30〜50人くらいが、面会や電話、メールなどの形でさまざまな相談をしていました。しかし、職員の件数が思っていた以上に低かったため、ヒヤリングをしたところ、自分の抱えている悩みは、「直属の上司や園長にわかってもらいたい、聞いてもらいたい」というニーズが強いことがわかりました。よかれと思って始めたものでしたが、これは意外な結果でした。

　しかし、私自身がプロのカウンセリングの人に話をきいてもらって、勉強になることがたくさんあり、聞く側に立つ自分の面談のあり方を見直すきっかけにもなりました。面談では、まずはすべて受け止め、気持ちに寄り添うというマインドと、より深く話したくなるような傾聴のスキル、質問のスキルを身につける必要があると感じました。また、管理職のような立場の人こそ、定期的にプロのカウンセリングを受けて、自身のメンタリティを安定させておくということも大事だと感じました。

図15-2　東京メンタルヘルス協会の概要

・職員、合計100人までの契約（100人に満たない場合は保護者が入っても可）。
・電話相談、メール相談、対面相談は一人年間5回のカウンセリングがうけられる。
・内容は、プライベートのことでも仕事のことでも何でも可。
・守秘義務を守ったうえで、生死に関わる内容のみ園長に連絡がくる。

　同じ東京メンタルヘルス協会で開発された「メンタル天気予報」というものも、併用していたことがありました。これは自分の体調及びメンタル面を天気で表し、出勤時と退勤時にお天気マークを押すことで、継続的に自分のメンタル面を自覚していくという目的があって導入していました（図15-3）。その波形を見て、何かいつもと違う波形になった場合はよくても悪くても、園長にアラートが飛ぶ仕組みになっていました。このよいときも悪いときもというところが重要で、管理職の人の多くは、部下の調子がよくないときに声をかけがちですが、実は、うまくいっているときにこそ声をかけ、承認することが大事なのです。うまくいっている理由や状況に自覚的になってもらい、その感覚を継続できるようサポートしていくことで、メンタリティの落ち込みを防ぐことにもなると感じました。

図15-3　メンタル天気予報の概要

・出勤時と退勤時にそのときの自分の機嫌、体調など、仕事に対する気持ちを打刻。
・天気で自分の気持ちを打刻するのでわかりやすい。気軽に打てる。
・波形が乱れた人はよくても、悪くても、管理者にアラートが飛ぶ。

メンタル天気予報の画面。
自分の気持ちや体調に当
たる天気マークを押す。

事例4　面談は評価する場ではなく、ケアする場

　それまでは、職員一人ひとりと話す個人面談は、あくまで賞与の査定も含めた人事考課面談が主でした。もちろん仕事における個人的評価の反省のもと、今後どうしていきたいかということを聞く大事な場ではありましたが、一人30分では、もともとある人事考課のフォーマットにしたがって話を進めることで終始してしまい、個人の悩みをじっくり聞くことはできていませんでした。事例3であげた気づきからも、やはり、一人ひとりの悩みをアウトプットできる時間が足りていないと感じ、数値的に評価する人事考課面談は廃止して、必要であれば一人30分から60分に時間も延ばしました。

　しかし、漠然と1時間、何でも話していいですよといわれると、何から話していいのかわからないという職員もいたので、それを解決するため、どんなことで悩みを抱えているのか、逆に今、こんなところはうまくいっているということもわかる「キッズリー保育者ケア」を導入しました（図15-4）。事前にスマートフォンで簡単に入力でき、自由記述もあるので具体的に書いてもらうことも可能です。その分析結果をもとに1時間話を聞くと、大抵の職員がすっきりした表情で、話してよかったという形で面談が終わります。そして個人の課題が明確になるなど、職員一人ひとりと深い話ができたり、気づきと成長の場にもつながっているので、面談をやっている上司側も手ごたえを感じています。今、自分が苦しんでいる、悩んでいるということを、上司にわかってもらった、共感してもらったことが、職員一人ひとりにどれだけ大きな意味をもつのかということがわかりました。そして、面談は評価する場ではなく、ケアする場にしていこうと明確に目的が変わりました。

図15-4　キッズリー保育者ケアの概要

キッズリー保育者ケア
https://kidsly.jp/c/kidslycare/

・自分のコンディションを客観的に3か月に
　1回みていく（期間に園ごとに選択可）
・課題が人間関係なのか、保育の部分か、仕
　事の負担感など、細かく診断
・よい結果でも課題がある結果でも、とにか
　く傾聴
・一人ひとりの悩みや、今直面している課題
　が具体的に抽出できる
・上司面談の場としても人財育成の場になる

管理画面

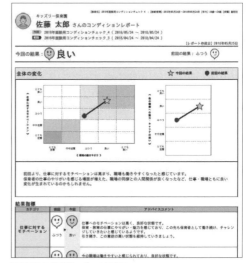

面談用の診断レポート画面

事例5　組織がチームになるために

　もし、何か思い悩むことがあったとき、それが人間関係であっても、業務上のことであっても、初期の段階でその悩みを打ち明けられる人や悩みに気づいてくれる人がいたら、悩みに向き合う勇気をもらったり、前を向いてみよう、立ち止まってみよう、と思えるかもしれません。たとえ失敗しても、それを受け入れ、必要とされているという、自分自身の価値を見出せることができたら、きっと何度でも立ち上がれるのではないかと思います。そういった「安心、安全な場」が職場にあるかどうかということは、メンタルヘルスの対策の最も根幹的な、本質的な対策なのではないでしょうか。

　では、どのようにしてその信頼関係を築き、チームとして一つになっていけばよいのか、さまざまな研修を試みてきました。実践例として効果を感じたのは、「アイディア甲子園」という取り組みでした。単純に職員同士の懇親を深めるだけでなく、今それぞれに働いていて感じる違和感や、「もっとこうしたらいいのに」という考えを皆でテーブルに出して、話し合

い、それを改善し、よりよくしていくためにはどうしたらよいかを形にしていくというものです。コミュニケーションがとれるよう、バーベキューをするなどの共同作業も入れます。これは、給食や事務の職員も交え職域を超えてコミュニケーションも図ることができ、非常に有効な取り組みでした。

　また職員会議のやり方も、一方的に園長、主任が議事を進めていくのではなく、小さな3、4人のグループに分かれて、議題に沿ってディスカッションをしてもらいます。そのあと、それぞれのグループで出た意見を発表してもらったり、一対一で話し合うことで、どんな新人でも非常勤であっても思ったことを発言できる場をつくってきました。全員がチームの構成員であり、自分の意見も採用されたり、聞いてもらえたりする場をもつことで、必要とされていると感じてもらえるようにしています。

ワーク

「互いにケアし育み合う文化を築くために」

【ねらい】

・考えや思いを伝え合うことで、互いにケアし育み合う文化を築くために必要としている組織のあり方を確認する。

・話の内容だけではなく、相手の感情や思いを聴き、受け止めることを通して、グループ内に協働関係を築くことにチャレンジする。

【準備物】

ワークシート、振り返りシート

【演習の流れ】

① 4～6名のグループになります。

②個人で、ワークシートに職員間で大切にしたいことの順位と理由を記入します。

③まずは、ほかのメンバーがどのような順位づけをしたかを聞き、ワークシートに書き込みます。その後、順位をつけた理由や思いを一人ずつ伝えていきます。聞いている人は、もっとよく理解するために質問をし、自分の意見や感じたことを率直に伝えます。

　注意：順位には正解はありません。自分と異なる意見をもっていても、ほかの人の意見を最初から否定したり批判するのはやめましょう。それぞれのメンバーが今感じている「感情や思い」などにも配慮しましょう。

④グループで順位の最終決定をします。話し合いで決める際には、多数決で決めたりするのではなく、基本的に全員が納得する決め方（コンセンサス）で決めます。

⑤振り返りシートを個人で記入します。

⑥グループで各自が書いたことを、項目ごとに伝え合います。

ワークシート「互いにケアし育み合う文化を築くために」

互いにケアし育み合う文化を築くために、わたしたちの保育所において職員間で大切にしたいことベスト6を決めたいと思います。ベスト3まではすでに決まっていますので、残りの3つをa〜gのなかから選んで決定してください。

a. お互いの存在と頑張りを認め合う
b. 自分が園に貢献できることを探す
c. 困ったときは助け合い、チームとして対処する
d. 新しいことへチャレンジする勇気を肯定する
e. お互いの強みを見いだし、生かし合う
f. 感謝の気持ちをもち、伝え合う
g. 無理なときは我慢をせず、無理という

互いにケアし育み合う文化を築くために職員間で大切にしたいこと
ベスト6
1位　保育への思いや気持ちを伝え合う
2位　共感的に理解しようとする
3位　感じたことを率直に伝え合う。衝突を恐れない
4位
5位
6位

項目＼氏名	自分の順位					グループの最終決定
4位						
5位						
6位						

ワークシート「互いにケアし育み合う文化を築くために」振り返り

①話し合いにおいて、あなたはどの程度、自分の思いや考えを伝えることができましたか。番号に○をつけてください。

1 —— 2 —— 3 —— 4 —— 5
できなかった　　　　　　　　　　十分できた

②上記の番号に○をつけた理由は何ですか。

③話し合いにおいて、あなたはどの程度、相手の思いや考えを聞くことができましたか。番号に○をつけてください。

1 —— 2 —— 3 —— 4 —— 5
できなかった　　　　　　　　　　十分できた

④上記の番号に○をつけた理由は何ですか。

⑤話し合いを通して、互いにケアし育み合う文化を築くために、自園においてあなたが取り組んでみたいことは何ですか。

引用文献・参考文献

石川昭義・小原敏郎編著『保育者のためのキャリア形成論』建帛社　2015年

今井和子編著『主任保育士・副園長・リーダーに求められる役割と実践的スキル』ミネルヴァ書房　2016年

旺文社教育情報センター「教育における“コンピテンシー”について　OECD『PISA調査』の基本概念」2005年（http://eic.obunsha.co.jp/resource/topics/0510/1002.pdf ［2020年7月22日確認］）

太田光洋『保育・教育相談支援――子育ち、子育てを支える』建帛社　2016年

大宮勇雄・川田学・近藤幹生・島本一男編『どう変わる？　何が課題？　現場の視点で新要領・指針を考えあう』ひとなる書房　2017年

岡田康子・稲尾和泉『パワーハラスメント（第2版）』（Kindle版）日本経済新聞出版社　2018年

香取一昭・大川恒『決めない会議――たったこれだけで、創造的な場になる10の法則』ビジネス社　2009年

河合隼雄『河合隼雄著作集　第2期　臨床教育学入門』岩波書店　2002年

Kim, Daniel H.（2001）"What Is Your Organization's Core Theory of Success?"（https://thesystemsthinker.com/what-is-your-organizations-core-theory-of-success/ ［2020年7月20日確認］）

経済協力開発機構（OECD）編著／無藤隆・秋田喜代美監訳『社会情動的スキル――学びに向かう力』明石書店　2018年

厚生労働省「職場の働きやすさ・働きがいに関するアンケート調査（従業員調査）」2013年

厚生労働省「保育士等における現状」2015年（https://www.mhlw.go.jp/file/05-Shingikai-11901000-Koyoukintoujidoukateikyoku-Soumuka/4.pdf ［2020年7月10日確認］）

厚生労働省雇用均等・児童家庭局保育課「保育士のキャリアアップの仕組みの構築と処遇改善について」2017年

小林育子・民秋言編著『園長の責務と専門性の研究――保育所保育指針の求めるもの（改訂版）』萌文書林　2012年

汐見稔幸「グランドデザインを論じ合うということ」汐見稔幸・久保健太編著『保育のグランドデザインを描く――これからの保育の創造にむけて』ミネルヴァ書房　2016年　289-314頁

シネック, サイモン／栗木さつき訳『WHYから始めよ！――インスパイア型リーダーはここが違う』日本経済新聞出版社　2012年

清水久三子「仕事ができる人は『正しい衝突』が超得意！――『雨を降らせて地を固める』はこうやる」『東洋経済ONLINE』2016年（https://toyokeizai.net/articles/-/117979?page=2 ［2020年3月9日確認］）

社会保障審議会児童部会保育専門委員会「保育所保育指針の改定に関する議論のとりまとめ」2016年（https://www.mhlw.go.jp/file/05-Shingikai-12601000-Seisakutoukatsukan-Sanjikanshitsu_Shakaihoshoutantou/1_9.pdf ［2020年3月9日確認］）

社団法人日本社会福祉士会編集『社会福祉士実習指導者テキスト（第2版）』中央法規出版　2014年

ジョンソン, ジェフ・A.／尾木まり監訳、猿渡知子・菅井洋子・高辻千恵ほか訳『保育者のストレス軽減とバーンアウト防止のためのガイドブック――心を元気に笑顔で保育』福村出版　2011年

シラージ, イラム, ハレット, エレーヌ／秋田喜代美監訳・解説、鈴木正敏・淀川裕美・佐川早季子訳『育み支え合う保育リーダーシップ――協働的な学びを生み出すために』明石書店　2017年

諏訪茂樹『コミュニケーション・トレーニング――人と組織を育てる（改訂新版）』経団連出版　2012年

全国社会福祉協議会『児童家庭福祉（改訂2版）』全国社会福祉協議会　2015年

高間邦男『学習する組織――現場に変化のタネをまく』光文社　2005年

高山静子『環境構成の理論と実践――保育の専門性に基づいて』エイデル研究所　2014年

中央教育審議会初等中等教育分科会教育課程部会　幼児教育部会（第10回）配布資料「資料1　次期学習指導要領等に向けたこれまでの審議のまとめのポイント」2016年

津村俊光「人間関係における『プロセス』を再考する―― G. Weinstein, E. H. Schein & W. B. Reddyのプロセスの視点より」『人間関係研究』10　2011年　137-155頁

津村俊充『プロセス・エデュケーション――学びを支援するファシリテーションの理論と実際』金子書房　2012年

東京都福祉保健局「平成30年度東京都保育士実態調査結果（報告書）」（https://www.fukushihoken.
metro.tokyo.lg.jp/kodomo/shikaku/30hoikushichousa.html［2020年3月9日確認］）

ドラッカー, P. F.／上田惇生編訳『マネジメント　エッセンシャル版』ダイヤモンド社　2001年

長尾博『やさしく学ぶカウンセリング26のレッスン』金子書房　2008年

中村和彦『入門組織開発──活き活きと働ける職場をつくる』光文社　2015年

那須信樹・矢藤誠慈郎・野中千都・瀧川光治・平山隆浩・北野幸子『手がるに園内研修メイキング──みんなで
つくる保育の力』わかば社　2016年

日本体験学習研究所「ラボラトリー方式の体験学習とは」（http://www.nittaiken.net/ラボラトリー方式の体験学
習とは？［2020年3月9日確認］）

平木典子『図解　自分の気持をきちんと〈伝える〉技術──人間関係がラクになる自己カウンセリングのすすめ』
PHP研究所　2007年

ポジティブ・アクション展開事業研究会「女性社員の活躍を推進するためのメンター制度導入・ロールモデル普及マ
ニュアル」2012年（https://www.mhlw.go.jp/topics/koyoukintou/2013/03/07-01.html［2020年3月9日
確認］）

星野欣生『人間関係づくりトレーニング』金子書房　2002年

星野欣生「グループプロセスで何を見るか」津村俊充・山口真人編『人間関係トレーニング（第2版）』ナカニシヤ
出版　2005年　45-47頁

堀公俊・加留部貴行『教育研修ファシリテーター──組織・人材開発を促進する』日本経済新聞出版社　2010年

マグレガー, ダグラス／高橋達男訳『企業の人間的側面──統合と自己統制による経営（新版）』産能大学出版部
1970年

増田まゆみ・小櫃智子『保育園・認定こども園のための保育実習指導ガイドブック──人を育てることは自分自身が
育つこと』中央法規出版　2018年

マスロー／上田吉一訳『完全なる人間──魂のめざすもの』誠信書房、1964年

丸山和彦「保育の「物差し」作りについて」」『NEWSLETTER』40　2016年　2-4頁

矢藤誠慈郎『保育の質を高めるチームづくり──園と保育者の成長を支える』わかば社　2017年

吉田道雄『人間理解のグループ・ダイナミックス』ナカニシヤ出版　2001年

レディ, W. ブレンダン／津村俊充監訳、林芳孝・岸田美穂・岡田衣津子訳『インターベンション・スキルズ──チー
ムが動く、人が育つ、介入の理論と実践』金子書房　2018年

ローゼンバーグ, マーシャル・B.／安納献監訳、小川敏子訳『NVC　人と人との関係にいのちを吹き込む法（新版）』
日本経済新聞出版社　2018年

ロジャーズ, カール・R.／佐治守夫編、友田不二男訳『ロジャーズ全集2』岩崎学術出版社　1966年

初出一覧

●レッスン1

鈴木健史「子どもと大人が育ち合う園風土を目指して（1）安心して働き続けることのできる基盤づくり」『保育通信』
767（2）　2019年　37-41頁の一部を引用

●レッスン5

鈴木健史「子どもと大人が育ち合う園風土を目指して（3）組織風土の醸成──対話のある組織へと変えるために」
『保育通信』769（4）　2019年　26-30頁の一部を引用

●レッスン11

鈴木健史「子どもと大人が育ち合う園風土を目指して（2）働きやすさ、働きがいにつながるキャリアパス」『保育通
信』768（3）　2019年　26-30頁の一部を引用

●レッスン12

鈴木健史「子どもと大人が育ち合う園風土を目指して（3）組織風土の醸成──対話のある組織へと変えるために」
『保育通信』769（4）　2019年　26-30頁の一部を引用

レッスン6　ワークの解答例

ワーク1

「自分の枠組みを知る」の回答からわかること　（→46頁）

　それぞれの質問について、「1：非常に当てはまる」「2：かなり当てはまる」と回答している場合、現実的ではない、非合理的な思い込みをしているかもしれません。たとえば、Q1とQ6について、1と回答している場合、「人は誰からも愛されなければならない」という、実際にはありえない思い込みをしている可能性があります。もしこの問いに対し、「3：あまり当てはまらない」「4：全然当てはまらない」と回答していれば、現実的で合理的な考え方をしていると考えられます。下記には、それぞれの質問について「1：非常に当てはまる」「2：かなり当てはまる」と回答した場合に考えられる思い込みについて、例をあげます。

　Q1・Q6：人は誰からも愛されなければならない

　Q2・Q7：人は失敗をしてはならない

　Q3・Q8：思い通りに事が運ばないのは致命的である

　Q4・Q9：決して人を傷つけてはならない

　Q5・Q10：不安になると何もできなくなる

ワーク2

「私メッセージ」の解答例（→50頁）

「その意見は違うだろ」⇒「私は　違った意見をもっている」

「おまえうるさい」⇒「私は　うるさいと感じている」

「あの人ににらまれた」⇒「私は　にらまれたと思った」

「おまえはグズだ」⇒「私は　あなたの動きが遅く感じられるので、もう少し急いでほしい」

資料編

「保育所保育指針」

「幼保連携型認定こども園教育・保育要領」

「保育所保育指針」

2017（平成29）年3月31日告示

第1章　総則

　この指針は、児童福祉施設の設備及び運営に関する基準（昭和23年厚生省令第63号。以下「設備運営基準」という。）第35条の規定に基づき、保育所における保育の内容に関する事項及びこれに関連する運営に関する事項を定めるものである。各保育所は、この指針において規定される保育の内容に係る基本原則に関する事項等を踏まえ、各保育所の実情に応じて創意工夫を図り、保育所の機能及び質の向上に努めなければならない。

1　保育所保育に関する基本原則

（1）保育所の役割

ア　保育所は、児童福祉法（昭和22年法律第164号）第39条の規定に基づき、保育を必要とする子どもの保育を行い、その健全な心身の発達を図ることを目的とする児童福祉施設であり、入所する子どもの最善の利益を考慮し、その福祉を積極的に増進することに最もふさわしい生活の場でなければならない。

イ　保育所は、その目的を達成するために、保育に関する専門性を有する職員が、家庭との緊密な連携の下に、子どもの状況や発達過程を踏まえ、保育所における環境を通して、養護及び教育を一体的に行うことを特性としている。

ウ　保育所は、入所する子どもを保育するとともに、家庭や地域の様々な社会資源との連携を図りながら、入所する子どもの保護者に対する支援及び地域の子育て家庭に対する支援等を行う役割を担うものである。

エ　保育所における保育士は、児童福祉法第18条の4の規定を踏まえ、保育所の役割及び機能が適切に発揮されるように、倫理観に裏付けられた専門的知識、技術及び判断をもって、子どもを保育するとともに、子どもの保護者に対する保育に関する指導を行うものであり、その職責を遂行するための専門性の向上に絶えず努めなければならない。

（2）保育の目標

ア　保育所は、子どもが生涯にわたる人間形成にとって極めて重要な時期に、その生活時間の大半を過ごす場である。このため、保育所の保育は、子どもが現在を最も良く生き、望ましい未来をつくり出す力の基礎を培うために、次の目標を目指して行わなければならない。

（ア）十分に養護の行き届いた環境の下に、くつろいだ雰囲気の中で子どもの様々な欲求を満たし、生命の保持及び情緒の安定を図ること。

（イ）健康、安全など生活に必要な基本的な習慣や態度を養い、心身の健康の基礎を培うこと。

（ウ）人との関わりの中で、人に対する愛情と信頼感、そして人権を大切にする心を育てるとともに、自主、自立及び協調の態度を養い、道徳性の芽生えを培うこと。

（エ）生命、自然及び社会の事象についての興味や関心を育て、それらに対する豊かな心情や思考力の芽生えを培うこと。

（オ）生活の中で、言葉への興味や関心を育て、話したり、聞いたり、相手の話を理解しようとするなど、言葉の豊かさを養うこと。

（カ）様々な体験を通して、豊かな感性や表現力を育み、創造性の芽生えを培うこと。

イ　保育所は、入所する子どもの保護者に対し、その意向を受け止め、子どもと保護者の安定した関係に配慮し、保育所の特性や保育士等の専門性を生かして、その援助に当たらなければならない。

（3）保育の方法

　保育の目標を達成するために、保育士等は、次の事項に留意して保育しなければならない。

ア　一人一人の子どもの状況や家庭及び地域社会での生活の実態を把握するとともに、子どもが安心感と信頼感をもって活動できるよう、子どもの主体としての思いや願いを受け止めること。

イ　子どもの生活のリズムを大切にし、健康、安全で情緒の安定した生活ができる環境や、自己を十分に発揮できる環境を整えること。

ウ　子どもの発達について理解し、一人一人の発達過程に応じて保育すること。その際、子どもの個人差に十分配慮すること。

エ　子ども相互の関係づくりや互いに尊重する心を大切にし、集団における活動を効果あるものにするよう援助すること。

オ　子どもが自発的・意欲的に関われるような環境を構成し、子どもの主体的な活動や子ども相互の関わりを大切にすること。特に、乳幼児期にふさわしい体験が得られるように、生活や遊びを通して総合的に保育すること。

カ　一人一人の保護者の状況やその意向を理解、受容し、それぞれの親子関係や家庭生活等に配慮しながら、様々な機会をとらえ、適切に援助すること。

（4）保育の環境

　保育の環境には、保育士等や子どもなどの人的環境、施設や遊具などの物的環境、更には自然や社会の事象などがある。保育所は、こうした人、物、場などの環境が相互に関連し合い、子どもの生活が豊かなものとなるよう、次の事項に留意しつつ、計画的に環境を構成し、工夫して保育しなければならない。

ア　子ども自らが環境に関わり、自発的に活動し、様々な経験を積んでいくことができるよう配慮すること。

イ　子どもの活動が豊かに展開されるよう、保育所の設備や環境を整え、保育所の保健的環境や安全の確保などに努めること。

ウ　保育室は、温かな親しみとくつろぎの場となるとともに、生き生きと活動できる場となるように配慮すること。

エ　子どもが人と関わる力を育てていくため、子ども自らが周囲の子どもや大人と関わっていくことができる環境を整えること。

（5）保育所の社会的責任

ア　保育所は、子どもの人権に十分配慮するとともに、子ども一人一人の人格を尊重して保育を行わなければならない。

イ　保育所は、地域社会との交流や連携を図り、保護者や地域社会に、当該保育所が行う保育の内容を適切に説明するよう努めなければならない。

ウ　保育所は、入所する子ども等の個人情報を適切に取り扱うとともに、保護者の苦情などに対し、その解決を図るよう努めなければならない。

2　養護に関する基本的事項

（1）養護の理念

　保育における養護とは、子どもの生命の保持及び情緒の安定を図るために保育士等が行う援助や関わりであり、保育所における保育は、養護及び教育を一体的に行うことをその特性とするものである。保育所における保育全体を通じて、養護に関するねらい及び内容を踏まえた保育が展開されなければならない。

（2）養護に関わるねらい及び内容

ア　生命の保持

（ア）ねらい

①一人一人の子どもが、快適に生活できるようにする。

②一人一人の子どもが、健康で安全に過ごせるようにする。

③一人一人の子どもの生理的欲求が、十分に満たされるよう

にする。

④一人一人の子どもの健康増進が、積極的に図られるようにする。

（イ）内容

①一人一人の子どもの平常の健康状態や発育及び発達状態を的確に把握し、異常を感じる場合は、速やかに適切に対応する。

②家庭との連携を密にし、嘱託医等との連携を図りながら、子どもの疾病や事故防止に関する認識を深め、保健的で安全な保育環境の維持及び向上に努める。

③清潔で安全な環境を整え、適切な援助や応答的な関わりを通して子どもの生理的欲求を満たしていく。また、家庭と協力しながら、子どもの発達過程等に応じた適切な生活のリズムがつくられていくようにする。

④子どもの発達過程等に応じて、適度な運動と休息を取ることができるようにする。また、食事、排泄、衣類の着脱、身の回りを清潔にすることなどについて、子どもが意欲的に生活できるよう適切に援助する。

イ　情緒の安定

（ア）ねらい

①一人一人の子どもが、安定感をもって過ごせるようにする。

②一人一人の子どもが、自分の気持ちを安心して表すことができるようにする。

③一人一人の子どもが、周囲から主体として受け止められ、主体として育ち、自分を肯定する気持ちが育まれていくようにする。

④一人一人の子どもがくつろいで共に過ごし、心身の疲れが癒されるようにする。

（イ）内容

①一人一人の子どもの置かれている状態や発達過程などを的確に把握し、子どもの欲求を適切に満たしながら、応答的な触れ合いや言葉がけを行う。

②一人一人の子どもの気持ちを受容し、共感しながら、子どもとの継続的な信頼関係を築いていく。

③保育士等との信頼関係を基盤に、一人一人の子どもが主体的に活動し、自発性や探索意欲などを高めるとともに、自分への自信をもつことができるよう成長の過程を見守り、適切に働きかける。

④一人一人の子どもの生活のリズム、発達過程、保育時間などに応じて、活動内容のバランスや調和を図りながら、適切な食事や休息が取れるようにする。

3　保育の計画及び評価

（1）全体的な計画の作成

ア　保育所は、1の（2）に示した保育の目標を達成するために、各保育所の保育の方針や目標に基づき、子どもの発達過程を踏まえて、保育の内容が組織的・計画的に構成さ

れ、保育所の生活の全体を通して、総合的に展開されるよう、全体的な計画を作成しなければならない。

イ　全体的な計画は、子どもや家庭の状況、地域の実態、保育時間などを考慮し、子どもの育ちに関する長期的見通しをもって適切に作成されなければならない。

ウ　全体的な計画は、保育所保育の全体像を包括的に示すものとし、これに基づく指導計画、保健計画、食育計画等を通じて、各保育所が創意工夫して保育できるよう、作成されなければならない。

（2）指導計画の作成

ア　保育所は、全体的な計画に基づき、具体的な保育が適切に展開されるよう、子どもの生活や発達を見通した長期的な指導計画と、それに関連しながら、より具体的な子どもの日々の生活に即した短期的な指導計画を作成しなければならない。

イ　指導計画の作成に当たっては、第2章及びその他の関連する章に示された事項のほか、子ども一人一人の発達過程や状況を十分に踏まえるとともに、次の事項に留意しなければならない。

（ア）3歳未満児については、一人一人の子どもの生育歴、心身の発達、活動の実態等に即して、個別的な計画を作成すること。

（イ）3歳以上児については、個の成長と、子ども相互の関係や協同的な活動が促されるよう配慮すること。

（ウ）異年齢で構成される組やグループでの保育においては、一人一人の子どもの生活や経験、発達過程などを把握し、適切な援助や環境構成ができるよう配慮すること。

ウ　指導計画においては、保育所の生活における子どもの発達過程を見通し、生活の連続性、季節の変化などを考慮し、子どもの実態に即した具体的なねらい及び内容を設定すること。また、具体的なねらいが達成されるよう、子どもの生活する姿や発想を大切にして適切な環境を構成し、子どもが主体的に活動できるようにすること。

エ　一日の生活のリズムや在園時間が異なる子どもが共に過ごすことを踏まえ、活動と休息、緊張感と解放感等の調和を図るよう配慮すること。

オ　午睡は生活のリズムを構成する重要な要素であり、安心して眠ることのできる安全な睡眠環境を確保するとともに、在園時間が異なることや、睡眠時間は子どもの発達の状況や個人によって差があることから、一律とならないよう配慮すること。

カ　長時間にわたる保育については、子どもの発達過程、生活のリズム及び心身の状態に十分配慮して、保育の内容や方法、職員の協力体制、家庭との連携などを指導計画に位置付けること。

キ　障害のある子どもの保育については、一人一人の子どもの発達過程や障害の状態を把握し、適切な環境の下で、障害のある子どもが他の子どもとの生活を通して共に成長できるよう、指導計画の中に位置付けること。また、子どもの状況に応じた保育を実施する観点から、家庭や関係機関と連携した支援のための計画を個別に作成するなど適切な対応を図ること。

（3）指導計画の展開

指導計画に基づく保育の実施に当たっては、次の事項に留意しなければならない。

ア　施設長、保育士など、全職員による適切な役割分担と協力体制を整えること。

イ　子どもが行う具体的な活動は、生活の中で様々に変化することに留意して、子どもが望ましい方向に向かって自ら活動を展開できるよう必要な援助を行うこと。

ウ　子どもの主体的な活動を促すためには、保育士等が多様な関わりをもつことが重要であることを踏まえ、子どもの情緒の安定や発達に必要な豊かな体験が得られるよう援助すること。

エ　保育士等は、子どもの実態や子どもを取り巻く状況の変化などに即して保育の過程を記録するとともに、これらを踏まえ、指導計画に基づく保育の内容の見直しを行い、改善を図ること。

（4）保育内容等の評価

ア　保育士等の自己評価

（ア）保育士等は、保育の計画や保育の記録を通して、自らの保育実践を振り返り、自己評価することを通して、その専門性の向上や保育実践の改善に努めなければならない。

（イ）保育士等による自己評価に当たっては、子どもの活動内容やその結果だけでなく、子どもの心の育ちや意欲、取り組む過程などにも十分配慮するよう留意すること。

（ウ）保育士等は、自己評価における自らの保育実践の振り返りや職員相互の話し合い等を通じて、専門性の向上及び保育の質の向上のための課題を明確にするとともに、保育所全体の保育の内容に関する認識を深めること。

イ　保育所の自己評価

（ア）保育所は、保育の質の向上を図るため、保育の計画の展開や保育士等の自己評価を踏まえ、当該保育所の保育の内容等について、自ら評価を行い、その結果を公表するよう努めなければならない。

（イ）保育所が自己評価を行うに当たっては、地域の実情や保育所の実態に即して、適切に評価の観点や項目等を設定し、全職員による共通理解をもって取り組むよう留意すること。

（ウ）設備運営基準第36条の趣旨を踏まえ、保育の内容等の評価に関し、保護者及び地域住民等の意見を聴くことが望ましいこと。

（５）評価を踏まえた計画の改善

ア　保育所は、評価の結果を踏まえ、当該保育所の保育の内容等の改善を図ること。

イ　保育の計画に基づく保育、保育の内容の評価及びこれに基づく改善という一連の取組により、保育の質の向上が図られるよう、全職員が共通理解をもって取り組むことに留意すること。

４　幼児教育を行う施設として共有すべき事項

（１）育みたい資質・能力

ア　保育所においては、生涯にわたる生きる力の基礎を培うため、１の（２）に示す保育の目標を踏まえ、次に掲げる資質・能力を一体的に育むよう努めるものとする。

（ア）豊かな体験を通じて、感じたり、気付いたり、分かったり、できるようになったりする「知識及び技能の基礎」

（イ）気付いたことや、できるようになったことなどを使い、考えたり、試したり、工夫したり、表現したりする「思考力、判断力、表現力等の基礎」

（ウ）心情、意欲、態度が育つ中で、よりよい生活を営もうとする「学びに向かう力、人間性等」

イ　アに示す資質・能力は、第２章に示すねらい及び内容に基づく保育活動全体によって育むものである。

（２）幼児期の終わりまでに育ってほしい姿

　次に示す「幼児期の終わりまでに育ってほしい姿」は、第２章に示すねらい及び内容に基づく保育活動全体を通して資質・能力が育まれている子どもの小学校就学時の具体的な姿であり、保育士等が指導を行う際に考慮するものである。

ア　健康な心と体

　保育所の生活の中で、充実感をもって自分のやりたいことに向かって心と体を十分に働かせ、見通しをもって行動し、自ら健康で安全な生活をつくり出すようになる。

イ　自立心

　身近な環境に主体的に関わり様々な活動を楽しむ中で、しなければならないことを自覚し、自分の力で行うために考えたり、工夫したりしながら、諦めずにやり遂げることで達成感を味わい、自信をもって行動するようになる。

ウ　協同性

　友達と関わる中で、互いの思いや考えなどを共有し、共通の目的の実現に向けて、考えたり、工夫したり、協力したりし、充実感をもってやり遂げるようになる。

エ　道徳性・規範意識の芽生え

　友達と様々な体験を重ねる中で、してよいことや悪いことが分かり、自分の行動を振り返ったり、友達の気持ちに共感したりし、相手の立場に立って行動するようになる。また、きまりを守る必要性が分かり、自分の気持ちを調整し、友達と折り合いを付けながら、きまりをつくったり、守っ

たりするようになる。

オ　社会生活との関わり

　家族を大切にしようとする気持ちをもつとともに、地域の身近な人と触れ合う中で、人との様々な関わり方に気付き、相手の気持ちを考えて関わり、自分が役に立つ喜びを感じ、地域に親しみをもつようになる。また、保育所内外の様々な環境に関わる中で、遊びや生活に必要な情報を取り入れ、情報に基づき判断したり、情報を伝え合ったり、活用したりするなど、情報を役立てながら活動するようになるとともに、公共の施設を大切に利用するなどして、社会とのつながりなどを意識するようになる。

カ　思考力の芽生え

　身近な事象に積極的に関わる中で、物の性質や仕組みなどを感じ取ったり、気付いたりし、考えたり、予想したり、工夫したりするなど、多様な関わりを楽しむようになる。また、友達の様々な考えに触れる中で、自分と異なる考えがあることに気付き、自ら判断したり、考え直したりするなど、新しい考えを生み出す喜びを味わいながら、自分の考えをよりよいものにするようになる。

キ　自然との関わり・生命尊重

　自然に触れて感動する体験を通して、自然の変化などを感じ取り、好奇心や探究心をもって考え言葉などで表現しながら、身近な事象への関心が高まるとともに、自然への愛情や畏敬の念をもつようになる。また、身近な動植物に心を動かされる中で、生命の不思議さや尊さに気付き、身近な動植物への接し方を考え、命あるものとしていたわり、大切にする気持ちをもって関わるようになる。

ク　数量や図形、標識や文字などへの関心・感覚

　遊びや生活の中で、数量や図形、標識や文字などに親しむ体験を重ねたり、標識や文字の役割に気付いたりし、自らの必要感に基づきこれらを活用し、興味や関心、感覚をもつようになる。

ケ　言葉による伝え合い

　保育士等や友達と心を通わせる中で、絵本や物語などに親しみながら、豊かな言葉や表現を身に付け、経験したことや考えたことなどを言葉で伝えたり、相手の話を注意して聞いたりし、言葉による伝え合いを楽しむようになる。

コ　豊かな感性と表現

　心を動かす出来事などに触れ感性を働かせる中で、様々な素材の特徴や表現の仕方などに気付き、感じたことや考えたことを自分で表現したり、友達同士で表現する過程を楽しんだりし、表現する喜びを味わい、意欲をもつようになる。

第２章　保育の内容

　この章に示す「ねらい」は、第１章の１の（２）に示された保育の目標をより具体化したものであり、子どもが保育所において、安定した生活を送り、充実した活動ができるように、

保育を通じて育みたい資質・能力を、子どもの生活する姿から捉えたものである。また、「内容」は、「ねらい」を達成するために、子どもの生活やその状況に応じて保育士等が適切に行う事項と、保育士等が援助して子どもが環境に関わって経験する事項を示したものである。

保育における「養護」とは、子どもの生命の保持及び情緒の安定を図るために保育士等が行う援助や関わりであり、「教育」とは、子どもが健やかに成長し、その活動がより豊かに展開されるための発達の援助である。本章では、保育士等が、「ねらい」及び「内容」を具体的に把握するため、主に教育に関わる側面からの視点を示しているが、実際の保育においては、養護と教育が一体となって展開されることに留意する必要がある。

1　乳児保育に関わるねらい及び内容

（1）基本的事項

ア　乳児期の発達については、視覚、聴覚などの感覚や、座る、はう、歩くなどの運動機能が著しく発達し、特定の大人との応答的な関わりを通じて、情緒的な絆が形成されるといった特徴がある。これらの発達の特徴を踏まえて、乳児保育は、愛情豊かに、応答的に行われることが特に必要である。

イ　本項においては、この時期の発達の特徴を踏まえ、乳児保育の「ねらい」及び「内容」については、身体的発達に関する視点「健やかに伸び伸びと育つ」、社会的発達に関する視点「身近な人と気持ちが通じ合う」及び精神的発達に関する視点「身近なものと関わり感性が育つ」としてまとめ、示している。

ウ　本項の各視点において示す保育の内容は、第1章の2に示された養護における「生命の保持」及び「情緒の安定」に関わる保育の内容と、一体となって展開されるものであることに留意が必要である。

（2）ねらい及び内容

ア　健やかに伸び伸びと育つ
健康な心と体を育て、自ら健康で安全な生活をつくり出す力の基盤を培う。
（ア）ねらい
①身体感覚が育ち、快適な環境に心地よさを感じる。
②伸び伸びと体を動かし、はう、歩くなどの運動をしようとする。
③食事、睡眠等の生活のリズムの感覚が芽生える。
（イ）内容
①保育士等の愛情豊かな受容の下で、生理的・心理的欲求を満たし、心地よく生活をする。
②一人一人の発育に応じて、はう、立つ、歩くなど、十分に体を動かす。

③個人差に応じて授乳を行い、離乳を進めていく中で、様々な食品に少しずつ慣れ、食べることを楽しむ。
④一人一人の生活のリズムに応じて、安全な環境の下で十分に午睡をする。
⑤おむつ交換や衣服の着脱などを通じて、清潔になることの心地よさを感じる。
（ウ）内容の取扱い
上記の取扱いに当たっては、次の事項に留意する必要がある。
①心と体の健康は、相互に密接な関連があるものであることを踏まえ、温かい触れ合いの中で、心と体の発達を促すこと。特に、寝返り、お座り、はいはい、つかまり立ち、伝い歩きなど、発育に応じて、遊びの中で体を動かす機会を十分に確保し、自ら体を動かそうとする意欲が育つようにすること。
②健康な心と体を育てるためには望ましい食習慣の形成が重要であることを踏まえ、離乳食が完了期へと徐々に移行する中で、様々な食品に慣れるようにするとともに、和やかな雰囲気の中で食べる喜びや楽しさを味わい、進んで食べようとする気持ちが育つようにすること。なお、食物アレルギーのある子どもへの対応については、嘱託医等の指示や協力の下に適切に対応すること。

イ　身近な人と気持ちが通じ合う
受容的・応答的な関わりの下で、何かを伝えようとする意欲や身近な大人との信頼関係を育て、人と関わる力の基盤を培う。
（ア）ねらい
①安心できる関係の下で、身近な人と共に過ごす喜びを感じる。
②体の動きや表情、発声等により、保育士等と気持ちを通わせようとする。
③身近な人と親しみ、関わりを深め、愛情や信頼感が芽生える。
（イ）内容
①子どもからの働きかけを踏まえた、応答的な触れ合いや言葉がけによって、欲求が満たされ、安定感をもって過ごす。
②体の動きや表情、発声、喃語等を優しく受け止めてもらい、保育士等とのやり取りを楽しむ。
③生活や遊びの中で、自分の身近な人の存在に気付き、親しみの気持ちを表す。
④保育士等による語りかけや歌いかけ、発声や喃語等への応答を通じて、言葉の理解や発語の意欲が育つ。
⑤温かく、受容的な関わりを通じて、自分を肯定する気持ちが芽生える。
（ウ）内容の取扱い
上記の取扱いに当たっては、次の事項に留意する必要がある。
①保育士等との信頼関係に支えられて生活を確立していくことが人と関わる基盤となることを考慮して、子どもの多様な感情を受け止め、温かく受容的・応答的に関わり、一人一人に応じた適切な援助を行うようにすること。
②身近な人に親しみをもって接し、自分の感情などを表し、

それに相手が応答する言葉を聞くことを通して、次第に言葉が獲得されていくことを考慮して、楽しい雰囲気の中での保育士等との関わり合いを大切にし、ゆっくりと優しく話しかけるなど、積極的に言葉のやり取りを楽しむことができるようにすること。

ウ　身近なものと関わり感性が育つ

身近な環境に興味や好奇心をもって関わり、感じたことや考えたことを表現する力の基盤を培う。

（ア）ねらい

①身の回りのものに親しみ、様々なものに興味や関心をもつ。

②見る、触れる、探索するなど、身近な環境に自分から関わろうとする。

③身体の諸感覚による認識が豊かになり、表情や手足、体の動き等で表現する。

（イ）内容

①身近な生活用具、玩具や絵本などが用意された中で、身の回りのものに対する興味や好奇心をもつ。

②生活や遊びの中で様々なものに触れ、音、形、色、手触りなどに気付き、感覚の働きを豊かにする。

③保育士等と一緒に様々な色彩や形のものや絵本などを見る。

④玩具や身の回りのものを、つまむ、つかむ、たたく、引っ張るなど、手や指を使って遊ぶ。

⑤保育士等のあやし遊びに機嫌よく応じたり、歌やリズムに合わせて手足や体を動かして楽しんだりする。

（ウ）内容の取扱い

上記の取扱いに当たっては、次の事項に留意する必要がある。

①玩具などは、音質、形、色、大きさなど子どもの発達状態に応じて適切なものを選び、その時々の子どもの興味や関心を踏まえるなど、遊びを通して感覚の発達が促されるものとなるように工夫すること。なお、安全な環境の下で、子どもが探索意欲を満たして自由に遊べるよう、身の回りのものについては、常に十分な点検を行うこと。

②乳児期においては、表情、発声、体の動きなどで、感情を表現することが多いことから、これらの表現しようとする意欲を積極的に受け止めて、子どもが様々な活動を楽しむことを通して表現が豊かになるようにすること。

（3）保育の実施に関わる配慮事項

ア　乳児は疾病への抵抗力が弱く、心身の機能の未熟さに伴う疾病の発生が多いことから、一人一人の発育及び発達状態や健康状態についての適切な判断に基づく保健的な対応を行うこと。

イ　一人一人の子どもの生育歴の違いに留意しつつ、欲求を適切に満たし、特定の保育士が応答的に関わるように努めること。

ウ　乳児保育に関わる職員間の連携や嘱託医との連携を図り、第3章に示す事項を踏まえ、適切に対応すること。栄養士及び看護師等が配置されている場合は、その専門性を

生かした対応を図ること。

エ　保護者との信頼関係を築きながら保育を進めるとともに、保護者からの相談に応じ、保護者への支援に努めていくこと。

オ　担当の保育士が替わる場合には、子どものそれまでの生育歴や発達過程に留意し、職員間で協力して対応すること。

2　1歳以上3歳未満児の保育に関わるねらい及び内容

（1）基本的事項

ア　この時期においては、歩き始めから、歩く、走る、跳ぶなどへと、基本的な運動機能が次第に発達し、排泄（せつ）の自立のための身体的機能も整うようになる。つまむ、めくるなどの指先の機能も発達し、食事、衣類の着脱なども、保育士等の援助の下で自分で行うようになる。発声も明瞭になり、語彙も増加し、自分の意思や欲求を言葉で表出できるようになる。このように自分でできることが増えてくる時期であることから、保育士等は、子どもの生活の安定を図りながら、自分でしようとする気持ちを尊重し、温かく見守るとともに、愛情豊かに、応答的に関わることが必要である。

イ　本項においては、この時期の発達の特徴を踏まえ、保育の「ねらい」及び「内容」について、心身の健康に関する領域「健康」、人との関わりに関する領域「人間関係」、身近な環境との関わりに関する領域「環境」、言葉の獲得に関する領域「言葉」及び感性と表現に関する領域「表現」としてまとめ、示している。

ウ　本項の各領域において示す保育の内容は、第1章の2に示された養護における「生命の保持」及び「情緒の安定」に関わる保育の内容と、一体となって展開されるものであることに留意が必要である。

（2）ねらい及び内容

ア　健康

健康な心と体を育て、自ら健康で安全な生活をつくり出す力を養う。

（ア）ねらい

①明るく伸び伸びと生活し、自分から体を動かすことを楽しむ。

②自分の体を十分に動かし、様々な動きをしようとする。

③健康、安全な生活に必要な習慣に気付き、自分でしてみようとする気持ちが育つ。

（イ）内容

①保育士等の愛情豊かな受容の下で、安定感をもって生活をする。

②食事や午睡、遊びと休息など、保育所における生活のリズムが形成される。

③走る、跳ぶ、登る、押す、引っ張るなど全身を使う遊びを楽

しむ。

④様々な食品や調理形態に慣れ、ゆったりとした雰囲気の中で食事や間食を楽しむ。

⑤身の回りを清潔に保つ心地よさを感じ、その習慣が少しずつ身に付く。

⑥保育士等の助けを借りながら、衣類の着脱を自分でしようとする。

⑦便器での排泄に慣れ、自分で排泄ができるようになる。

（ウ）内容の取扱い

上記の取扱いに当たっては、次の事項に留意する必要がある。

①心と体の健康は、相互に密接な関連があるものであることを踏まえ、子どもの気持ちに配慮した温かい触れ合いの中で、心と体の発達を促すこと。特に、一人一人の発育に応じて、体を動かす機会を十分に確保し、自ら体を動かそうとする意欲が育つようにすること。

②健康な心と体を育てるためには望ましい食習慣の形成が重要であることを踏まえ、ゆったりとした雰囲気の中で食べる喜びや楽しさを味わい、進んで食べようとする気持ちが育つようにすること。なお、食物アレルギーのある子どもへの対応については、嘱託医等の指示や協力の下に適切に対応すること。

③排泄の習慣については、一人一人の排尿間隔等を踏まえ、おむつが汚れていないときに便器に座らせるなどにより、少しずつ慣れさせるようにすること。

④食事、排泄、睡眠、衣類の着脱、身の回りを清潔にすることなど、生活に必要な基本的な習慣については、一人一人の状態に応じ、落ち着いた雰囲気の中で行うようにし、子どもが自分でしようとする気持ちを尊重すること。また、基本的な生活習慣の形成に当たっては、家庭での生活経験に配慮し、家庭との適切な連携の下で行うようにすること。

イ　人間関係

他の人々と親しみ、支え合って生活するために、自立心を育て、人と関わる力を養う。

（ア）ねらい

①保育所での生活を楽しみ、身近な人と関わる心地よさを感じる。

②周囲の子ども等への興味や関心が高まり、関わりをもとうとする。

③保育所の生活の仕方に慣れ、きまりの大切さに気付く。

（イ）内容

①保育士等や周囲の子ども等との安定した関係の中で、共に過ごす心地よさを感じる。

②保育士等の受容的・応答的な関わりの中で、欲求を適切に満たし、安定感をもって過ごす。

③身の回りに様々な人がいることに気付き、徐々に他の子どもと関わりをもって遊ぶ。

④保育士等の仲立ちにより、他の子どもとの関わり方を少しずつ身につける。

⑤保育所の生活の仕方に慣れ、きまりがあることや、その大切さに気付く。

⑥生活や遊びの中で、年長児や保育士等の真似をしたり、ごっこ遊びを楽しんだりする。

（ウ）内容の取扱い

上記の取扱いに当たっては、次の事項に留意する必要がある。

①保育士等との信頼関係に支えられて生活を確立するとともに、自分で何かをしようとする気持ちが旺盛になる時期であることに鑑み、そのような子どもの気持ちを尊重し、温かく見守るとともに、愛情豊かに、応答的に関わり、適切な援助を行うようにすること。

②思い通りにいかない場合等の子どもの不安定な感情の表出については、保育士等が受容的に受け止めるとともに、そうした気持ちから立ち直る経験や感情をコントロールすることへの気付き等につなげていけるように援助すること。

③この時期は自己と他者との違いの認識がまだ十分ではないことから、子どもの自我の育ちを見守るとともに、保育士等が仲立ちとなって、自分の気持ちを相手に伝えることや相手の気持ちに気付くことの大切さなど、友達の気持ちや友達との関わり方を丁寧に伝えていくこと。

ウ　環境

周囲の様々な環境に好奇心や探究心をもって関わり、それらを生活に取り入れていこうとする力を養う。

（ア）ねらい

①身近な環境に親しみ、触れ合う中で、様々なものに興味や関心をもつ。

②様々なものに関わる中で、発見を楽しんだり、考えたりしようとする。

③見る、聞く、触るなどの経験を通して、感覚の働きを豊かにする。

（イ）内容

①安全で活動しやすい環境での探索活動等を通して、見る、聞く、触れる、嗅ぐ、味わうなどの感覚の働きを豊かにする。

②玩具、絵本、遊具などに興味をもち、それらを使った遊びを楽しむ。

③身の回りの物に触れる中で、形、色、大きさ、量などの物の性質や仕組みに気付く。

④自分の物と人の物の区別や、場所的感覚など、環境を捉える感覚が育つ。

⑤身近な生き物に気付き、親しみをもつ。

⑥近隣の生活や季節の行事などに興味や関心をもつ。

（ウ）内容の取扱い

上記の取扱いに当たっては、次の事項に留意する必要がある。

①玩具などは、音質、形、色、大きさなど子どもの発達状態に応じて適切なものを選び、遊びを通して感覚の発達が促されるように工夫すること。

②身近な生き物との関わりについては、子どもが命を感じ、生命の尊さに気付く経験へとつながるものであることか

ら、そうした気付きを促すような関わりとなるようにすること。

③地域の生活や季節の行事などに触れる際には、社会とのつながりや地域社会の文化への気付きにつながるものとなることが望ましいこと。その際、保育所内外の行事や地域の人々との触れ合いなどを通して行うこと等も考慮すること。

エ　言葉

経験したことや考えたことなどを自分なりの言葉で表現し、相手の話す言葉を聞こうとする意欲や態度を育て、言葉に対する感覚や言葉で表現する力を養う。

（ア）ねらい

①言葉遊びや言葉で表現する楽しさを感じる。

②人の言葉や話などを聞き、自分でも思ったことを伝えようとする。

③絵本や物語等に親しむとともに、言葉のやり取りを通じて身近な人と気持ちを通わせる。

（イ）内容

①保育士等の応答的な関わりや話しかけにより、自ら言葉を使おうとする。

②生活に必要な簡単な言葉に気付き、聞き分ける。

③親しみをもって日常の挨拶に応じる。

④絵本や紙芝居を楽しみ、簡単な言葉を繰り返したり、模倣をしたりして遊ぶ。

⑤保育士等とごっこ遊びをする中で、言葉のやり取りを楽しむ。

⑥保育士等を仲立ちとして、生活や遊びの中で友達との言葉のやり取りを楽しむ。

⑦保育士等や友達の言葉や話に興味や関心をもって、聞いたり、話したりする。

（ウ）内容の取扱い

上記の取扱いに当たっては、次の事項に留意する必要がある。

①身近な人に親しみをもって接し、自分の感情などを伝え、それに相手が応答し、その言葉を聞くことを通して、次第に言葉が獲得されていくものであることを考慮して、楽しい雰囲気の中で保育士等との言葉のやり取りができるようにすること。

②子どもが自分の思いを言葉で伝えるとともに、他の子どもの話などを聞くことを通して次第に話を理解し、言葉による伝え合いができるようになるよう、気持ちや経験等の言語化を行うことを援助するなど、子ども同士の関わりの仲立ちを行うようにすること。

③この時期は、片言から、二語文、ごっこ遊びでのやり取りができる程度へと、大きく言葉の習得が進む時期であることから、それぞれの子どもの発達の状況に応じて、遊びや関わりの工夫など、保育の内容を適切に展開することが必要であること。

オ　表現

感じたことや考えたことを自分なりに表現することを通して、豊かな感性や表現する力を養い、創造性を豊かにする。

（ア）ねらい

①身体の諸感覚の経験を豊かにし、様々な感覚を味わう。

②感じたことや考えたことなどを自分なりに表現しようとする。

③生活や遊びの様々な体験を通して、イメージや感性が豊かになる。

（イ）内容

①水、砂、土、紙、粘土など様々な素材に触れて楽しむ。

②音楽、リズムやそれに合わせた体の動きを楽しむ。

③生活の中で様々な音、形、色、手触り、動き、味、香りなどに気付いたり、感じたりして楽しむ。

④歌を歌ったり、簡単な手遊びや全身を使う遊びを楽しんだりする。

⑤保育士等からの話や、生活や遊びの中での出来事を通して、イメージを豊かにする。

⑥生活や遊びの中で、興味のあることや経験したことなどを自分なりに表現する。

（ウ）内容の取扱い

上記の取扱いに当たっては、次の事項に留意する必要がある。

①子どもの表現は、遊びや生活の様々な場面で表出されているものであることから、それらを積極的に受け止め、様々な表現の仕方や感性を豊かにする経験となるようにすること。

②子どもが試行錯誤しながら様々な表現を楽しむことや、自分の力でやり遂げる充実感などに気付くよう、温かく見守るとともに、適切に援助を行うようにすること。

③様々な感情の表現等を通じて、子どもが自分の感情や気持ちに気付くようになる時期であることに鑑み、受容的な関わりの中で自信をもって表現をすることや、諦めずに続けた後の達成感等を感じられるような経験が蓄積されるようにすること。

④身近な自然や身の回りの事物に関わる中で、発見や心が動く経験が得られるよう、諸感覚を働かせることを楽しむ遊びや素材を用意するなど保育の環境を整えること。

（３）保育の実施に関わる配慮事項

ア　特に感染症にかかりやすい時期であるので、体の状態、機嫌、食欲などの日常の状態の観察を十分に行うとともに、適切な判断に基づく保健的な対応を心がけること。

イ　探索活動が十分できるように、事故防止に努めながら活動しやすい環境を整え、全身を使う遊びなど様々な遊びを取り入れること。

ウ　自我が形成され、子どもが自分の感情や気持ちに気付くようになる重要な時期であることに鑑み、情緒の安定を図りながら、子どもの自発的な活動を尊重するとともに促していくこと。

エ　担当の保育士が替わる場合には、子どものそれまでの経験や発達過程に留意し、職員間で協力して対応すること。

3　3歳以上児の保育に関するねらい及び内容

（1）基本的事項

ア　この時期においては、運動機能の発達により、基本的な動作が一通りできるようになるとともに、基本的な生活習慣もほぼ自立できるようになる。理解する語彙数が急激に増加し、知的興味や関心も高まってくる。仲間と遊び、仲間の中の一人という自覚が生じ、集団的な遊びや協同的な活動も見られるようになる。これらの発達の特徴を踏まえて、この時期の保育においては、個の成長と集団としての活動の充実が図られるようにしなければならない。

イ　本項においては、この時期の発達の特徴を踏まえ、保育の「ねらい」及び「内容」について、心身の健康に関する領域「健康」、人との関わりに関する領域「人間関係」、身近な環境との関わりに関する領域「環境」、言葉の獲得に関する領域「言葉」及び感性と表現に関する領域「表現」としてまとめ、示している。

ウ　本項の各領域において示す保育の内容は、第1章の2に示された養護における「生命の保持」及び「情緒の安定」に関わる保育の内容と、一体となって展開されるものであることに留意が必要である。

（2）ねらい及び内容

ア　健康

　健康な心と体を育て、自ら健康で安全な生活をつくり出す力を養う。

（ア）ねらい

①明るく伸び伸びと行動し、充実感を味わう。

②自分の体を十分に動かし、進んで運動しようとする。

③健康、安全な生活に必要な習慣や態度を身に付け、見通しをもって行動する。

（イ）内容

①保育士等や友達と触れ合い、安定感をもって行動する。

②いろいろな遊びの中で十分に体を動かす。

③進んで戸外で遊ぶ。

④様々な活動に親しみ、楽しんで取り組む。

⑤保育士等や友達と食べることを楽しみ、食べ物への興味や関心をもつ。

⑥健康な生活のリズムを身に付ける。

⑦身の回りを清潔にし、衣服の着脱、食事、排泄などの生活に必要な活動を自分でする。

⑧保育所における生活の仕方を知り、自分たちで生活の場を整えながら見通しをもって行動する。

⑨自分の健康に関心をもち、病気の予防などに必要な活動を進んで行う。

⑩危険な場所、危険な遊び方、災害時などの行動の仕方が分かり、安全に気を付けて行動する。

（ウ）内容の取扱い

　上記の取扱いに当たっては、次の事項に留意する必要がある。

①心と体の健康は、相互に密接な関連があるものであることを踏まえ、子どもが保育士等や他の子どもとの温かい触れ合いの中で自己の存在感や充実感を味わうことなどを基盤として、しなやかな心と体の発達を促すこと。特に、十分に体を動かす気持ちよさを体験し、自ら体を動かそうとする意欲が育つようにすること。

②様々な遊びの中で、子どもが興味や関心、能力に応じて全身を使って活動することにより、体を動かす楽しさを味わい、自分の体を大切にしようとする気持ちが育つようにすること。その際、多様な動きを経験する中で、体の動きを調整するようにすること。

③自然の中で伸び伸びと体を動かして遊ぶことにより、体の諸機能の発達が促されることに留意し、子どもの興味や関心が戸外にも向くようにすること。その際、子どもの動線に配慮した園庭や遊具の配置などを工夫すること。

④健康な心と体を育てるためには食育を通じた望ましい食習慣の形成が大切であることを踏まえ、子どもの食生活の実情に配慮し、和やかな雰囲気の中で保育士等や他の子どもと食べる喜びや楽しさを味わったり、様々な食べ物への興味や関心をもったりするなどし、食の大切さに気付き、進んで食べようとする気持ちが育つようにすること。

⑤基本的な生活習慣の形成に当たっては、家庭での生活経験に配慮し、子どもの自立心を育て、子どもが他の子どもと関わりながら主体的な活動を展開する中で、生活に必要な習慣を身に付け、次第に見通しをもって行動できるようにすること。

⑥安全に関する指導に当たっては、情緒の安定を図り、遊びを通して安全についての構えを身に付け、危険な場所や事物などが分かり、安全についての理解を深めるようにすること。また、交通安全の習慣を身に付けるようにするとともに、避難訓練などを通して、災害などの緊急時に適切な行動がとれるようにすること。

イ　人間関係

　他の人々と親しみ、支え合って生活するために、自立心を育て、人と関わる力を養う。

（ア）ねらい

①保育所の生活を楽しみ、自分の力で行動することの充実感を味わう。

②身近な人と親しみ、関わりを深め、工夫したり、協力したりして一緒に活動する楽しさを味わい、愛情や信頼感をもつ。

③社会生活における望ましい習慣や態度を身に付ける。

（イ）内容

①保育士等や友達と共に過ごすことの喜びを味わう。

②自分で考え、自分で行動する。

③自分でできることは自分でする。

④いろいろな遊びを楽しみながら物事をやり遂げようとする

気持ちをもつ。

⑤友達と積極的に関わりながら喜びや悲しみを共感し合う。

⑥自分の思ったことを相手に伝え、相手の思っていることに気付く。

⑦友達のよさに気付き、一緒に活動する楽しさを味わう。

⑧友達と楽しく活動する中で、共通の目的を見いだし、工夫したり、協力したりなどする。

⑨よいことや悪いことがあることに気付き、考えながら行動する。

⑩友達との関わりを深め、思いやりをもつ。

⑪友達と楽しく生活する中できまりの大切さに気付き、守ろうとする。

⑫共同の遊具や用具を大切にし、皆で使う。

⑬高齢者をはじめ地域の人々などの自分の生活に関係の深いいろいろな人に親しみをもつ。

（ウ）内容の取扱い

上記の取扱いに当たっては、次の事項に留意する必要がある。

①保育士等との信頼関係に支えられて自分自身の生活を確立していくことが人と関わる基盤となることを考慮し、子どもが自ら周囲に働き掛けることにより多様な感情を体験し、試行錯誤しながら諦めずにやり遂げることの達成感や、前向きな見通しをもって自分の力で行うことの充実感を味わうことができるよう、子どもの行動を見守りながら適切な援助を行うようにすること。

②一人一人を生かした集団を形成しながら人と関わる力を育てていくようにすること。その際、集団の生活の中で、子どもが自己を発揮し、保育士等や他の子どもに認められる体験をし、自分のよさや特徴に気付き、自信をもって行動できるようにすること。

③子どもが互いに関わりを深め、協同して遊ぶようになるため、自ら行動する力を育てるとともに、他の子どもと試行錯誤しながら活動を展開する楽しさや共通の目的が実現する喜びを味わうことができるようにすること。

④道徳性の芽生えを培うに当たっては、基本的な生活習慣の形成を図るとともに、子どもが他の子どもとの関わりの中で他人の存在に気付き、相手を尊重する気持ちをもって行動できるようにし、また、自然や身近な動植物に親しむことなどを通して豊かな心情が育つようにすること。特に、人に対する信頼感や思いやりの気持ちは、葛藤やつまずきをも体験し、それらを乗り越えることにより次第に芽生えてくることに配慮すること。

⑤集団の生活を通して、子どもが人との関わりを深め、規範意識の芽生えが培われることを考慮し、子どもが保育士等との信頼関係に支えられて自己を発揮する中で、互いに思いを主張し、折り合いを付ける体験をし、きまりの必要性などに気付き、自分の気持ちを調整する力が育つようにすること。

⑥高齢者をはじめ地域の人々などの自分の生活に関係の深い

いろいろな人と触れ合い、自分の感情や意志を表現しながら共に楽しみ、共感し合う体験を通して、これらの人々などに親しみをもち、人と関わることの楽しさや人の役に立つ喜びを味わうことができるようにすること。また、生活を通して親や祖父母などの家族の愛情に気付き、家族を大切にしようとする気持ちが育つようにすること。

ウ　環境

周囲の様々な環境に好奇心や探究心をもって関わり、それらを生活に取り入れていこうとする力を養う。

（ア）ねらい

①身近な環境に親しみ、自然と触れ合う中で様々な事象に興味や関心をもつ。

②身近な環境に自分から関わり、発見を楽しんだり、考えたりし、それを生活に取り入れようとする。

③身近な事象を見たり、考えたり、扱ったりする中で、物の性質や数量、文字などに対する感覚を豊かにする。

（イ）内容

①自然に触れて生活し、その大きさ、美しさ、不思議さなどに気付く。

②生活の中で、様々な物に触れ、その性質や仕組みに興味や関心をもつ。

③季節により自然や人間の生活に変化のあることに気付く。

④自然などの身近な事象に関心をもち、取り入れて遊ぶ。

⑤身近な動植物に親しみをもって接し、生命の尊さに気付き、いたわったり、大切にしたりする。

⑥日常生活の中で、我が国や地域社会における様々な文化や伝統に親しむ。

⑦身近な物を大切にする。

⑧身近な物や遊具に興味をもって関わり、自分なりに比べたり、関連付けたりしながら考えたり、試したりして工夫して遊ぶ。

⑨日常生活の中で数量や図形などに関心をもつ。

⑩日常生活の中で簡単な標識や文字などに関心をもつ。

⑪生活に関係の深い情報や施設などに興味や関心をもつ。

⑫保育所内外の行事において国旗に親しむ。

（ウ）内容の取扱い

上記の取扱いに当たっては、次の事項に留意する必要がある。

①子どもが、遊びの中で周囲の環境と関わり、次第に周囲の世界に好奇心を抱き、その意味や操作の仕方に関心をもち、物事の法則性に気付き、自分なりに考えることができるようになる過程を大切にすること。また、他の子どもの考えなどに触れて新しい考えを生み出す喜びや楽しさを味わい、自分の考えをよりよいものにしようとする気持ちが育つようにすること。

②幼児期において自然のもつ意味は大きく、自然の大きさ、美しさ、不思議さなどに直接触れる体験を通して、子どもの心が安らぎ、豊かな感情、好奇心、思考力、表現力の基礎が培われることを踏まえ、子どもが自然との関わりを深め

ることができるよう工夫すること。

③身近な事象や動植物に対する感動を伝え合い、共感し合うことなどを通して自分から関わろうとする意欲を育てるとともに、様々な関わり方を通してそれらに対する親しみや畏敬の念、生命を大切にする気持ち、公共心、探究心などが養われるようにすること。

④文化や伝統に親しむ際には、正月や節句など我が国の伝統的な行事、国歌、唱歌、わらべうたや我が国の伝統的な遊びに親しんだり、異なる文化に触れる活動に親しんだりすることを通じて、社会とのつながりの意識や国際理解の意識の芽生えなどが養われるようにすること。

⑤数量や文字などに関しては、日常生活の中で子ども自身の必要感に基づく体験を大切にし、数量や文字などに関する興味や関心、感覚が養われるようにすること。

エ　言葉

経験したことや考えたことなどを自分なりの言葉で表現し、相手の話す言葉を聞こうとする意欲や態度を育て、言葉に対する感覚や言葉で表現する力を養う。

（ア）ねらい

①自分の気持ちを言葉で表現する楽しさを味わう。

②人の言葉や話などをよく聞き、自分の経験したことや考えたことを話し、伝え合う喜びを味わう。

③日常生活に必要な言葉が分かるようになるとともに、絵本や物語などに親しみ、言葉に対する感覚を豊かにし、保育士等や友達と心を通わせる。

（イ）内容

①保育士等や友達の言葉や話に興味や関心をもち、親しみをもって聞いたり、話したりする。

②したり、見たり、聞いたり、感じたり、考えたりなどしたことを自分なりに言葉で表現する。

③したいこと、してほしいことを言葉で表現したり、分からないことを尋ねたりする。

④人の話を注意して聞き、相手に分かるように話す。

⑤生活の中で必要な言葉が分かり、使う。

⑥親しみをもって日常の挨拶をする。

⑦生活の中で言葉の楽しさや美しさに気付く。

⑧いろいろな体験を通じてイメージや言葉を豊かにする。

⑨絵本や物語などに親しみ、興味をもって聞き、想像をする楽しさを味わう。

⑩日常生活の中で、文字などで伝える楽しさを味わう。

（ウ）内容の取扱い

上記の取扱いに当たっては、次の事項に留意する必要がある。

①言葉は、身近な人に親しみをもって接し、自分の感情や意志などを伝え、それに相手が応答し、その言葉を聞くことを通して次第に獲得されていくものであることを考慮して、子どもが保育士等や他の子どもと関わることにより心を動かされるような体験をし、言葉を交わす喜びを味わえるようにすること。

②子どもが自分の思いを言葉で伝えるとともに、保育士等や他の子どもなどの話を興味をもって注意して聞くことを通して次第に話を理解するようになっていき、言葉による伝え合いができるようにすること。

③絵本や物語などで、その内容と自分の経験とを結び付けたり、想像を巡らせたりするなど、楽しみを十分に味わうことによって、次第に豊かなイメージをもち、言葉に対する感覚が養われるようにすること。

④子どもが生活の中で、言葉の響きやリズム、新しい言葉や表現などに触れ、これらを使う楽しさを味わえるようにすること。その際、絵本や物語に親しんだり、言葉遊びなどをしたりすることを通して、言葉が豊かになるようにすること。

⑤子どもが日常生活の中で、文字などを使いながら思ったことや考えたことを伝える喜びや楽しさを味わい、文字に対する興味や関心をもつようにすること。

オ　表現

感じたことや考えたことを自分なりに表現することを通して、豊かな感性や表現する力を養い、創造性を豊かにする。

（ア）ねらい

①いろいろなものの美しさなどに対する豊かな感性をもつ。

②感じたことや考えたことを自分なりに表現して楽しむ。

③生活の中でイメージを豊かにし、様々な表現を楽しむ。

（イ）内容

①生活の中で様々な音、形、色、手触り、動きなどに気付いたり、感じたりするなどして楽しむ。

②生活の中で美しいものや心を動かす出来事に触れ、イメージを豊かにする。

③様々な出来事の中で、感動したことを伝え合う楽しさを味わう。

④感じたこと、考えたことなどを音や動きなどで表現したり、自由にかいたり、つくったりなどする。

⑤いろいろな素材に親しみ、工夫して遊ぶ。

⑥音楽に親しみ、歌を歌ったり、簡単なリズム楽器を使ったりなどする楽しさを味わう。

⑦かいたり、つくったりすることを楽しみ、遊びに使ったり、飾ったりなどする。

⑧自分のイメージを動きや言葉などで表現したり、演じて遊んだりするなどの楽しさを味わう。

（ウ）内容の取扱い

上記の取扱いに当たっては、次の事項に留意する必要がある。

①豊かな感性は、身近な環境と十分に関わる中で美しいもの、優れたもの、心を動かす出来事などに出会い、そこから得た感動を他の子どもや保育士等と共有し、様々に表現することなどを通して養われるようにすること。その際、風の音や雨の音、身近にある草や花の形や色など自然の中にある音、形、色などに気付くようにすること。

②子どもの自己表現は素朴な形で行われることが多いので、

保育士等はそのような表現を受容し、子ども自身の表現しようとする意欲を受け止めて、子どもが生活の中で子どもらしい様々な表現を楽しむことができるようにすること。

③生活経験や発達に応じ、自ら様々な表現を楽しみ、表現する意欲を十分に発揮させることができるように、遊具や用具などを整えたり、様々な素材や表現の仕方に親しんだり、他の子どもの表現に触れられるよう配慮したりし、表現する過程を大切にして自己表現を楽しめるように工夫すること。

（3）保育の実施に関わる配慮事項

ア　第1章の4の（2）に示す「幼児期の終わりまでに育ってほしい姿」が、ねらい及び内容に基づく活動全体を通して資質・能力が育まれている子どもの小学校就学時の具体的な姿であることを踏まえ、指導を行う際には適宜考慮すること。

イ　子どもの発達や成長の援助をねらいとした活動の時間については、意識的に保育の計画等において位置付けて、実施することが重要であること。なお、そのような活動の時間については、保護者の就労状況等に応じて子どもが保育所で過ごす時間がそれぞれ異なることに留意して設定すること。

ウ　特に必要な場合には、各領域に示すねらいの趣旨に基づいて、具体的な内容を工夫し、それを加えても差し支えないが、その場合には、それが第1章の1に示す保育所保育に関する基本原則を逸脱しないよう慎重に配慮する必要があること。

4　保育の実施に関して留意すべき事項

（1）保育全般に関わる配慮事項

ア　子どもの心身の発達及び活動の実態などの個人差を踏まえるとともに、一人一人の子どもの気持を受け止め、援助すること。

イ　子どもの健康は、生理的・身体的な育ちとともに、自主性や社会性、豊かな感性の育ちとがあいまってもたらされることに留意すること。

ウ　子どもが自ら周囲に働きかけ、試行錯誤しつつ自分の力で行う活動を見守りながら、適切に援助すること。

エ　子どもの入所時の保育に当たっては、できるだけ個別的に対応し、子どもが安定感を得て、次第に保育所の生活になじんでいくようにするとともに、既に入所している子どもに不安や動揺を与えないようにすること。

オ　子どもの国籍や文化の違いを認め、互いに尊重する心を育てるようにすること。

カ　子どもの性差や個人差にも留意しつつ、性別などによる固定的な意識を植え付けることがないようにすること。

（2）小学校との連携

ア　保育所においては、保育所保育が、小学校以降の生活や学習の基盤の育成につながることに配慮し、幼児期にふさわしい生活を通じて、創造的な思考や主体的な生活態度などの基礎を培うようにすること。

イ　保育所保育において育まれた資質・能力を踏まえ、小学校教育が円滑に行われるよう、小学校教師との意見交換や合同の研究の機会などを設け、第1章の4の(2)に示す「幼児期の終わりまでに育って欲しい姿」を共有するなど連携を図り、保育所保育と小学校教育との円滑な接続を図るよう努めること。

ウ　子どもに関する情報共有に関して、保育所に入所している子どもの就学に際し、市町村の支援の下に、子どもの育ちを支えるための資料が保育所から小学校へ送付されるようにすること。

（3）家庭及び地域社会との連携

子どもの生活の連続性を踏まえ、家庭及び地域社会と連携して保育が展開されるよう配慮すること。その際、家庭や地域の機関及び団体の協力を得て、地域の自然、高齢者や異年齢の子ども等を含む人材、行事、施設等の地域の資源を積極的に活用し、豊かな生活体験をはじめ保育内容の充実が図られるよう配慮すること。

第3章　健康及び安全

保育所保育において、子どもの健康及び安全の確保は、子どもの生命の保持と健やかな生活の基本であり、一人一人の子どもの健康の保持及び増進並びに安全の確保とともに、保育所全体における健康及び安全の確保に努めることが重要となる。

また、子どもが、自らの体や健康に関心をもち、心身の機能を高めていくことが大切である。

このため、第1章及び第2章等の関連する事項に留意し、次に示す事項を踏まえ、保育を行うこととする。

1　子どもの健康支援

（1）子どもの健康状態並びに発育及び発達状態の把握

ア　子どもの心身の状態に応じて保育するために、子どもの健康状態並びに発育及び発達状態について、定期的・継続的に、また、必要に応じて随時、把握すること。

イ　保護者からの情報とともに、登所時及び保育中を通じて子どもの状態を観察し、何らかの疾病が疑われる状態や傷害が認められた場合には、保護者に連絡するとともに、嘱託医と相談するなど適切な対応を図ること。看護師等が配置されている場合には、その専門性を生かした対応を図ること。

ウ　子どもの心身の状態等を観察し、不適切な養育の兆候が
　　見られる場合には、市町村や関係機関と連携し、児童福祉
　　法第25条に基づき、適切な対応を図ること。また、虐待が
　　疑われる場合には、速やかに市町村又は児童相談所に通告
　　し、適切な対応を図ること。

（2）健康増進

ア　子どもの健康に関する保健計画を全体的な計画に基づい
　　て作成し、全職員がそのねらいや内容を踏まえ、一人一人
　　の子どもの健康の保持及び増進に努めていくこと。

イ　子どもの心身の健康状態や疾病等の把握のために、嘱託
　　医等により定期的に健康診断を行い、その結果を記録し、
　　保育に活用するとともに、保護者が子どもの状態を理解
　　し、日常生活に活用できるようにすること。

（3）疾病等への対応

ア　保育中に体調不良や傷害が発生した場合には、その子ど
　　もの状態等に応じて、保護者に連絡するとともに、適宜、
　　嘱託医や子どものかかりつけ医等と相談し、適切な処置を
　　行うこと。看護師等が配置されている場合には、その専門
　　性を生かした対応を図ること。

イ　感染症やその他の疾病の発生予防に努め、その発生や疑
　　いがある場合には、必要に応じて嘱託医、市町村、保健所
　　等に連絡し、その指示に従うとともに、保護者や全職員に
　　連絡し、予防等について協力を求めること。また、感染症
　　に関する保育所の対応方法等について、あらかじめ関係機
　　関の協力を得ておくこと。看護師等が配置されている場合
　　には、その専門性を生かした対応を図ること。

ウ　アレルギー疾患を有する子どもの保育については、保護
　　者と連携し、医師の診断及び指示に基づき、適切な対応を
　　行うこと。また、食物アレルギーに関して、関係機関と連
　　携して、当該保育所の体制構築など、安全な環境の整備を
　　行うこと。看護師や栄養士等が配置されている場合には、
　　その専門性を生かした対応を図ること。

エ　子どもの疾病等の事態に備え、医務室等の環境を整え、
　　救急用の薬品、材料等を適切な管理の下に常備し、全職員
　　が対応できるようにしておくこと。

2　食育の推進

（1）保育所の特性を生かした食育

ア　保育所における食育は、健康な生活の基本としての「食
　　を営む力」の育成に向け、その基礎を培うことを目標とす
　　ること。

イ　子どもが生活と遊びの中で、意欲をもって食に関わる体
　　験を積み重ね、食べることを楽しみ、食事を楽しみ合う子
　　どもに成長していくことを期待するものであること。

ウ　乳幼児期にふさわしい食生活が展開され、適切な援助が

行われるよう、食事の提供を含む食育計画を全体的な計画
に基づいて作成し、その評価及び改善に努めること。栄養
士が配置されている場合は、専門性を生かした対応を図る
こと。

（2）食育の環境の整備等

ア　子どもが自らの感覚や体験を通して、自然の恵みとして
　　の食材や食の循環・環境への意識、調理する人への感謝の
　　気持ちが育つように、子どもと調理員等との関わりや、調
　　理室など食に関わる保育環境に配慮すること。

イ　保護者や地域の多様な関係者との連携及び協働の下で、
　　食に関する取組が進められること。また、市町村の支援の
　　下に、地域の関係機関等との日常的な連携を図り、必要な
　　協力が得られるよう努めること。

ウ　体調不良、食物アレルギー、障害のある子どもなど、一人
　　一人の子どもの心身の状態等に応じ、嘱託医、かかりつけ
　　医等の指示や協力の下に適切に対応すること。栄養士が配
　　置されている場合は、専門性を生かした対応を図ること。

3　環境及び衛生管理並びに安全管理

（1）環境及び衛生管理

ア　施設の温度、湿度、換気、採光、音などの環境を常に適切
　　な状態に保持するとともに、施設内外の設備及び用具等の
　　衛生管理に努めること。

イ　施設内外の適切な環境の維持に努めるとともに、子ども
　　及び全職員が清潔を保つようにすること。また、職員は衛
　　生知識の向上に努めること。

（2）事故防止及び安全対策

ア　保育中の事故防止のために、子どもの心身の状態等を踏
　　まえつつ、施設内外の安全点検に努め、安全対策のために
　　全職員の共通理解や体制づくりを図るとともに、家庭や地
　　域の関係機関の協力の下に安全指導を行うこと。

イ　事故防止の取組を行う際には、特に、睡眠中、プール活
　　動・水遊び中、食事中等の場面では重大事故が発生しやす
　　いことを踏まえ、子どもの主体的な活動を大切にしつつ、
　　施設内外の環境の配慮や指導の工夫を行うなど、必要な対
　　策を講じること。

ウ　保育中の事故の発生に備え、施設内外の危険箇所の点検
　　や訓練を実施するとともに、外部からの不審者等の侵入防
　　止のための措置や訓練など不測の事態に備えて必要な対応
　　を行うこと。また、子どもの精神保健面における対応に留
　　意すること。

4　災害への備え

（1）施設・設備等の安全確保

ア　防火設備、避難経路等の安全性が確保されるよう、定期的にこれらの安全点検を行うこと。

イ　備品、遊具等の配置、保管を適切に行い、日頃から、安全環境の整備に努めること。

（2）災害発生時の対応体制及び避難への備え

ア　火災や地震などの災害の発生に備え、緊急時の対応の具体的内容及び手順、職員の役割分担、避難訓練計画等に関するマニュアルを作成すること。

イ　定期的に避難訓練を実施するなど、必要な対応を図ること。

ウ　災害の発生時に、保護者等への連絡及び子どもの引渡しを円滑に行うため、日頃から保護者との密接な連携に努め、連絡体制や引渡し方法等について確認をしておくこと。

（3）地域の関係機関等との連携

ア　市町村の支援の下に、地域の関係機関との日常的な連携を図り、必要な協力が得られるよう努めること。

イ　避難訓練については、地域の関係機関や保護者との連携の下に行うなど工夫すること。

第4章　子育て支援

　保育所における保護者に対する子育て支援は、全ての子どもの健やかな育ちを実現することができるよう、第1章及び第2章等の関連する事項を踏まえ、子どもの育ちを家庭と連携して支援していくとともに、保護者及び地域が有する子育てを自ら実践する力の向上に資するよう、次の事項に留意するものとする。

1　保育所における子育て支援に関する基本的事項

（1）保育所の特性を生かした子育て支援

ア　保護者に対する子育て支援を行う際には、各地域や家庭の実態等を踏まえるとともに、保護者の気持ちを受け止め、相互の信頼関係を基本に、保護者の自己決定を尊重すること。

イ　保育及び子育てに関する知識や技術など、保育士等の専門性や、子どもが常に存在する環境など、保育所の特性を生かし、保護者が子どもの成長に気付き子育ての喜びを感じられるように努めること。

（2）子育て支援に関して留意すべき事項

ア　保護者に対する子育て支援における地域の関係機関等との連携及び協働を図り、保育所全体の体制構築に努めること。

イ　子どもの利益に反しない限りにおいて、保護者や子どものプライバシーを保護し、知り得た事柄の秘密を保持すること。

2　保育所を利用している保護者に対する子育て支援

（1）保護者との相互理解

ア　日常の保育に関連した様々な機会を活用し子どもの日々の様子の伝達や収集、保育所保育の意図の説明などを通じて、保護者との相互理解を図るよう努めること。

イ　保育の活動に対する保護者の積極的な参加は、保護者の子育てを自ら実践する力の向上に寄与することから、これを促すこと。

（2）保護者の状況に配慮した個別の支援

ア　保護者の就労と子育ての両立等を支援するため、保護者の多様化した保育の需要に応じ、病児保育事業など多様な事業を実施する場合には、保護者の状況に配慮するとともに、子どもの福祉が尊重されるよう努め、子どもの生活の連続性を考慮すること。

イ　子どもに障害や発達上の課題が見られる場合には、市町村や関係機関と連携及び協力を図りつつ、保護者に対する個別の支援を行うよう努めること。

ウ　外国籍家庭など、特別な配慮を必要とする家庭の場合には、状況等に応じて個別の支援を行うよう努めること。

（3）不適切な養育等が疑われる家庭への支援

ア　保護者に育児不安等が見られる場合には、保護者の希望に応じて個別の支援を行うよう努めること。

イ　保護者に不適切な養育等が疑われる場合には、市町村や関係機関と連携し、要保護児童対策地域協議会で検討するなど適切な対応を図ること。また、虐待が疑われる場合には、速やかに市町村又は児童相談所に通告し、適切な対応を図ること。

3　地域の保護者等に対する子育て支援

（1）地域に開かれた子育て支援

ア　保育所は、児童福祉法第48条の4の規定に基づき、その行う保育に支障がない限りにおいて、地域の実情や当該保育所の体制等を踏まえ、地域の保護者等に対して、保育所保育の専門性を生かした子育て支援を積極的に行うよう努めること。

イ　地域の子どもに対する一時預かり事業などの活動を行う際には、一人一人の子どもの心身の状態などを考慮するとともに、日常の保育との関連に配慮するなど、柔軟に活動を展開できるようにすること。

（2）地域の関係機関等との連携

ア　市町村の支援を得て、地域の関係機関等との積極的な連携及び協働を図るとともに、子育て支援に関する地域の人材と積極的に連携を図るよう努めること。

イ　地域の要保護児童への対応など、地域の子どもを巡る諸課題に対し、要保護児童対策地域協議会など関係機関等と連携及び協力して取り組むよう努めること。

第5章　職員の資質向上

　第1章から前章までに示された事項を踏まえ、保育所は、質の高い保育を展開するため、絶えず、一人一人の職員についての資質向上及び職員全体の専門性の向上を図るよう努めなければならない。

1　職員の資質向上に関する基本的事項

（1）保育所職員に求められる専門性

　子どもの最善の利益を考慮し、人権に配慮した保育を行うためには、職員一人一人の倫理観、人間性並びに保育所職員としての職務及び責任の理解と自覚が基盤となる。

　各職員は、自己評価に基づく課題等を踏まえ、保育所内外の研修等を通じて、保育士・看護師・調理員・栄養士等、それぞれの職務内容に応じた専門性を高めるため、必要な知識及び技術の修得、維持及び向上に努めなければならない。

（2）保育の質の向上に向けた組織的な取組

　保育所においては、保育の内容等に関する自己評価等を通じて把握した、保育の質の向上に向けた課題に組織的に対応するため、保育内容の改善や保育士等の役割分担の見直し等に取り組むとともに、それぞれの職位や職務内容等に応じて、各職員が必要な知識及び技能を身につけられるよう努めなければならない。

2　施設長の責務

（1）施設長の責務と専門性の向上

　施設長は、保育所の役割や社会的責任を遂行するために、法令等を遵守し、保育所を取り巻く社会情勢等を踏まえ、施設長としての専門性等の向上に努め、当該保育所における保育の質及び職員の専門性向上のために必要な環境の確保に努めなければならない。

（2）職員の研修機会の確保等

　施設長は、保育所の全体的な計画や、各職員の研修の必要性等を踏まえて、体系的・計画的な研修機会を確保するとともに、職員の勤務体制の工夫等により、職員が計画的に研修等に参加し、その専門性の向上が図られるよう努めなければ

ならない。

3　職員の研修等

（1）職場における研修

　職員が日々の保育実践を通じて、必要な知識及び技術の修得、維持及び向上を図るとともに、保育の課題等への共通理解や協働性を高め、保育所全体としての保育の質の向上を図っていくためには、日常的に職員同士が主体的に学び合う姿勢と環境が重要であり、職場内での研修の充実が図られなければならない。

（2）外部研修の活用

　各保育所における保育の課題への的確な対応や、保育士等の専門性の向上を図るためには、職場内での研修に加え、関係機関等による研修の活用が有効であることから、必要に応じて、こうした外部研修への参加機会が確保されるよう努めなければならない。

4　研修の実施体制等

（1）体系的な研修計画の作成

　保育所においては、当該保育所における保育の課題や各職員のキャリアパス等も見据えて、初任者から管理職員までの職位や職務内容等を踏まえた体系的な研修計画を作成しなければならない。

（2）組織内での研修成果の活用

　外部研修に参加する職員は、自らの専門性の向上を図るとともに、保育所における保育の課題を理解し、その解決を実践できる力を身に付けることが重要である。また、研修で得た知識及び技能を他の職員と共有することにより、保育所全体としての保育実践の質及び専門性の向上につなげていくことが求められる。

（3）研修の実施に関する留意事項

　施設長等は保育所全体としての保育実践の質及び専門性の向上のために、研修の受講は特定の職員に偏ることなく行われるよう、配慮する必要がある。また、研修を修了した職員については、その職務内容等において、当該研修の成果等が適切に勘案されることが望ましい。

「幼保連携型認定こども園教育・保育要領」

2017（平成29）年3月31日告示

第1章　総則

第1　幼保連携型認定こども園における教育及び保育の基本及び目標等

1　幼保連携型認定こども園における教育及び保育の基本

　　乳幼児期の教育及び保育は、子どもの健全な心身の発達を図りつつ生涯にわたる人格形成の基礎を培う重要なものであり、幼保連携型認定こども園における教育及び保育は、就学前の子どもに関する教育、保育等の総合的な提供の推進に関する法律（平成18年法律第77号。以下「認定こども園法」という。）第2条第7項に規定する目的及び第9条に掲げる目標を達成するため、乳幼児期全体を通して、その特性及び保護者や地域の実態を踏まえ、環境を通して行うものであることを基本とし、家庭や地域での生活を含めた園児の生活全体が豊かなものとなるように努めなければならない。

　　このため保育教諭等は、園児との信頼関係を十分に築き、園児が自ら安心して身近な環境に主体的に関わり、環境との関わり方や意味に気付き、これらを取り込もうとして、試行錯誤したり、考えたりするようになる幼児期の教育における見方・考え方を生かし、その活動が豊かに展開されるよう環境を整え、園児と共によりよい教育及び保育の環境を創造するように努めるものとする。これらを踏まえ、次に示す事項を重視して教育及び保育を行わなければならない。

（1）　乳幼児期は周囲への依存を基盤にしつつ自立に向かうものであることを考慮して、周囲との信頼関係に支えられた生活の中で、園児一人一人が安心感と信頼感をもっていろいろな活動に取り組む体験を十分に積み重ねられるようにすること。

（2）　乳幼児期においては生命の保持が図られ安定した情緒の下で自己を十分に発揮することにより発達に必要な体験を得ていくものであることを考慮して、園児の主体的な活動を促し、乳幼児期にふさわしい生活が展開されるようにすること。

（3）　乳幼児期における自発的な活動としての遊びは、心身の調和のとれた発達の基礎を培う重要な学習であることを考慮して、遊びを通しての指導を中心として第2章に示すねらいが総合的に達成されるようにすること。

（4）　乳幼児期における発達は、心身の諸側面が相互に関連し合い、多様な経過をたどって成し遂げられていくものであること、また、園児の生活経験がそれぞれ異なることなどを考慮して、園児一人一人の特性や発達の過程に応じ、発達の課題に即した指導を行うようにすること。

　　その際、保育教諭等は、園児の主体的な活動が確保されるよう、園児一人一人の行動の理解と予想に基づき、計画的に環境を構成しなければならない。この場合において、保育教諭等は、園児と人やものとの関わりが重要であることを踏まえ、教材を工夫し、物的・空間的環境を構成しなければならない。また、園児一人一人の活動の場面に応じて、様々な役割を果たし、その活動を豊かにしなければならない。

　　なお、幼保連携型認定こども園における教育及び保育は、園児が入園してから修了するまでの在園期間全体を通して行われるものであり、この章の第3に示す幼保連携型認定こども園として特に配慮すべき事項を十分に踏まえて行うものとする。

2　幼保連携型認定こども園における教育及び保育の目標

　　幼保連携型認定こども園は、家庭との連携を図りながら、この章の第1の1に示す幼保連携型認定こども園における教育及び保育の基本に基づいて一体的に展開される幼保連携型認定こども園における生活を通して、生きる力の基礎を育成するよう認定こども園法第9条に規定する幼保連携型認定こども園の教育及び保育の目標の達成に努めなければならない。幼保連携型認定こども園は、このことにより、義務教育及びその後の教育の基礎を培うとともに、子どもの最善の利益を考慮しつつ、その生活を保障し、保護者と共に園児を心身ともに健やかに育成するものとする。

　　なお、認定こども園法第9条に規定する幼保連携型認定こども園の教育及び保育の目標については、発達や学びの連続性及び生活の連続性の観点から、小学校就学の始期に達するまでの時期を通じ、その達成に向けて努力すべき目当てとなるものであることから、満3歳未満の園児の保育にも当てはまることに留意するものとする。

3　幼保連携型認定こども園の教育及び保育において育みたい資質・能力及び「幼児期の終わりまでに育ってほしい姿」

（1）　幼保連携型認定こども園においては、生きる力の基礎を育むため、この章の1に示す幼保連携型認定こども園の教育及び保育の基本を踏まえ、次に掲げる資質・能力を一体的に育むよう努めるものとする。

　ア　豊かな体験を通じて、感じたり、気付いたり、分

かったり、できるようになったりする「知識及び技能の基礎」
イ　気付いたことや、できるようになったことなどを使い、考えたり、試したり、工夫したり、表現したりする「思考力、判断力、表現力等の基礎」
ウ　心情、意欲、態度が育つ中で、よりよい生活を営もうとする「学びに向かう力、人間性等」
(2)　(1)に示す資質・能力は、第2章に示すねらい及び内容に基づく活動全体によって育むものである。
(3)　次に示す「幼児期の終わりまでに育ってほしい姿」は、第2章に示すねらい及び内容に基づく活動全体を通して資質・能力が育まれている園児の幼保連携型認定こども園修了時の具体的な姿であり、保育教諭等が指導を行う際に考慮するものである。
ア　健康な心と体
　　幼保連携型認定こども園における生活の中で、充実感をもって自分のやりたいことに向かって心と体を十分に働かせ、見通しをもって行動し、自ら健康で安全な生活をつくり出すようになる。
イ　自立心
　　身近な環境に主体的に関わり様々な活動を楽しむ中で、しなければならないことを自覚し、自分の力で行うために考えたり、工夫したりしながら、諦めずにやり遂げることで達成感を味わい、自信をもって行動するようになる。
ウ　協同性
　　友達と関わる中で、互いの思いや考えなどを共有し、共通の目的の実現に向けて、考えたり、工夫したり、協力したりし、充実感をもってやり遂げるようになる。
エ　道徳性・規範意識の芽生え
　　友達と様々な体験を重ねる中で、してよいことや悪いことが分かり、自分の行動を振り返ったり、友達の気持ちに共感したりし、相手の立場に立って行動するようになる。また、きまりを守る必要性が分かり、自分の気持ちを調整し、友達と折り合いを付けながら、きまりをつくったり、守ったりするようになる。
オ　社会生活との関わり
　　家族を大切にしようとする気持ちをもつとともに、地域の身近な人と触れ合う中で、人との様々な関わり方に気付き、相手の気持ちを考えて関わり、自分が役に立つ喜びを感じ、地域に親しみをもつようになる。また、幼保連携型認定こども園内外の様々な環境に関わる中で、遊びや生活に必要な情報を取り入れ、情報に基づき判断したり、情報を伝え合ったり、活用したりするなど、情報を役立てながら活動するようになるとともに、公共の施設を大切に利用するなどして、社会とのつながりなどを意識するようになる。
カ　思考力の芽生え

身近な事象に積極的に関わる中で、物の性質や仕組みなどを感じ取ったり、気付いたりし、考えたり、予想したり、工夫したりするなど、多様な関わりを楽しむようになる。また、友達の様々な考えに触れる中で、自分と異なる考えがあることに気付き、自ら判断したり、考え直したりするなど、新しい考えを生み出す喜びを味わいながら、自分の考えをよりよいものにするようになる。
キ　自然との関わり・生命尊重
　　自然に触れて感動する体験を通して、自然の変化などを感じ取り、好奇心や探究心をもって考え言葉などで表現しながら、身近な事象への関心が高まるとともに、自然への愛情や畏敬の念をもつようになる。また、身近な動植物に心を動かされる中で、生命の不思議さや尊さに気付き、身近な動植物への接し方を考え、命あるものとしていたわり、大切にする気持ちをもって関わるようになる。
ク　数量や図形、標識や文字などへの関心・感覚
　　遊びや生活の中で、数量や図形、標識や文字などに親しむ体験を重ねたり、標識や文字の役割に気付いたりし、自らの必要感に基づきこれらを活用し、興味や関心、感覚をもつようになる。
ケ　言葉による伝え合い
　　保育教諭等や友達と心を通わせる中で、絵本や物語などに親しみながら、豊かな言葉や表現を身に付け、経験したことや考えたことなどを言葉で伝えたり、相手の話を注意して聞いたりし、言葉による伝え合いを楽しむようになる。
コ　豊かな感性と表現
　　心を動かす出来事などに触れ感性を働かせる中で、様々な素材の特徴や表現の仕方などに気付き、感じたことや考えたことを自分で表現したり、友達同士で表現する過程を楽しんだりし、表現する喜びを味わい、意欲をもつようになる。

第2　教育及び保育の内容並びに子育ての支援等に関する全体的な計画等

1　教育及び保育の内容並びに子育ての支援等に関する全体的な計画の作成等

(1)　教育及び保育の内容並びに子育ての支援等に関する全体的な計画の役割
　　各幼保連携型認定こども園においては、教育基本法（平成18年法律第120号）、児童福祉法（昭和22年法律第164号）及び認定こども園法その他の法令並びにこの幼保連携型認定こども園教育・保育要領の示すところに従い、教育と保育を一体的に提供するため、創意工夫を生かし、園児の心身の発達と幼保連携型認定こども園、家庭及び地域の実態に即応した適切な教育及び保育の内容並びに子育ての支援等に関する全体的な計画を作成するものとする。
　　教育及び保育の内容並びに子育ての支援等に関する

全体的な計画とは、教育と保育を一体的に捉え、園児の入園から修了までの在園期間の全体にわたり、幼保連携型認定こども園の目標に向かってどのような過程をたどって教育及び保育を進めていくかを明らかにするものであり、子育ての支援と有機的に連携し、園児の園生活全体を捉え、作成する計画である。

各幼保連携型認定こども園においては、「幼児期の終わりまでに育ってほしい姿」を踏まえ教育及び保育の内容並びに子育ての支援等に関する全体的な計画を作成すること、その実施状況を評価して改善を図っていくこと、また実施に必要な人的又は物的な体制を確保するとともにその改善を図っていくことなどを通して、教育及び保育の内容並びに子育ての支援等に関する全体的な計画に基づき組織的かつ計画的に各幼保連携型認定こども園の教育及び保育活動の質の向上を図っていくこと（以下「カリキュラム・マネジメント」という。）に努めるものとする。

（2）　各幼保連携型認定こども園の教育及び保育の目標と教育及び保育の内容並びに子育ての支援等に関する全体的な計画の作成

教育及び保育の内容並びに子育ての支援等に関する全体的な計画の作成に当たっては、幼保連携型認定こども園の教育及び保育において育みたい資質・能力を踏まえつつ、各幼保連携型認定こども園の教育及び保育の目標を明確にするとともに、教育及び保育の内容並びに子育ての支援等に関する全体的な計画の作成についての基本的な方針が家庭や地域とも共有されるよう努めるものとする。

（3）　教育及び保育の内容並びに子育ての支援等に関する全体的な計画の作成上の基本的事項

ア　幼保連携型認定こども園における生活の全体を通して第2章に示すねらいが総合的に達成されるよう、教育課程に係る教育期間や園児の生活経験や発達の過程などを考慮して具体的なねらいと内容を組織するものとする。この場合においては、特に、自我が芽生え、他者の存在を意識し、自己を抑制しようとする気持ちが生まれるなどの乳幼児期の発達の特性を踏まえ、入園から修了に至るまでの長期的な視野をもって充実した生活が展開できるように配慮するものとする。

イ　幼保連携型認定こども園の満3歳以上の園児の教育課程に係る教育週数は、特別の事情のある場合を除き、39週を下ってはならない。

ウ　幼保連携型認定こども園の1日の教育課程に係る教育時間は、4時間を標準とする。ただし、園児の心身の発達の程度や季節などに適切に配慮するものとする。

エ　幼保連携型認定こども園の保育を必要とする子どもに該当する園児に対する教育及び保育の時間（満3歳以上の保育を必要とする子どもに該当する園児については、この章の第2の1の（3）ウに規定

する教育時間を含む。）は、1日につき8時間を原則とし、園長がこれを定める。ただし、その地方における園児の保護者の労働時間その他家庭の状況等を考慮するものとする。

（4）　教育及び保育の内容並びに子育ての支援等に関する全体的な計画の実施上の留意事項

各幼保連携型認定こども園においては、園長の方針の下に、園務分掌に基づき保育教諭等職員が適切に役割を分担しつつ、相互に連携しながら、教育及び保育の内容並びに子育ての支援等に関する全体的な計画や指導の改善を図るものとする。また、各幼保連携型認定こども園が行う教育及び保育等に係る評価については、教育及び保育の内容並びに子育ての支援等に関する全体的な計画の作成、実施、改善が教育及び保育活動や園運営の中核となることを踏まえ、カリキュラム・マネジメントと関連付けながら実施するよう留意するものとする。

（5）　小学校教育との接続に当たっての留意事項

ア　幼保連携型認定こども園においては、その教育及び保育が、小学校以降の生活や学習の基盤の育成につながることに配慮し、乳幼児期にふさわしい生活を通して、創造的な思考や主体的な生活態度などの基礎を培うようにするものとする。

イ　幼保連携型認定こども園の教育及び保育において育まれた資質・能力を踏まえ、小学校教育が円滑に行われるよう、小学校の教師との意見交換や合同の研究の機会などを設け、「幼児期の終わりまでに育ってほしい姿」を共有するなど連携を図り、幼保連携型認定こども園における教育及び保育と小学校教育との円滑な接続を図るよう努めるものとする。

2　指導計画の作成と園児の理解に基づいた評価

（1）　指導計画の考え方

幼保連携型認定こども園における教育及び保育は、園児が自ら意欲をもって環境と関わることによりつくり出される具体的な活動を通して、その目標の達成を図るものである。

幼保連携型認定こども園においてはこのことを踏まえ、乳幼児期にふさわしい生活が展開され、適切な指導が行われるよう、調和のとれた組織的、発展的な指導計画を作成し、園児の活動に沿った柔軟な指導を行わなければならない。

（2）　指導計画の作成上の基本的事項

ア　指導計画は、園児の発達に即して園児一人一人が乳幼児期にふさわしい生活を展開し、必要な体験を得られるようにするために、具体的に作成するものとする。

イ　指導計画の作成に当たっては、次に示すところにより、具体的なねらい及び内容を明確に設定し、適切な環境を構成することなどにより活動が選択・展開されるようにするものとする。

（ア）　具体的なねらい及び内容は、幼保連携型認定こども園の生活における園児の発達の過程を見通し、園児の生活の連続性、季節の変化などを考慮して、園児の興味や関心、発達の実情などに応じて設定すること。

（イ）　環境は、具体的なねらいを達成するために適切なものとなるように構成し、園児が自らその環境に関わることにより様々な活動を展開しつつ必要な体験を得られるようにすること。その際、園児の生活する姿や発想を大切にし、常にその環境が適切なものとなるようにすること。

（ウ）　園児の行う具体的な活動は、生活の流れの中で様々に変化するものであることに留意し、園児が望ましい方向に向かって自ら活動を展開していくことができるよう必要な援助をすること。

　その際、園児の実態及び園児を取り巻く状況の変化などに即して指導の過程についての評価を適切に行い、常に指導計画の改善を図るものとする。

（3）　指導計画の作成上の留意事項
　指導計画の作成に当たっては、次の事項に留意するものとする。

ア　園児の生活は、入園当初の一人一人の遊びや保育教諭等との触れ合いを通して幼保連携型認定こども園の生活に親しみ、安定していく時期から、他の園児との関わりの中で園児の主体的な活動が深まり、園児が互いに必要な存在であることを認識するようになる。その後、園児同士や学級全体で目的をもって協同して幼保連携型認定こども園の生活を展開し、深めていく時期などに至るまでの過程を様々に経ながら広げられていくものである。これらを考慮し、活動がそれぞれの時期にふさわしく展開されるようにすること。

　また、園児の入園当初の教育及び保育に当たっては、既に在園している園児に不安や動揺を与えないようにしつつ、可能な限り個別的に対応し、園児が安定感を得て、次第に幼保連携型認定こども園の生活になじんでいくよう配慮すること。

イ　長期的に発達を見通した年、学期、月などにわたる長期の指導計画やこれとの関連を保ちながらより具体的な園児の生活に即した週、日などの短期の指導計画を作成し、適切な指導が行われるようにすること。特に、週、日などの短期の指導計画については、園児の生活のリズムに配慮し、園児の意識や興味の連続性のある活動が相互に関連して幼保連携型認定こども園の生活の自然な流れの中に組み込まれるようにすること。

ウ　園児が様々な人やものとの関わりを通して、多様な体験をし、心身の調和のとれた発達を促すようにしていくこと。その際、園児の発達に即して主体的・対話的で深い学びが実現するようにするとともに、心を動かされる体験が次の活動を生み出すことを考慮し、一つ一つの体験が相互に結び付き、幼保連携型認定こども園の生活が充実するようにすること。

エ　言語に関する能力の発達と思考力等の発達が関連していることを踏まえ、幼保連携型認定こども園における生活全体を通して、園児の発達を踏まえた言語環境を整え、言語活動の充実を図ること。

オ　園児が次の活動への期待や意欲をもつことができるよう、園児の実態を踏まえながら、保育教諭等や他の園児と共に遊びや生活の中で見通しをもったり、振り返ったりするよう工夫すること。

カ　行事の指導に当たっては、幼保連携型認定こども園の生活の自然な流れの中で生活に変化や潤いを与え、園児が主体的に楽しく活動できるようにすること。なお、それぞれの行事については教育及び保育における価値を十分検討し、適切なものを精選し、園児の負担にならないようにすること。

キ　乳幼児期は直接的な体験が重要であることを踏まえ、視聴覚教材やコンピュータなど情報機器を活用する際には、幼保連携型認定こども園の生活では得難い体験を補完するなど、園児の体験との関連を考慮すること。

ク　園児の主体的な活動を促すためには、保育教諭等が多様な関わりをもつことが重要であることを踏まえ、保育教諭等は、理解者、共同作業者など様々な役割を果たし、園児の情緒の安定や発達に必要な豊かな体験が得られるよう、活動の場面に応じて、園児の人権や園児一人一人の個人差等に配慮した適切な指導を行うようにすること。

ケ　園児の行う活動は、個人、グループ、学級全体などで多様に展開されるものであることを踏まえ、幼保連携型認定こども園全体の職員による協力体制を作りながら、園児一人一人が興味や欲求を十分に満足させるよう適切な援助を行うようにすること。

コ　園児の生活は、家庭を基盤として地域社会を通じて次第に広がりをもつものであることに留意し、家庭との連携を十分に図るなど、幼保連携型認定こども園における生活が家庭や地域社会と連続性を保ちつつ展開されるようにするものとする。その際、地域の自然、高齢者や異年齢の子どもなどを含む人材、行事や公共施設などの地域の資源を積極的に活用し、園児が豊かな生活体験を得られるように工夫するものとする。また、家庭との連携に当たっては、保護者との情報交換の機会を設けたり、保護者と園児との活動の機会を設けたりなどすることを通じて、保護者の乳幼児期の教育及び保育に関する理解が深まるよう配慮するものとする。

サ　地域や幼保連携型認定こども園の実態等により、幼保連携型認定こども園間に加え、幼稚園、保育所等の保育施設、小学校、中学校、高等学校及び特別支援学校などとの間の連携や交流を図るものとす

る。特に、小学校教育との円滑な接続のため、幼保連携型認定こども園の園児と小学校の児童との交流の機会を積極的に設けるようにするものとする。また、障害のある園児児童生徒との交流及び共同学習の機会を設け、共に尊重し合いながら協働して生活していく態度を育むよう努めるものとする。

(4) 園児の理解に基づいた評価の実施

園児一人一人の発達の理解に基づいた評価の実施に当たっては、次の事項に配慮するものとする。

ア 指導の過程を振り返りながら園児の理解を進め、園児一人一人のよさや可能性などを把握し、指導の改善に生かすようにすること。その際、他の園児との比較や一定の基準に対する達成度についての評定によって捉えるものではないことに留意すること。

イ 評価の妥当性や信頼性が高められるよう創意工夫を行い、組織的かつ計画的な取組を推進するとともに、次年度又は小学校等にその内容が適切に引き継がれるようにすること。

3 特別な配慮を必要とする園児への指導

(1) 障害のある園児などへの指導

障害のある園児などへの指導に当たっては、集団の中で生活することを通して全体的な発達を促していくことに配慮し、適切な環境の下で、障害のある園児が他の園児との生活を通して共に成長できるよう、特別支援学校などの助言又は援助を活用しつつ、個々の園児の障害の状態などに応じた指導内容や指導方法の工夫を組織的かつ計画的に行うものとする。また、家庭、地域及び医療や福祉、保健等の業務を行う関係機関との連携を図り、長期的な視点で園児への教育及び保育的支援を行うために、個別の教育及び保育支援計画を作成し活用することに努めるとともに、個々の園児の実態を的確に把握し、個別の指導計画を作成し活用することに努めるものとする。

(2) 海外から帰国した園児や生活に必要な日本語の習得に困難のある園児の幼保連携型認定こども園の生活への適応

海外から帰国した園児や生活に必要な日本語の習得に困難のある園児については、安心して自己を発揮できるよう配慮するなど個々の園児の実態に応じ、指導内容や指導方法の工夫を組織的かつ計画的に行うものとする。

第3 幼保連携型認定こども園として特に配慮すべき事項

幼保連携型認定こども園における教育及び保育を行うに当たっては、次の事項について特に配慮しなければならない。

1 当該幼保連携型認定こども園に入園した年齢により集団生活の経験年数が異なる園児がいることに配慮する等、0歳から小学校就学前までの一貫した教育及び保育を園児の発達や学びの連続性を考慮して展開していくこ

と。特に満3歳以上については入園する園児が多いことや同一学年の園児で編制される学級の中で生活することなどを踏まえ、家庭や他の保育施設等との連携や引継ぎを円滑に行うとともに、環境の工夫をすること。

2 園児の一日の生活の連続性及びリズムの多様性に配慮するとともに、保護者の生活形態を反映した園児の在園時間の長短、入園時期や登園日数の違いを踏まえ、園児一人一人の状況に応じ、教育及び保育の内容やその展開について工夫をすること。特に入園及び年度当初においては、家庭との連携の下、園児一人一人の生活の仕方やリズムに十分に配慮して一日の自然な生活の流れをつくり出していくようにすること。

3 環境を通して行う教育及び保育の活動の充実を図るため、幼保連携型認定こども園における教育及び保育の環境の構成に当たっては、乳幼児期の特性及び保護者や地域の実態を踏まえ、次の事項に留意すること。

(1) 0歳から小学校就学前までの様々な年齢の園児の発達の特性を踏まえ、満3歳未満の園児については特に健康、安全や発達の確保を十分に図るとともに、満3歳以上の園児については同一学年の園児で編制される学級による集団活動の中で遊びを中心とする園児の主体的な活動を通して発達や学びを促す経験が得られるよう工夫をすること。特に、満3歳以上の園児同士が共に育ち、学び合いながら、豊かな体験を積み重ねることができるよう工夫をすること。

(2) 在園時間が異なる多様な園児がいることを踏まえ、園児の生活が安定するよう、家庭や地域、幼保連携型認定こども園における生活の連続性を確保するとともに、一日の生活のリズムを整えるよう工夫をすること。特に満3歳未満の園児については睡眠時間等の個人差に配慮するとともに、満3歳以上の園児については集中して遊ぶ場と家庭的な雰囲気の中でくつろぐ場との適切な調和等の工夫をすること。

(3) 家庭や地域において異年齢の子どもと関わる機会が減少していることを踏まえ、満3歳以上の園児については、学級による集団活動とともに、満3歳未満の園児を含む異年齢の園児による活動を、園児の発達の状況にも配慮しつつ適切に組み合わせて設定するなどの工夫をすること。

(4) 満3歳以上の園児については、特に長期的な休業中、園児が過ごす家庭や園などの生活の場が異なることを踏まえ、それぞれの多様な生活経験が長期的な休業などの終了後等の園生活に生かされるよう工夫をすること。

4 指導計画を作成する際には、この章に示す指導計画の作成上の留意事項を踏まえるとともに、次の事項にも特に配慮すること。

(1) 園児の発達の個人差、入園した年齢の違いなどによる集団生活の経験年数の差、家庭環境等を踏まえ、園児一人一人の発達の特性や課題に十分留意すること。特に満3歳未満の園児については、大人への依存

169

度が極めて高い等の特性があることから、個別的な対応を図ること。また、園児の集団生活への円滑な接続について、家庭等との連携及び協力を図る等十分留意すること。

(2) 園児の発達の連続性を考慮した教育及び保育を展開する際には、次の事項に留意すること。

ア　満3歳未満の園児については、園児一人一人の生育歴、心身の発達、活動の実態等に即して、個別的な計画を作成すること。

イ　満3歳以上の園児については、個の成長と、園児相互の関係や協同的な活動が促されるよう考慮すること。

ウ　異年齢で構成されるグループ等での指導に当たっては、園児一人一人の生活や経験、発達の過程などを把握し、適切な指導や環境の構成ができるよう考慮すること。

(3) 一日の生活のリズムや在園時間が異なる園児が共に過ごすことを踏まえ、活動と休息、緊張感と解放感等の調和を図るとともに、園児に不安や動揺を与えないようにする等の配慮を行うこと。その際、担当の保育教諭等が替わる場合には、園児の様子等引継ぎを行い、十分な連携を図ること。

(4) 午睡は生活のリズムを構成する重要な要素であり、安心して眠ることのできる安全な午睡環境を確保するとともに、在園時間が異なることや、睡眠時間は園児の発達の状況や個人によって差があることから、一律とならないよう配慮すること。

(5) 長時間にわたる教育及び保育については、園児の発達の過程、生活のリズム及び心身の状態に十分配慮して、保育の内容や方法、職員の協力体制、家庭との連携などを指導計画に位置付けること。

5　生命の保持や情緒の安定を図るなど養護の行き届いた環境の下、幼保連携型認定こども園における教育及び保育を展開すること。

(1) 園児一人一人が、快適にかつ健康で安全に過ごせるようにするとともに、その生理的欲求が十分に満たされ、健康増進が積極的に図られるようにするため、次の事項に留意すること。

ア　園児一人一人の平常の健康状態や発育及び発達の状態を的確に把握し、異常を感じる場合は、速やかに適切に対応すること。

イ　家庭との連携を密にし、学校医等との連携を図りながら、園児の疾病や事故防止に関する認識を深め、保健的で安全な環境の維持及び向上に努めること。

ウ　清潔で安全な環境を整え、適切な援助や応答的な関わりを通して、園児の生理的欲求を満たしていくこと。また、家庭と協力しながら、園児の発達の過程等に応じた適切な生活のリズムがつくられていくようにすること。

エ　園児の発達の過程等に応じて、適度な運動と休息

をとることができるようにすること。また、食事、排泄、睡眠、衣類の着脱、身の回りを清潔にすることなどについて、園児が意欲的に生活できるよう適切に援助すること。

(2) 園児一人一人が安定感をもって過ごし、自分の気持ちを安心して表すことができるようにするとともに、周囲から主体として受け止められ主体として育ち、自分を肯定する気持ちが育まれていくようにし、くつろいで共に過ごし、心身の疲れが癒やされるようにするため、次の事項に留意すること。

ア　園児一人一人の置かれている状態や発達の過程などを的確に把握し、園児の欲求を適切に満たしながら、応答的な触れ合いや言葉掛けを行うこと。

イ　園児一人一人の気持ちを受容し、共感しながら、園児との継続的な信頼関係を築いていくこと。

ウ　保育教諭等との信頼関係を基盤に、園児一人一人が主体的に活動し、自発性や探索意欲などを高めるとともに、自分への自信をもつことができるよう成長の過程を見守り、適切に働き掛けること。

エ　園児一人一人の生活のリズム、発達の過程、在園時間などに応じて、活動内容のバランスや調和を図りながら、適切な食事や休息がとれるようにすること。

6　園児の健康及び安全は、園児の生命の保持と健やかな生活の基本であり、幼保連携型認定こども園の生活全体を通して健康や安全に関する管理や指導、食育の推進等に十分留意すること。

7　保護者に対する子育ての支援に当たっては、この章に示す幼保連携型認定こども園における教育及び保育の基本及び目標を踏まえ、子どもに対する学校としての教育及び児童福祉施設としての保育並びに保護者に対する子育ての支援について相互に有機的な連携が図られるようにすること。また、幼保連携型認定こども園の目的の達成に資するため、保護者が子どもの成長に気付き子育ての喜びが感じられるよう、幼保連携型認定こども園の特性を生かした子育ての支援に努めること。

第2章　ねらい及び内容並びに配慮事項

この章に示すねらいは、幼保連携型認定こども園の教育及び保育において育みたい資質・能力を園児の生活する姿から捉えたものであり、内容は、ねらいを達成するために指導する事項である。各視点や領域は、この時期の発達の特徴を踏まえ、教育及び保育のねらい及び内容を乳幼児の発達の側面から、乳児は三つの視点として、幼児は五つの領域としてまとめ、示したものである。内容の取扱いは、園児の発達を踏まえた指導を行うに当たって留意すべき事項である。

各視点や領域に示すねらいは、幼保連携型認定こども園における生活の全体を通じ、園児が様々な体験を積み重ねる中で相互に関連をもちながら次第に達成に向かうものであるこ

と、内容は、園児が環境に関わって展開する具体的な活動を通して総合的に指導されるものであることに留意しなければならない。

また、「幼児期の終わりまでに育ってほしい姿」が、ねらい及び内容に基づく活動全体を通して資質・能力が育まれている園児の幼保連携型認定こども園修了時の具体的な姿であることを踏まえ、指導を行う際に考慮するものとする。

なお、特に必要な場合には、各視点や領域に示すねらいの趣旨に基づいて適切な、具体的な内容を工夫し、それを加えても差し支えないが、その場合には、それが第1章の第1に示す幼保連携型認定こども園の教育及び保育の基本及び目標を逸脱しないよう慎重に配慮する必要がある。

第1 乳児期の園児の保育に関するねらい及び内容

基本的事項

1 乳児期の発達については、視覚、聴覚などの感覚や、座る、はう、歩くなどの運動機能が著しく発達し、特定の大人との応答的な関わりを通じて、情緒的な絆が形成されるといった特徴がある。これらの発達の特徴を踏まえて、乳児期の園児の保育は、愛情豊かに、応答的に行われることが特に必要である。

2 本項においては、この時期の発達の特徴を踏まえ、乳児期の園児の保育のねらい及び内容については、身体的発達に関する視点「健やかに伸び伸びと育つ」、社会的発達に関する視点「身近な人と気持ちが通じ合う」及び精神的発達に関する視点「身近なものと関わり感性が育つ」としてまとめ、示している。

ねらい及び内容

健やかに伸び伸びと育つ

健康な心と体を育て、自ら健康で安全な生活をつくり出す力の基盤を培う。

1 ねらい
(1) 身体感覚が育ち、快適な環境に心地よさを感じる。
(2) 伸び伸びと体を動かし、はう、歩くなどの運動をしようとする。
(3) 食事、睡眠等の生活のリズムの感覚が芽生える。

2 内容
(1) 保育教諭等の愛情豊かな受容の下で、生理的・心理的欲求を満たし、心地よく生活をする。
(2) 一人一人の発育に応じて、はう、立つ、歩くなど、十分に体を動かす。
(3) 個人差に応じて授乳を行い、離乳を進めていく中で、様々な食品に少しずつ慣れ、食べることを楽しむ。
(4) 一人一人の生活のリズムに応じて、安全な環境の下で十分に午睡をする。
(5) おむつ交換や衣服の着脱などを通じて、清潔になることの心地よさを感じる。

3 内容の取扱い
上記の取扱いに当たっては、次の事項に留意する必要がある。
(1) 心と体の健康は、相互に密接な関連があるもので

あることを踏まえ、温かい触れ合いの中で、心と体の発達を促すこと。特に、寝返り、お座り、はいはい、つかまり立ち、伝い歩きなど、発育に応じて、遊びの中で体を動かす機会を十分に確保し、自ら体を動かそうとする意欲が育つようにすること。
(2) 健康な心と体を育てるためには望ましい食習慣の形成が重要であることを踏まえ、離乳食が完了期へと徐々に移行する中で、様々な食品に慣れるようにするとともに、和やかな雰囲気の中で食べる喜びや楽しさを味わい、進んで食べようとする気持ちが育つようにすること。なお、食物アレルギーのある園児への対応については、学校医等の指示や協力の下に適切に対応すること。

身近な人と気持ちが通じ合う

受容的・応答的な関わりの下で、何かを伝えようとする意欲や身近な大人との信頼関係を育て、人と関わる力の基盤を培う。

1 ねらい
(1) 安心できる関係の下で、身近な人と共に過ごす喜びを感じる。
(2) 体の動きや表情、発声等により、保育教諭等と気持ちを通わせようとする。
(3) 身近な人と親しみ、関わりを深め、愛情や信頼感が芽生える。

2 内容
(1) 園児からの働き掛けを踏まえた、応答的な触れ合いや言葉掛けによって、欲求が満たされ、安定感をもって過ごす。
(2) 体の動きや表情、発声、喃語等を優しく受け止めてもらい、保育教諭等とのやり取りを楽しむ。
(3) 生活や遊びの中で、自分の身近な人の存在に気付き、親しみの気持ちを表す。
(4) 保育教諭等による語り掛けや歌い掛け、発声や喃語等への応答を通じて、言葉の理解や発語の意欲が育つ。
(5) 温かく、受容的な関わりを通じて、自分を肯定する気持ちが芽生える。

3 内容の取扱い
上記の取扱いに当たっては、次の事項に留意する必要がある。
(1) 保育教諭等との信頼関係に支えられて生活を確立していくことが人と関わる基盤となることを考慮して、園児の多様な感情を受け止め、温かく受容的・応答的に関わり、一人一人に応じた適切な援助を行うようにすること。
(2) 身近な人に親しみをもって接し、自分の感情などを表し、それに相手が応答する言葉を聞くことを通して、次第に言葉が獲得されていくことを考慮して、楽しい雰囲気の中での保育教諭等との関わり合いを大切にし、ゆっくりと優しく話し掛けるなど、積極的に言葉のやり取りを楽しむことができるようにするこ

と。

身近なものと関わり感性が育つ

[身近な環境に興味や好奇心をもって関わり、感じたことや考えたことを表現する力の基盤を培う。]

1　ねらい

（1）　身の回りのものに親しみ、様々なものに興味や関心をもつ。

（2）　見る、触れる、探索するなど、身近な環境に自分から関わろうとする。

（3）　身体の諸感覚による認識が豊かになり、表情や手足、体の動き等で表現する。

2　内容

（1）　身近な生活用具、玩具や絵本などが用意された中で、身の回りのものに対する興味や好奇心をもつ。

（2）　生活や遊びの中で様々なものに触れ、音、形、色、手触りなどに気付き、感覚の働きを豊かにする。

（3）　保育教諭等と一緒に様々な色彩や形のものや絵本などを見る。

（4）　玩具や身の回りのものを、つまむ、つかむ、たたく、引っ張るなど、手や指を使って遊ぶ。

（5）　保育教諭等のあやし遊びに機嫌よく応じたり、歌やリズムに合わせて手足や体を動かして楽しんだりする。

3　内容の取扱い

上記の取扱いに当たっては、次の事項に留意する必要がある。

（1）　玩具などは、音質、形、色、大きさなど園児の発達状態に応じて適切なものを選び、その時々の園児の興味や関心を踏まえるなど、遊びを通して感覚の発達が促されるものとなるように工夫すること。なお、安全な環境の下で、園児が探索意欲を満たして自由に遊べるよう、身の回りのものについては常に十分な点検を行うこと。

（2）　乳児期においては、表情、発声、体の動きなどで、感情を表現することが多いことから、これらの表現しようとする意欲を積極的に受け止めて、園児が様々な活動を楽しむことを通して表現が豊かになるようにすること。

第2　満1歳以上満3歳未満の園児の保育に関するねらい及び内容

基本的事項

1　この時期においては、歩き始めから、歩く、走る、跳ぶなどへと、基本的な運動機能が次第に発達し、排泄の自立のための身体的機能も整うようになる。つまむ、めくるなどの指先の機能も発達し、食事、衣類の着脱なども、保育教諭等の援助の下で自分で行うようになる。発声も明瞭になり、語彙も増加し、自分の意思や欲求を言葉で表出できるようになる。このように自分でできることが増えてくる時期であることから、保育教諭等は、園児の生活の安定を図りながら、自分でしようとする気持ちを

尊重し、温かく見守るとともに、愛情豊かに、応答的に関わることが必要である。

2　本項においては、この時期の発達の特徴を踏まえ、保育のねらい及び内容について、心身の健康に関する領域「健康」、人との関わりに関する領域「人間関係」、身近な環境との関わりに関する領域「環境」、言葉の獲得に関する領域「言葉」及び感性と表現に関する領域「表現」としてまとめ、示している。

ねらい及び内容

健康

[健康な心と体を育て、自ら健康で安全な生活をつくり出す力を養う。]

1　ねらい

（1）　明るく伸び伸びと生活し、自分から体を動かすことを楽しむ。

（2）　自分の体を十分に動かし、様々な動きをしようとする。

（3）　健康、安全な生活に必要な習慣に気付き、自分でしてみようとする気持ちが育つ。

2　内容

（1）　保育教諭等の愛情豊かな受容の下で、安定感をもって生活をする。

（2）　食事や午睡、遊びと休息など、幼保連携型認定こども園における生活のリズムが形成される。

（3）　走る、跳ぶ、登る、押す、引っ張るなど全身を使う遊びを楽しむ。

（4）　様々な食品や調理形態に慣れ、ゆったりとした雰囲気の中で食事や間食を楽しむ。

（5）　身の回りを清潔に保つ心地よさを感じ、その習慣が少しずつ身に付く。

（6）　保育教諭等の助けを借りながら、衣類の着脱を自分でしようとする。

（7）　便器での排泄に慣れ、自分で排泄ができるようになる。

3　内容の取扱い

上記の取扱いに当たっては、次の事項に留意する必要がある。

（1）　心と体の健康は、相互に密接な関連があるものであることを踏まえ、園児の気持ちに配慮した温かい触れ合いの中で、心と体の発達を促すこと。特に、一人一人の発育に応じて、体を動かす機会を十分に確保し、自ら体を動かそうとする意欲が育つようにすること。

（2）　健康な心と体を育てるためには望ましい食習慣の形成が重要であることを踏まえ、ゆったりとした雰囲気の中で食べる喜びや楽しさを味わい、進んで食べようとする気持ちが育つようにすること。なお、食物アレルギーのある園児への対応については、学校医等の指示や協力の下に適切に対応すること。

（3）　排泄の習慣については、一人一人の排尿間隔等を踏まえ、おむつが汚れていないときに便器に座らせる

などにより、少しずつ慣れさせるようにすること。
(4) 食事、排泄、睡眠、衣類の着脱、身の回りを清潔に
することなど、生活に必要な基本的な習慣について
は、一人一人の状態に応じ、落ち着いた雰囲気の中で
行うようにし、園児が自分でしようとする気持ちを尊
重すること。また、基本的な生活習慣の形成に当たっ
ては、家庭での生活経験に配慮し、家庭との適切な連
携の下で行うようにすること。

人間関係

他の人々と親しみ、支え合って生活するために、自立
心を育て、人と関わる力を養う。

1 ねらい
(1) 幼保連携型認定こども園での生活を楽しみ、身近
な人と関わる心地よさを感じる。
(2) 周囲の園児等への興味・関心が高まり、関わりを
もとうとする。
(3) 幼保連携型認定こども園の生活の仕方に慣れ、き
まりの大切さに気付く。
2 内容
(1) 保育教諭等や周囲の園児等との安定した関係の中
で、共に過ごす心地よさを感じる。
(2) 保育教諭等の受容的・応答的な関わりの中で、欲
求を適切に満たし、安定感をもって過ごす。
(3) 身の回りに様々な人がいることに気付き、徐々に
他の園児と関わりをもって遊ぶ。
(4) 保育教諭等の仲立ちにより、他の園児との関わり
方を少しずつ身につける。
(5) 幼保連携型認定こども園の生活の仕方に慣れ、き
まりがあることや、その大切さに気付く。
(6) 生活や遊びの中で、年長児や保育教諭等の真似を
したり、ごっこ遊びを楽しんだりする。
3 内容の取扱い
上記の取扱いに当たっては、次の事項に留意する必要
がある。
(1) 保育教諭等との信頼関係に支えられて生活を確立
するとともに、自分で何かをしようとする気持ちが旺
盛になる時期であることに鑑み、そのような園児の気
持ちを尊重し、温かく見守るとともに、愛情豊かに、
応答的に関わり、適切な援助を行うようにすること。
(2) 思い通りにいかない場合等の園児の不安定な感情
の表出については、保育教諭等が受容的に受け止める
とともに、そうした気持ちから立ち直る経験や感情を
コントロールすることへの気付き等につなげていけ
るように援助すること。
(3) この時期は自己と他者との違いの認識がまだ十分
ではないことから、園児の自我の育ちを見守るととも
に、保育教諭等が仲立ちとなって、自分の気持ちを相
手に伝えることや相手の気持ちに気付くことの大切
さなど、友達の気持ちや友達との関わり方を丁寧に伝
えていくこと。

環境

周囲の様々な環境に好奇心や探究心をもって関わり、
それらを生活に取り入れていこうとする力を養う。

1 ねらい
(1) 身近な環境に親しみ、触れ合う中で、様々なもの
に興味や関心をもつ。
(2) 様々なものに関わる中で、発見を楽しんだり、考
えたりしようとする。
(3) 見る、聞く、触るなどの経験を通して、感覚の働き
を豊かにする。
2 内容
(1) 安全で活動しやすい環境での探索活動等を通して、
見る、聞く、触れる、嗅ぐ、味わうなどの感覚の働きを
豊かにする。
(2) 玩具、絵本、遊具などに興味をもち、それらを使っ
た遊びを楽しむ。
(3) 身の回りの物に触れる中で、形、色、大きさ、量な
どの物の性質や仕組みに気付く。
(4) 自分の物と人の物の区別や、場所的感覚など、環
境を捉える感覚が育つ。
(5) 身近な生き物に気付き、親しみをもつ。
(6) 近隣の生活や季節の行事などに興味や関心をもつ。
3 内容の取扱い
上記の取扱いに当たっては、次の事項に留意する必要
がある。
(1) 玩具などは、音質、形、色、大きさなど園児の発達
状態に応じて適切なものを選び、遊びを通して感覚の
発達が促されるように工夫すること。
(2) 身近な生き物との関わりについては、園児が命を
感じ、生命の尊さに気付く経験へとつながるものであ
ることから、そうした気付きを促すような関わりとな
るようにすること。
(3) 地域の生活や季節の行事などに触れる際には、社
会とのつながりや地域社会の文化への気付きにつな
がるものとなることが望ましいこと。その際、幼保連
携型認定こども園内外の行事や地域の人々との触れ
合いなどを通して行うこと等も考慮すること。

言葉

経験したことや考えたことなどを自分なりの言葉で
表現し、相手の話す言葉を聞こうとする意欲や態度を
育て、言葉に対する感覚や言葉で表現する力を養う。

1 ねらい
(1) 言葉遊びや言葉で表現する楽しさを感じる。
(2) 人の言葉や話などを聞き、自分でも思ったことを
伝えようとする。
(3) 絵本や物語等に親しむとともに、言葉のやり取り
を通じて身近な人と気持ちを通わせる。
2 内容
(1) 保育教諭等の応答的な関わりや話し掛けにより、
自ら言葉を使おうとする。
(2) 生活に必要な簡単な言葉に気付き、聞き分ける。
(3) 親しみをもって日常の挨拶に応じる。

（4）　絵本や紙芝居を楽しみ、簡単な言葉を繰り返したり、模倣をしたりして遊ぶ。

（5）　保育教諭等とごっこ遊びをする中で、言葉のやり取りを楽しむ。

（6）　保育教諭等を仲立ちとして、生活や遊びの中で友達との言葉のやり取りを楽しむ。

（7）　保育教諭等や友達の言葉や話に興味や関心をもって、聞いたり、話したりする。

3　内容の取扱い

　　上記の取扱いに当たっては、次の事項に留意する必要がある。

（1）　身近な人に親しみをもって接し、自分の感情などを伝え、それに相手が応答し、その言葉を聞くことを通して、次第に言葉が獲得されていくものであることを考慮して、楽しい雰囲気の中で保育教諭等との言葉のやり取りができるようにすること。

（2）　園児が自分の思いを言葉で伝えるとともに、他の園児の話などを聞くことを通して、次第に話を理解し、言葉による伝え合いができるようになるよう、気持ちや経験等の言語化を行うことを援助するなど、園児同士の関わりの仲立ちを行うようにすること。

（3）　この時期は、片言から、二語文、ごっこ遊びでのやり取りができる程度へと、大きく言葉の習得が進む時期であることから、それぞれの園児の発達の状況に応じて、遊びや関わりの工夫など、保育の内容を適切に展開することが必要であること。

表現

感じたことや考えたことを自分なりに表現することを通して、豊かな感性や表現する力を養い、創造性を豊かにする。

1　ねらい

（1）　身体の諸感覚の経験を豊かにし、様々な感覚を味わう。

（2）　感じたことや考えたことなどを自分なりに表現しようとする。

（3）　生活や遊びの様々な体験を通して、イメージや感性が豊かになる。

2　内容

（1）　水、砂、土、紙、粘土など様々な素材に触れて楽しむ。

（2）　音楽、リズムやそれに合わせた体の動きを楽しむ。

（3）　生活の中で様々な音、形、色、手触り、動き、味、香りなどに気付いたり、感じたりして楽しむ。

（4）　歌を歌ったり、簡単な手遊びや全身を使う遊びを楽しんだりする。

（5）　保育教諭等からの話や、生活や遊びの中での出来事を通して、イメージを豊かにする。

（6）　生活や遊びの中で、興味のあることや経験したことなどを自分なりに表現する。

3　内容の取扱い

　　上記の取扱いに当たっては、次の事項に留意する必要

がある。

（1）　園児の表現は、遊びや生活の様々な場面で表出されているものであることから、それらを積極的に受け止め、様々な表現の仕方や感性を豊かにする経験となるようにすること。

（2）　園児が試行錯誤しながら様々な表現を楽しむことや、自分の力でやり遂げる充実感などに気付くよう、温かく見守るとともに、適切に援助を行うようにすること。

（3）　様々な感情の表現等を通じて、園児が自分の感情や気持ちに気付くようになる時期であることに鑑み、受容的な関わりの中で自信をもって表現をすることや、諦めずに続けた後の達成感等を感じられるような経験が蓄積されるようにすること。

（4）　身近な自然や身の回りの事物に関わる中で、発見や心が動く経験が得られるよう、諸感覚を働かせることを楽しむ遊びや素材を用意するなど保育の環境を整えること。

第3　満3歳以上の園児の教育及び保育に関するねらい及び内容

基本的事項

1　この時期においては、運動機能の発達により、基本的な動作が一通りできるようになるとともに、基本的な生活習慣もほぼ自立できるようになる。理解する語彙数が急激に増加し、知的興味や関心も高まってくる。仲間と遊び、仲間の中の一人という自覚が生じ、集団的な遊びや協同的な活動も見られるようになる。これらの発達の特徴を踏まえて、この時期の教育及び保育においては、個の成長と集団としての活動の充実が図られるようにしなければならない。

2　本項においては、この時期の発達の特徴を踏まえ、教育及び保育のねらい及び内容について、心身の健康に関する領域「健康」、人との関わりに関する領域「人間関係」、身近な環境との関わりに関する領域「環境」、言葉の獲得に関する領域「言葉」及び感性と表現に関する領域「表現」としてまとめ、示している。

ねらい及び内容

健康

健康な心と体を育て、自ら健康で安全な生活をつくり出す力を養う。

1　ねらい

（1）　明るく伸び伸びと行動し、充実感を味わう。

（2）　自分の体を十分に動かし、進んで運動しようとする。

（3）　健康、安全な生活に必要な習慣や態度を身に付け、見通しをもって行動する。

2　内容

（1）　保育教諭等や友達と触れ合い、安定感をもって行動する。

（2）　いろいろな遊びの中で十分に体を動かす。

(3) 進んで戸外で遊ぶ。

(4) 様々な活動に親しみ、楽しんで取り組む。

(5) 保育教諭等や友達と食べることを楽しみ、食べ物への興味や関心をもつ。

(6) 健康な生活のリズムを身に付ける。

(7) 身の回りを清潔にし、衣服の着脱、食事、排泄などの生活に必要な活動を自分でする。

(8) 幼保連携型認定こども園における生活の仕方を知り、自分たちで生活の場を整えながら見通しをもって行動する。

(9) 自分の健康に関心をもち、病気の予防などに必要な活動を進んで行う。

(10) 危険な場所、危険な遊び方、災害時などの行動の仕方が分かり、安全に気を付けて行動する。

3 内容の取扱い

上記の取扱いに当たっては、次の事項に留意する必要がある。

(1) 心と体の健康は、相互に密接な関連があるものであることを踏まえ、園児が保育教諭等や他の園児との温かい触れ合いの中で自己の存在感や充実感を味わうことなどを基盤として、しなやかな心と体の発達を促すこと。特に、十分に体を動かす気持ちよさを体験し、自ら体を動かそうとする意欲が育つようにすること。

(2) 様々な遊びの中で、園児が興味や関心、能力に応じて全身を使って活動することにより、体を動かす楽しさを味わい、自分の体を大切にしようとする気持ちが育つようにすること。その際、多様な動きを経験する中で、体の動きを調整するようにすること。

(3) 自然の中で伸び伸びと体を動かして遊ぶことにより、体の諸機能の発達が促されることに留意し、園児の興味や関心が戸外にも向くようにすること。その際、園児の動線に配慮した園庭や遊具の配置などを工夫すること。

(4) 健康な心と体を育てるためには食育を通じた望ましい食習慣の形成が大切であることを踏まえ、園児の食生活の実情に配慮し、和やかな雰囲気の中で保育教諭等や他の園児と食べる喜びや楽しさを味わったり、様々な食べ物への興味や関心をもったりするなどし、食の大切さに気付き、進んで食べようとする気持ちが育つようにすること。

(5) 基本的な生活習慣の形成に当たっては、家庭での生活経験に配慮し、園児の自立心を育て、園児が他の園児と関わりながら主体的な活動を展開する中で、生活に必要な習慣を身に付け、次第に見通しをもって行動できるようにすること。

(6) 安全に関する指導に当たっては、情緒の安定を図り、遊びを通して安全についての構えを身に付け、危険な場所や事物などが分かり、安全についての理解を深めるようにすること。また、交通安全の習慣を身に付けるようにするとともに、避難訓練などを通して、

災害などの緊急時に適切な行動がとれるようにすること。

人間関係

〔他の人々と親しみ、支え合って生活するために、自立心を育て、人と関わる力を養う。〕

1 ねらい

(1) 幼保連携型認定こども園の生活を楽しみ、自分の力で行動することの充実感を味わう。

(2) 身近な人と親しみ、関わりを深め、工夫したり、協力したりして一緒に活動する楽しさを味わい、愛情や信頼感をもつ。

(3) 社会生活における望ましい習慣や態度を身に付ける。

2 内容

(1) 保育教諭等や友達と共に過ごすことの喜びを味わう。

(2) 自分で考え、自分で行動する。

(3) 自分でできることは自分でする。

(4) いろいろな遊びを楽しみながら物事をやり遂げようとする気持ちをもつ。

(5) 友達と積極的に関わりながら喜びや悲しみを共感し合う。

(6) 自分の思ったことを相手に伝え、相手の思っていることに気付く。

(7) 友達のよさに気付き、一緒に活動する楽しさを味わう。

(8) 友達と楽しく活動する中で、共通の目的を見いだし、工夫したり、協力したりなどする。

(9) よいことや悪いことがあることに気付き、考えながら行動する。

(10) 友達との関わりを深め、思いやりをもつ。

(11) 友達と楽しく生活する中できまりの大切さに気付き、守ろうとする。

(12) 共同の遊具や用具を大切にし、皆で使う。

(13) 高齢者をはじめ地域の人々などの自分の生活に関係の深いいろいろな人に親しみをもつ。

3 内容の取扱い

上記の取扱いに当たっては、次の事項に留意する必要がある。

(1) 保育教諭等との信頼関係に支えられて自分自身の生活を確立していくことが人と関わる基盤となることを考慮し、園児が自ら周囲に働き掛けることにより多様な感情を体験し、試行錯誤しながら諦めずにやり遂げることの達成感や、前向きな見通しをもって自分の力で行うことの充実感を味わうことができるよう、園児の行動を見守りながら適切な援助を行うようにすること。

(2) 一人一人を生かした集団を形成しながら人と関わる力を育てていくようにすること。その際、集団の生活の中で、園児が自己を発揮し、保育教諭等や他の園児に認められる体験をし、自分のよさや特徴に気付

き、自信をもって行動できるようにすること。
(3) 園児が互いに関わりを深め、協同して遊ぶように
なるため、自ら行動する力を育てるようにするととも
に、他の園児と試行錯誤しながら活動を展開する楽し
さや共通の目的が実現する喜びを味わうことができ
るようにすること。
(4) 道徳性の芽生えを培うに当たっては、基本的な生
活習慣の形成を図るとともに、園児が他の園児との関
わりの中で他人の存在に気付き、相手を尊重する気持
ちをもって行動できるようにし、また、自然や身近な
動植物に親しむことなどを通して豊かな心情が育つ
ようにすること。特に、人に対する信頼感や思いやり
の気持ちは、葛藤やつまずきをも体験し、それらを乗
り越えることにより次第に芽生えてくることに配慮
すること。
(5) 集団の生活を通して、園児が人との関わりを深め、
規範意識の芽生えが培われることを考慮し、園児が保
育教諭等との信頼関係に支えられて自己を発揮する
中で、互いに思いを主張し、折り合いを付ける体験を
し、きまりの必要性などに気付き、自分の気持ちを調
整する力が育つようにすること。
(6) 高齢者をはじめ地域の人々などの自分の生活に関
係の深いいろいろな人と触れ合い、自分の感情や意志
を表現しながら共に楽しみ、共感し合う体験を通し
て、これらの人々などに親しみをもち、人と関わるこ
との楽しさや人の役に立つ喜びを味わうことができ
るようにすること。また、生活を通して親や祖父母な
どの家族の愛情に気付き、家族を大切にしようとする
気持ちが育つようにすること。

環境

周囲の様々な環境に好奇心や探究心をもって関わり、
それらを生活に取り入れていこうとする力を養う。

1 ねらい
(1) 身近な環境に親しみ、自然と触れ合う中で様々な
事象に興味や関心をもつ。
(2) 身近な環境に自分から関わり、発見を楽しんだり、
考えたりし、それを生活に取り入れようとする。
(3) 身近な事象を見たり、考えたり、扱ったりする中
で、物の性質や数量、文字などに対する感覚を豊かに
する。

2 内容
(1) 自然に触れて生活し、その大きさ、美しさ、不思議
さなどに気付く。
(2) 生活の中で、様々な物に触れ、その性質や仕組み
に興味や関心をもつ。
(3) 季節により自然や人間の生活に変化のあることに
気付く。
(4) 自然などの身近な事象に関心をもち、取り入れて
遊ぶ。
(5) 身近な動植物に親しみをもって接し、生命の尊さ
に気付き、いたわったり、大切にしたりする。

(6) 日常生活の中で、我が国や地域社会における様々
な文化や伝統に親しむ。
(7) 身近な物を大切にする。
(8) 身近な物や遊具に興味をもって関わり、自分なり
に比べたり、関連付けたりしながら考えたり、試した
りして工夫して遊ぶ。
(9) 日常生活の中で数量や図形などに関心をもつ。
(10) 日常生活の中で簡単な標識や文字などに関心をも
つ。
(11) 生活に関係の深い情報や施設などに興味や関心を
もつ。
(12) 幼保連携型認定こども園内外の行事において国旗
に親しむ。

3 内容の取扱い
上記の取扱いに当たっては、次の事項に留意する必要
がある。
(1) 園児が、遊びの中で周囲の環境と関わり、次第に
周囲の世界に好奇心を抱き、その意味や操作の仕方に
関心をもち、物事の法則性に気付き、自分なりに考え
ることができるようになる過程を大切にすること。ま
た、他の園児の考えなどに触れて新しい考えを生み出
す喜びや楽しさを味わい、自分の考えをよりよいもの
にしようとする気持ちが育つようにすること。
(2) 幼児期において自然のもつ意味は大きく、自然の
大きさ、美しさ、不思議さなどに直接触れる体験を通
して、園児の心が安らぎ、豊かな感情、好奇心、思考力、
表現力の基礎が培われることを踏まえ、園児が自然と
の関わりを深めることができるよう工夫すること。
(3) 身近な事象や動植物に対する感動を伝え合い、共
感し合うことなどを通して自分から関わろうとする
意欲を育てるとともに、様々な関わり方を通してそれ
らに対する親しみや畏敬の念、生命を大切にする気持
ち、公共心、探究心などが養われるようにすること。
(4) 文化や伝統に親しむ際には、正月や節句など我が
国の伝統的な行事、国歌、唱歌、わらべうたや我が国
の伝統的な遊びに親しんだり、異なる文化に触れる活
動に親しんだりすることを通じて、社会とのつながり
の意識や国際理解の意識の芽生えなどが養われるよ
うにすること。
(5) 数量や文字などに関しては、日常生活の中で園児
自身の必要感に基づく体験を大切にし、数量や文字な
どに関する興味や関心、感覚が養われるようにするこ
と。

言葉

経験したことや考えたことなどを自分なりの言葉で
表現し、相手の話す言葉を聞こうとする意欲や態度を
育て、言葉に対する感覚や言葉で表現する力を養う。

1 ねらい
(1) 自分の気持ちを言葉で表現する楽しさを味わう。
(2) 人の言葉や話などをよく聞き、自分の経験したこ
とや考えたことを話し、伝え合う喜びを味わう。

(3)　日常生活に必要な言葉が分かるようになるとともに、絵本や物語などに親しみ、言葉に対する感覚を豊かにし、保育教諭等や友達と心を通わせる。

2　内容

(1)　保育教諭等や友達の言葉や話に興味や関心をもち、親しみをもって聞いたり、話したりする。

(2)　したり、見たり、聞いたり、感じたり、考えたりなどしたことを自分なりに言葉で表現する。

(3)　したいこと、してほしいことを言葉で表現したり、分からないことを尋ねたりする。

(4)　人の話を注意して聞き、相手に分かるように話す。

(5)　生活の中で必要な言葉が分かり、使う。

(6)　親しみをもって日常の挨拶をする。

(7)　生活の中で言葉の楽しさや美しさに気付く。

(8)　いろいろな体験を通じてイメージや言葉を豊かにする。

(9)　絵本や物語などに親しみ、興味をもって聞き、想像をする楽しさを味わう。

(10)　日常生活の中で、文字などで伝える楽しさを味わう。

3　内容の取扱い

　　上記の取扱いに当たっては、次の事項に留意する必要がある。

(1)　言葉は、身近な人に親しみをもって接し、自分の感情や意志などを伝え、それに相手が応答し、その言葉を聞くことを通して次第に獲得されていくものであることを考慮して、園児が保育教諭等や他の園児と関わることにより心を動かされるような体験をし、言葉を交わす喜びを味わえるようにすること。

(2)　園児が自分の思いを言葉で伝えるとともに、保育教諭等や他の園児などの話を興味をもって注意して聞くことを通して次第に話を理解するようになっていき、言葉による伝え合いができるようにすること。

(3)　絵本や物語などで、その内容と自分の経験とを結び付けたり、想像を巡らせたりするなど、楽しみを十分に味わうことによって、次第に豊かなイメージをもち、言葉に対する感覚が養われるようにすること。

(4)　園児が生活の中で、言葉の響きやリズム、新しい言葉や表現などに触れ、これらを使う楽しさを味わえるようにすること。その際、絵本や物語に親しんだり、言葉遊びなどをしたりすることを通して、言葉が豊かになるようにすること。

(5)　園児が日常生活の中で、文字などを使いながら思ったことや考えたことを伝える喜びや楽しさを味わい、文字に対する興味や関心をもつようにすること。

表現

感じたことや考えたことを自分なりに表現することを通して、豊かな感性や表現する力を養い、創造性を豊かにする。

1　ねらい

(1)　いろいろなものの美しさなどに対する豊かな感性をもつ。

(2)　感じたことや考えたことを自分なりに表現して楽しむ。

(3)　生活の中でイメージを豊かにし、様々な表現を楽しむ。

2　内容

(1)　生活の中で様々な音、形、色、手触り、動きなどに気付いたり、感じたりするなどして楽しむ。

(2)　生活の中で美しいものや心を動かす出来事に触れ、イメージを豊かにする。

(3)　様々な出来事の中で、感動したことを伝え合う楽しさを味わう。

(4)　感じたこと、考えたことなどを音や動きなどで表現したり、自由にかいたり、つくったりなどする。

(5)　いろいろな素材に親しみ、工夫して遊ぶ。

(6)　音楽に親しみ、歌を歌ったり、簡単なリズム楽器を使ったりなどする楽しさを味わう。

(7)　かいたり、つくったりすることを楽しみ、遊びに使ったり、飾ったりなどする。

(8)　自分のイメージを動きや言葉などで表現したり、演じて遊んだりするなどの楽しさを味わう。

3　内容の取扱い

　　上記の取扱いに当たっては、次の事項に留意する必要がある。

(1)　豊かな感性は、身近な環境と十分に関わる中で美しいもの、優れたもの、心を動かす出来事などに出会い、そこから得た感動を他の園児や保育教諭等と共有し、様々に表現することなどを通して養われるようにすること。その際、風の音や雨の音、身近にある草や花の形や色など自然の中にある音、形、色などに気付くようにすること。

(2)　幼児期の自己表現は素朴な形で行われることが多いので、保育教諭等はそのような表現を受容し、園児自身の表現しようとする意欲を受け止めて、園児が生活の中で園児らしい様々な表現を楽しむことができるようにすること。

(3)　生活経験や発達に応じ、自ら様々な表現を楽しみ、表現する意欲を十分に発揮させることができるように、遊具や用具などを整えたり、様々な素材や表現の仕方に親しんだり、他の園児の表現に触れられるよう配慮したりし、表現する過程を大切にして自己表現を楽しめるように工夫すること。

第4　教育及び保育の実施に関する配慮事項

1　満3歳未満の園児の保育の実施については、以下の事項に配慮するものとする。

(1)　乳児は疾病への抵抗力が弱く、心身の機能の未熟さに伴う疾病の発生が多いことから、一人一人の発育及び発達状態や健康状態についての適切な判断に基づく保健的な対応を行うこと。また、一人一人の園児

の生育歴の違いに留意しつつ、欲求を適切に満たし、特定の保育教諭等が応答的に関わるように努めること。更に、乳児期の園児の保育に関わる職員間の連携や学校医との連携を図り、第3章に示す事項を踏まえ、適切に対応すること。栄養士及び看護師等が配置されている場合は、その専門性を生かした対応を図ること。乳児期の園児の保育においては特に、保護者との信頼関係を築きながら保育を進めるとともに、保護者からの相談に応じ支援に努めていくこと。なお、担当の保育教諭等が替わる場合には、園児のそれまでの生育歴や発達の過程に留意し、職員間で協力して対応すること。

（2）満1歳以上満3歳未満の園児は、特に感染症にかかりやすい時期であるので、体の状態、機嫌、食欲などの日常の状態の観察を十分に行うとともに、適切な判断に基づく保健的な対応を心掛けること。また、探索活動が十分できるように、事故防止に努めながら活動しやすい環境を整え、全身を使う遊びなど様々な遊びを取り入れること。更に、自我が形成され、園児が自分の感情や気持ちに気付くようになる重要な時期であることに鑑み、情緒の安定を図りながら、園児の自発的な活動を尊重するとともに促していくこと。なお、担当の保育教諭等が替わる場合には、園児のそれまでの経験や発達の過程に留意し、職員間で協力して対応すること。

2　幼保連携型認定こども園における教育及び保育の全般において以下の事項に配慮するものとする。

（1）園児の心身の発達及び活動の実態などの個人差を踏まえるとともに、一人一人の園児の気持ちを受け止め、援助すること。

（2）園児の健康は、生理的・身体的な育ちとともに、自主性や社会性、豊かな感性の育ちとがあいまってもたらされることに留意すること。

（3）園児が自ら周囲に働き掛け、試行錯誤しつつ自分の力で行う活動を見守りながら、適切に援助すること。

（4）園児の入園時の教育及び保育に当たっては、できるだけ個別的に対応し、園児が安定感を得て、次第に幼保連携型認定こども園の生活になじんでいくようにするとともに、既に入園している園児に不安や動揺を与えないようにすること。

（5）園児の国籍や文化の違いを認め、互いに尊重する心を育てるようにすること。

（6）園児の性差や個人差にも留意しつつ、性別などによる固定的な意識を植え付けることがないようにすること。

第3章　健康及び安全

　幼保連携型認定こども園における園児の健康及び安全は、園児の生命の保持と健やかな生活の基本となるものであり、

第1章及び第2章の関連する事項と併せ、次に示す事項について適切に対応するものとする。その際、養護教諭や看護師、栄養教諭や栄養士等が配置されている場合には、学校医等と共に、これらの者がそれぞれの専門性を生かしながら、全職員が相互に連携し、組織的かつ適切な対応を行うことができるような体制整備や研修を行うことが必要である。

第1　健康支援

1　健康状態や発育及び発達の状態の把握

（1）園児の心身の状態に応じた教育及び保育を行うために、園児の健康状態や発育及び発達の状態について、定期的・継続的に、また、必要に応じて随時、把握すること。

（2）保護者からの情報とともに、登園時及び在園時に園児の状態を観察し、何らかの疾病が疑われる状態や傷害が認められた場合には、保護者に連絡するとともに、学校医と相談するなど適切な対応を図ること。

（3）園児の心身の状態等を観察し、不適切な養育の兆候が見られる場合には、市町村（特別区を含む。以下同じ。）や関係機関と連携し、児童福祉法第25条に基づき、適切な対応を図ること。また、虐待が疑われる場合には、速やかに市町村又は児童相談所に通告し、適切な対応を図ること。

2　健康増進

（1）認定こども園法第27条において準用する学校保健安全法（昭和33年法律第56号）第5条の学校保健計画を作成する際は、教育及び保育の内容並びに子育ての支援等に関する全体的な計画に位置づくものとし、全ての職員がそのねらいや内容を踏まえ、園児一人一人の健康の保持及び増進に努めていくこと。

（2）認定こども園法第27条において準用する学校保健安全法第13条第1項の健康診断を行ったときは、認定こども園法第27条において準用する学校保健安全法第14条の措置を行い、教育及び保育に活用するとともに、保護者が園児の状態を理解し、日常生活に活用できるようにすること。

3　疾病等への対応

（1）在園時に体調不良や傷害が発生した場合には、その園児の状態等に応じて、保護者に連絡するとともに、適宜、学校医やかかりつけ医等と相談し、適切な処置を行うこと。

（2）感染症やその他の疾病の発生予防に努め、その発生や疑いがある場合には必要に応じて学校医、市町村、保健所等に連絡し、その指示に従うとともに、保護者や全ての職員に連絡し、予防等について協力を求めること。また、感染症に関する幼保連携型認定こども園の対応方法等について、あらかじめ関係機関の協力を得ておくこと。

（3）アレルギー疾患を有する園児に関しては、保護者と連携し、医師の診断及び指示に基づき、適切な対応を行うこと。また、食物アレルギーに関して、関係機

関と連携して、当該幼保連携型認定こども園の体制構築など、安全な環境の整備を行うこと。

（4）　園児の疾病等の事態に備え、保健室の環境を整え、救急用の薬品、材料等を適切な管理の下に常備し、全ての職員が対応できるようにしておくこと。

第2　食育の推進

1　幼保連携型認定こども園における食育は、健康な生活の基本としての食を営む力の育成に向け、その基礎を培うことを目標とすること。

2　園児が生活と遊びの中で、意欲をもって食に関わる体験を積み重ね、食べることを楽しみ、食事を楽しみ合う園児に成長していくことを期待するものであること。

3　乳幼児期にふさわしい食生活が展開され、適切な援助が行われるよう、教育及び保育の内容並びに子育ての支援等に関する全体的な計画に基づき、食事の提供を含む食育の計画を作成し、指導計画に位置付けるとともに、その評価及び改善に努めること。

4　園児が自らの感覚や体験を通して、自然の恵みとしての食材や食の循環・環境への意識、調理する人への感謝の気持ちが育つように、園児と調理員等との関わりや、調理室など食に関する環境に配慮すること。

5　保護者や地域の多様な関係者との連携及び協働の下で、食に関する取組が進められること。また、市町村の支援の下に、地域の関係機関等との日常的な連携を図り、必要な協力が得られるよう努めること。

6　体調不良、食物アレルギー、障害のある園児など、園児一人一人の心身の状態等に応じ、学校医、かかりつけ医等の指示や協力の下に適切に対応すること。

第3　環境及び衛生管理並びに安全管理

1　環境及び衛生管理

（1）　認定こども園法第27条において準用する学校保健安全法第6条の学校環境衛生基準に基づき幼保連携型認定こども園の適切な環境の維持に努めるとともに、施設内外の設備、用具等の衛生管理に努めること。

（2）　認定こども園法第27条において準用する学校保健安全法第6条の学校環境衛生基準に基づき幼保連携型認定こども園の施設内外の適切な環境の維持に努めるとともに、園児及び全職員が清潔を保つようにすること。また、職員は衛生知識の向上に努めること。

2　事故防止及び安全対策

（1）　在園時の事故防止のために、園児の心身の状態等を踏まえつつ、認定こども園法第27条において準用する学校保健安全法第27条の学校安全計画の策定等を通じ、全職員の共通理解や体制づくりを図るとともに、家庭や地域の関係機関の協力の下に安全指導を行うこと。

（2）　事故防止の取組を行う際には、特に、睡眠中、プール活動・水遊び中、食事中等の場面では重大事故が発生しやすいことを踏まえ、園児の主体的な活動を大切

にしつつ、施設内外の環境の配慮や指導の工夫を行うなど、必要な対策を講じること。

（3）　認定こども園法第27条において準用する学校保健安全法第29条の危険等発生時対処要領に基づき、事故の発生に備えるとともに施設内外の危険箇所の点検や訓練を実施すること。また、外部からの不審者等の侵入防止のための措置や訓練など不測の事態に備え必要な対応を行うこと。更に、園児の精神保健面における対応に留意すること。

第4　災害への備え

1　施設・設備等の安全確保

（1）　認定こども園法第27条において準用する学校保健安全法第29条の危険等発生時対処要領に基づき、災害等の発生に備えるとともに、防火設備、避難経路等の安全性が確保されるよう、定期的にこれらの安全点検を行うこと。

（2）　備品、遊具等の配置、保管を適切に行い、日頃から、安全環境の整備に努めること。

2　災害発生時の対応体制及び避難への備え

（1）　火災や地震などの災害の発生に備え、認定こども園法第27条において準用する学校保健安全法第29条の危険等発生時対処要領を作成する際には、緊急時の対応の具体的内容及び手順、職員の役割分担、避難訓練計画等の事項を盛り込むこと。

（2）　定期的に避難訓練を実施するなど、必要な対応を図ること。

（3）　災害の発生時に、保護者等への連絡及び子どもの引渡しを円滑に行うため、日頃から保護者との密接な連携に努め、連絡体制や引渡し方法等について確認をしておくこと。

3　地域の関係機関等との連携

（1）　市町村の支援の下に、地域の関係機関との日常的な連携を図り、必要な協力が得られるよう努めること。

（2）　避難訓練については、地域の関係機関や保護者との連携の下に行うなど工夫すること。

第4章　子育ての支援

　幼保連携型認定こども園における保護者に対する子育ての支援は、子どもの利益を最優先して行うものとし、第1章及び第2章等の関連する事項を踏まえ、子どもの育ちを家庭と連携して支援していくとともに、保護者及び地域が有する子育てを自ら実践する力の向上に資するよう、次の事項に留意するものとする。

第1　子育ての支援全般に関わる事項

1　保護者に対する子育ての支援を行う際には、各地域や家庭の実態等を踏まえるとともに、保護者の気持ちを受け止め、相互の信頼関係を基本に、保護者の自己決定を

尊重すること。

2　教育及び保育並びに子育ての支援に関する知識や技術など、保育教諭等の専門性や、園児が常に存在する環境など、幼保連携型認定こども園の特性を生かし、保護者が子どもの成長に気付き子育ての喜びを感じられるように努めること。

3　保護者に対する子育ての支援における地域の関係機関等との連携及び協働を図り、園全体の体制構築に努めること。

4　子どもの利益に反しない限りにおいて、保護者や子どものプライバシーを保護し、知り得た事柄の秘密を保持すること。

第2　幼保連携型認定こども園の園児の保護者に対する子育ての支援

1　日常の様々な機会を活用し、園児の日々の様子の伝達や収集、教育及び保育の意図の説明などを通じて、保護者との相互理解を図るよう努めること。

2　教育及び保育の活動に対する保護者の積極的な参加は、保護者の子育てを自ら実践する力の向上に寄与するだけでなく、地域社会における家庭や住民の子育てを自ら実践する力の向上及び子育ての経験の継承につながるきっかけとなる。これらのことから、保護者の参加を促すとともに、参加しやすいよう工夫すること。

3　保護者の生活形態が異なることを踏まえ、全ての保護者の相互理解が深まるように配慮すること。その際、保護者同士が子育てに対する新たな考えに出会い気付き合えるよう工夫すること。

4　保護者の就労と子育ての両立等を支援するため、保護者の多様化した教育及び保育の需要に応じて病児保育事業など多様な事業を実施する場合には、保護者の状況に配慮するとともに、園児の福祉が尊重されるよう努め、園児の生活の連続性を考慮すること。

5　地域の実態や保護者の要請により、教育を行う標準的な時間の終了後等に希望する園児を対象に一時預かり事業などとして行う活動については、保育教諭間及び家庭との連携を密にし、園児の心身の負担に配慮すること。その際、地域の実態や保護者の事情とともに園児の生活のリズムを踏まえつつ、必要に応じて、弾力的な運用を行うこと。

6　園児に障害や発達上の課題が見られる場合には、市町村や関係機関と連携及び協力を図りつつ、保護者に対する個別の支援を行うよう努めること。

7　外国籍家庭など、特別な配慮を必要とする家庭の場合には、状況等に応じて個別の支援を行うよう努めること。

8　保護者に育児不安等が見られる場合には、保護者の希望に応じて個別の支援を行うよう努めること。

9　保護者に不適切な養育等が疑われる場合には、市町村や関係機関と連携し、要保護児童対策地域協議会で検討するなど適切な対応を図ること。また、虐待が疑われる場合には、速やかに市町村又は児童相談所に通告し、適切な対応を図ること。

第3　地域における子育て家庭の保護者等に対する支援

1　幼保連携型認定こども園において、認定こども園法第2条第12項に規定する子育て支援事業を実施する際には、当該幼保連携型認定こども園がもつ地域性や専門性などを十分に考慮して当該地域において必要と認められるものを適切に実施すること。また、地域の子どもに対する一時預かり事業などの活動を行う際には、一人一人の子どもの心身の状態などを考慮するとともに、教育及び保育との関連に配慮するなど、柔軟に活動を展開できるようにすること。

2　市町村の支援を得て、地域の関係機関等との積極的な連携及び協働を図るとともに、子育ての支援に関する地域の人材の積極的な活用を図るよう努めること。また、地域の要保護児童への対応など、地域の子どもを巡る諸課題に対し、要保護児童対策地域協議会など関係機関等と連携及び協力して取り組むよう努めること。

3　幼保連携型認定こども園は、地域の子どもが健やかに育成される環境を提供し、保護者に対する総合的な子育ての支援を推進するため、地域における乳幼児期の教育及び保育の中心的な役割を果たすよう努めること。

和文

あ

アイデンティティの揺らぎ ‥‥‥ 10
暗黙知‥‥‥‥‥‥‥‥‥‥‥ 100

い

インテーク面接 ‥‥‥‥‥‥ 10
インフォームドコンセント ‥‥ 10

え

エンゲージメント ‥‥‥‥‥ 99

か

下意上達 ‥‥‥‥‥‥‥‥‥ 14
階層的リーダーシップモデル ‥ 37
科学知‥‥‥‥‥‥‥‥‥‥ 100
課題達成（タスク）‥‥‥‥ 8, 79
関係性（メインテナンス）‥‥ 8, 79

き

キー・コンピテンシー ‥‥‥‥ 20
キャリアアップ ‥‥‥‥‥‥ 96
共通理解 ‥‥‥‥‥‥‥‥‥‥ 5

け

経験知 ‥‥‥‥‥‥‥‥‥ 100
形式知‥‥‥‥‥‥‥‥‥‥ 100
研修計画 ‥‥‥‥‥‥‥‥ 111
研修の類型 ‥‥‥‥‥‥‥ 113

こ

コーチング ‥‥‥‥‥‥‥‥ 92
子育て支援‥‥‥‥‥‥‥‥ 23
コミュニケーション ‥‥‥ 6, 108
雇用管理‥‥‥‥‥‥‥‥‥ 126
コンテント ‥‥‥‥‥‥‥‥ 54
コントロール ‥‥‥‥‥‥‥ 39

し

実習マネジメント ‥‥‥‥‥ 119
実践知 ‥‥‥‥‥‥‥‥‥ 100
受動的権利 ‥‥‥‥‥‥‥‥ 19
上意下達（トップダウン）‥‥‥ 14
人材育成‥‥‥‥‥‥‥‥‥ 120

せ

成功の循環‥‥‥‥‥‥‥‥ 102

そ

組織 ‥‥‥‥‥‥‥‥‥‥‥‥ 4

た

タックマンモデル ‥‥‥‥‥ 52

て

ティーチング ‥‥‥‥‥‥‥ 92

の

能動的権利 ‥‥‥‥‥‥‥‥ 19
ノンコンタクトタイム ‥‥‥ 115
ノンジャッジメント ‥‥‥‥ 45

は

バーンアウト ‥‥‥‥‥‥‥ 127
発達過程 ‥‥‥‥‥‥‥‥‥ 21
ハラスメント ‥‥‥‥‥‥‥ 119
パワーハラスメント ‥‥‥‥ 118

ふ

ファシリテーター ‥‥‥‥‥ 43
ファシリテート ‥‥‥‥‥‥ 39
フィードバック ‥‥‥‥‥ 41, 49
ブレインストーミング ‥‥‥ 80
プロセス ‥‥‥‥‥‥‥‥‥ 54
分散型・協働的リーダーシップモ
　デル ‥‥‥‥‥‥‥‥‥‥ 37

ほ

保育実習 ‥‥‥‥‥‥‥‥‥ 117
保育者の疲労 ‥‥‥‥‥‥‥ 136
保育所の社会的責任 ‥‥‥‥ 29
保育の質 ‥‥‥‥‥‥‥‥‥‥ 2
保育の質の向上 ‥‥‥‥‥‥ 25
保育理念 ‥‥‥‥‥‥‥‥‥ 67
ポジティブ（AI）アプローチ ‥ 76
ホメオスタシス ‥‥‥‥‥‥ 15

ま

マズローの欲求5段階説 ‥‥‥ 44
マネジメント ‥‥‥‥‥‥‥‥ 3

み

ミドルリーダー ‥‥‥‥‥‥ 36

め

メンター制度‥‥‥‥‥‥‥‥ 7
メンティ ‥‥‥‥‥‥‥‥‥‥ 7

も

問題解決アプローチ ‥‥‥ 74, 76

よ

幼児期の終わりまでに育ってほし
　い姿‥‥‥‥‥‥‥‥‥‥ 85
幼保小連携 ‥‥‥‥‥‥‥‥ 20

り

リーダーシップ ‥‥‥‥‥ 37, 41
リスクマネジメント ‥‥‥‥ 82
リフレクション型 ‥‥‥‥‥ 113

れ

レクチャー型 ‥‥‥‥‥‥‥ 113
レジリエンス ‥‥‥‥‥‥‥ 138

わ

ワークショップ型 ‥‥‥‥‥113

欧 文

H

human work community ‥‥14

I

I メッセージ ‥‥‥‥‥‥‥49
ICT ‥‥‥‥‥‥‥‥‥‥‥128
IT リテラシー‥‥‥‥‥‥‥133

P

PDCA サイクル ‥‥‥ 38, 75, 90

W

Will Can Must ‥‥‥‥‥‥99

X

X 理論 ‥‥‥‥‥‥‥‥‥98

Y

Y 理論 ‥‥‥‥‥‥‥‥‥98
YOU メッセージ‥‥‥‥‥49

■ 執筆者紹介 （執筆順、＊は編著者）

鈴木健史＊ （すずき けんじ）
東京立正短期大学現代コミュニケーション学科幼児教育専攻専任講師　レッスン1〜15の本文

渡邉知恵 （わたなべ ちえ）
社会福祉法人龍美　南つくし野保育園園長　レッスン1、レッスン11、レッスン13の事例及び資料

牧野まき子 （まきの まきこ）
社会福祉法人ほうりん福祉会　寺子屋大の木園長　レッスン2、レッスン5、レッスン6の事例、レッスン8の事例及び資料、レッスン12の事例

齊藤真弓 （さいとう まゆみ）
社会福祉法人清遊の家　ひのか保育園園長（執筆時は同法人うらら保育園園長）　レッスン4、レッスン7、レッスン9の事例及び資料

山下真由美 （やました まゆみ）
特定非営利活動法人シンフォニア　はぁもにぃ保育園園長　レッスン14の本文及び事例、レッスン15の本文・事例及び資料

■ 写真提供協力園

社会福祉法人龍美　南つくし野保育園
社会福祉法人ほうりん福祉会　寺子屋大の木
社会福祉法人清遊の家　うらら保育園
特定非営利活動法人シンフォニア　はぁもにぃ保育園

編集協力：株式会社桂樹社グループ（田口純子　狩生有希）
本文イラスト：植木美江　寺平京子
本文デザイン：中田聡美

■ 監修者紹介

今井和子（いまい・かずこ）　子どもとことば研究会代表

近藤幹生（こんどう・みきお）　白梅学園大学・短期大学学長、子ども学部教授

■ 編著者紹介

鈴木健史（すずき・けんじ）

東京立正短期大学現代コミュニケーション学科幼児教育専攻専任講師。
福井県福井市生まれ。児童養護施設職員、幼稚園教諭、保育所の保育士を経て、南山大学大学院人間文化研究科修士課程にて人間関係論、ファシリテーション、組織開発を学ぶ（教育ファシリテーション修士）。専門は保育者論、子育て支援、保育現場におけるマネジメント、ファシリテーション、リーダーシップ、コミュニケーションなど。
保育ファシリテーション実践研究会　主宰（http://www.hoiku-facili.work）
特定非営利活動法人子育て支援団体SomLic　副代表理事（http://somlic.com）
主著　『保育士等キャリアアップ研修シリーズ7　マネジメント』（編著）萌文書林、2019年
　　　『新訂 演習　保育内容総論』（共著）建帛社、2019年
　　　『乳幼児 教育・保育シリーズ　子育て支援』（共著）光生館、2019年

MINERVA 保育士等キャリアアップ研修テキスト⑦
マネジメント

2020年11月10日　初版第1刷発行　　　　　〈検印省略〉

定価はカバーに
表示しています

監　修　者　　今　井　和　子
　　　　　　　近　藤　幹　生
編　著　者　　鈴　木　健　史
発　行　者　　杉　田　啓　三
印　刷　者　　森　元　勝　夫

発行所　株式会社　ミネルヴァ書房
607-8494　京都市山科区日ノ岡堤谷町1
電話代表（075）581-5191
振替口座　01020-0-8076

©鈴木健史ほか，2020　　　　　モリモト印刷

ISBN978-4-623-08767-9
Printed in Japan

今井和子／近藤幹生 監修

MINERVA 保育士等キャリアアップ研修テキスト

全7巻／B5判／美装カバー／各巻平均200頁

①**乳児保育**　　　　　　　　　今井和子／矢島敬子 編著　本体 1,800 円

②**幼児教育**　　　　　　　　　初瀬基樹 編著　本体 2,000 円

③**障害児保育**　　　　　　　　市川奈緒子 編著　本体 1,800 円

④**食育・アレルギー対応**　　　林薫 編著

⑤**保健衛生・安全対策**　　　　小林美由紀 編著　本体 2,200 円

⑥**保護者支援・子育て支援**　　小野﨑佳代／石田幸美 編著　本体 2,000 円

⑦**マネジメント**　　　　　　　鈴木健史 編著　本体 2,200 円

（定価のないものは続刊）

―――― ミネルヴァ書房 ――――

https://www.minervashobo.co.jp/